广视角·全方位·多品种

权威·前沿·原创

皮书系列为
"十二五"国家重点图书出版规划项目

杭州蓝皮书
BLUE BOOK OF HANGZHOU

杭州妇女发展报告（2014）

ANNUAL REPORT ON THE DEVELOPMENT OF WOMEN IN HANGZHOU (2014)

女性就业与创业

主　编／魏　颖
执行主编／揭爱花

社会科学文献出版社
SOCIAL SCIENCES ACADEMIC PRESS (CHINA)

图书在版编目(CIP)数据

杭州妇女发展报告. 2014：女性就业与创业/魏颖主编. —北京：社会科学文献出版社，2014.6
（杭州蓝皮书）
ISBN 978-7-5097-6029-1

Ⅰ.①杭… Ⅱ.①魏… Ⅲ.①妇女工作-研究报告-杭州市②妇女-就业-研究报告-杭州市-2014 Ⅳ.①D442.855.1②D669.2

中国版本图书馆CIP数据核字（2014）第098551号

杭州蓝皮书

杭州妇女发展报告（2014）
——女性就业与创业

主　　编／魏　颖
执行主编／揭爱花

出 版 人／谢寿光
出 版 者／社会科学文献出版社
地　　址／北京市西城区北三环中路甲29号院3号楼华龙大厦
邮政编码／100029

责任部门／经济与管理出版中心（010）59367226　　责任编辑／冯咏梅
电子信箱／caijingbu@ssap.cn　　　　　　　　　　　责任校对／刘宏桥
项目统筹／恽　薇　　　　　　　　　　　　　　　　责任印制／岳　阳
经　　销／社会科学文献出版社市场营销中心（010）59367081　59367089
读者服务／读者服务中心（010）59367028

印　　装／北京季蜂印刷有限公司
开　　本／787mm×1092mm　1/16　　　　印　张／19.75
版　　次／2014年6月第1版　　　　　　　字　数／319千字
印　　次／2014年6月第1次印刷
书　　号／ISBN 978-7-5097-6029-1
定　　价／75.00元

本书如有破损、缺页、装订错误，请与本社读者服务中心联系更换
▲ 版权所有　翻印必究

杭州蓝皮书编委会

主　　　编　魏　颖

副　主　编　辛　薇　姚　萍　朱红丹　邬秀君　侯公林
　　　　　　　揭爱花

执 行 主 编　揭爱花

编委会成员　聂爱情　朱　静　柯丽敏　罗传银　赵智芸
　　　　　　　王佶伶　叶　琦　孙立波

主要编撰者简介

魏　颖　杭州市妇女联合会主席、党组书记，杭州市妇女研究会会长。近年来，结合工作实际撰写的《杭州市"和谐家庭"状况评价研究》被列入杭州市软课题项目；《杭州市女大学生毕业就业难状况的研究与建议》获得时任杭州市委书记黄坤明的批示，并获得2009年杭州市政协优秀提案奖和杭州市领导干部优秀理论文章三等奖；《杭州市女企业家能力建设的现状与思考》《杭州市"50"婆与"80"媳妇关系的调查分析》先后被编入2010年、2011年《杭州发展报告（社会卷）》。其中，杭州市妇联还以《杭州市"50"婆与"80"媳妇关系的调查分析》一文在全国会议上做交流发言。

揭爱花　浙江大学公共管理学院副教授，浙江社会保障研究中心妇女保障研究所所长，浙江大学社会建设研究所副所长。长期从事性别与社会的教学和研究工作，先后主持国家社科基金项目"国家、组织与妇女：中国妇女解放实践的运作机制研究""社会性别视野中的大学生就业竞争差异及其政策干预"，省级项目"城市女性职工生存状况与社会保障研究""单位制度变迁过程中的城市女性职业发展障碍研究""非公有制企业女工劳动权益保护问题研究""浙江省女大学生就业问题及其可行性对策研究"等。出版专著《国家、组织与妇女：中国妇女解放实践的运作机制研究》（学林出版社，2012），发表论文《单位制度变迁过程中的城市女性职业发展障碍》《单位：一种特殊的社会生活空间》《国家话语与中国妇女解放的话语生产机制》《单位制与城市女性发展》《权利、能力与自由发展：一种对妇女解放实践历程的解读》等，先后被《中国社会科学文摘》《高等学校文科学术文摘》《复印报刊资料》等期刊转载。

摘　要

作为经济发达、社会文明水平较高的沿海城市,杭州的妇女就业及其权利保障工作一直走在全国前列,近年来采取的一系列扶持政策也取得了显著的成效,但妇女就业过程中依然存在着性别排斥、性别隔离、性别角色冲突等问题,直接影响了妇女平等就业权利的实现。本书以问卷调查、个案访谈等方式对杭州市不同妇女群体的就业和创业现状,以及杭州市促进妇女就业系列政策的绩效进行了较为全面的调查,分析总结了杭州市在妇女就业和创业平等权益保障方面取得的成就和存在的主要问题,并就杭州市积极推进"社会性别主流化",进一步优化妇女就业的社会环境和政策支撑体系提出了一系列政策建议。

寄　语

平等的就业权利,是奠定妇女平等社会地位的坚实基础。中国妇女解放实践的历史充分证明,妇女只有在广泛参与社会劳动中才能确立自身的独立价值并获得人格尊严。促进妇女平等就业、保障妇女充分就业,对推动妇女全面发展、促进社会全面进步意义重大。

实现妇女解放和发展,实现男女平等,是党的光荣传统和重要奋斗目标。各级党委政府要坚持贯彻男女平等基本国策,坚定地走中国特色社会主义妇女发展道路,严格执行国家保障妇女平等就业的各项法律法规和政策,积极为妇女奉献才智、成就事业搭建平台,为保障妇女合法权益、共享发展成果创造条件,推动妇女事业和经济社会协调发展,让广大妇女共建共享品质幸福生活。

促进妇女平等创业就业、保障妇女共享发展成果,是广大妇联组织的光荣职责。全市各级妇联组织要以"巾帼建新功、共筑中国梦"为主旋律,以促进和保障妇女平等就业为核心,以"弘扬家庭美德、树立良好家风"为引导,健全服务体系和保障机制,创新援助方式和工作举措,大力推进妇女创业带动就业、低收入妇女家庭奔小康、保障女性平等就业等工作,不断推动杭州市妇女创业就业工作迈上新台阶。

促进和保障妇女平等就业,广泛开展调查研究十分重要。杭州市妇联征集汇编的《杭州妇女发展报告(2014)》,汇集理论精品、凝聚智慧才华,调研充分、思考深入,内容很翔实、建议有深度,为党委政府做好妇女工作提供了很好的决策参考。全市各级妇联组织和广大妇女干部要始终坚持求真务实的作风,深入基层一线、深入妇女群众,深化调查研究、深化思考建议、深化成果运用,进一步找准推动妇女创业就业的路径和模式,进一步提出促

进妇女创业就业的真知和灼见,努力为杭州市推进妇女事业持续发展再出成果、再出精品、再做贡献。

中共杭州市委副书记
杭州市人大常委会主任、党组书记

2014 年 2 月 14 日

目录

BⅠ 总报告

B.1 杭州妇女就业现状、问题及其政策干预 …………… 揭爱花 / 001
　一　杭州妇女就业的总体状况 ………………………………… / 002
　二　杭州妇女就业存在的若干问题 …………………………… / 008
　三　妇女就业问题的理论阐释 ………………………………… / 020
　四　优化杭州妇女就业社会环境的对策思路 ………………… / 026

BⅡ 就业篇

B.2 杭州不同妇女群体的就业问题研究 …………………… 罗传银 / 034
B.3 杭州妇女就业状况与社会地位变化的关联性研究 ……… 朱　静 / 095
B.4 影响杭州妇女就业的要素分析 ………………………… 聂爱情 / 137
B.5 杭州女大学生就业问题解读 ……………… 段仕君　揭爱花 / 174

BⅢ 创业篇

B.6 杭州市不同群体女性创业特征及其促进策略 ………… 柯丽敏 / 203
B.7 杭州女性创业动机评价体系与应用研究 ……… 厉校麟　侯公林 / 249

B.8 当代社会对女性创业态度评价体系与
　　　应用研究 ………………………………… 厉校麟　侯公林 / 272

B.9 后记 ……………………………………………………………… / 295

Abstract ……………………………………………………………… / 297
Contents ……………………………………………………………… / 298

皮书数据库阅读**使用指南**

总报告

General Report

B.1 杭州妇女就业现状、问题及其政策干预

揭爱花*

摘 要: 作为经济发达、社会文明水平较高的沿海城市,杭州的妇女就业及其权利保障工作一直走在全国前列,近年来采取的一系列扶持政策也取得了显著的成效,但妇女就业过程中依然存在着性别排斥、性别隔离、性别角色冲突等问题,直接影响了妇女平等就业权利的实现。面对市场经济的竞争机制和传统性别文化复活相互交织,以及传统的国家政治干预机制失灵的现实,杭州应当在全面贯彻执行国家保障妇女平等就业权利的相关法律和政策的基础上,积极推进"社会性别主流化",率先在健全社会化的生育保险制度、建立女性用工企业财政补贴或税收优

---

* 揭爱花,浙江大学公共管理学院副教授、社会建设研究所副所长,研究方向:社会性别与社会发展、社会问题与社会建设。

惠等方面进行制度创新,进一步优化妇女就业的社会环境和政策支撑体系。

关键词:
　　妇女就业　社会环境　政策干预

女性权利的实现程度是衡量一个社会文明水平的重要尺度。在女性享有的诸多权利中,劳动权是一项具有基础性意义的重要权利。享有平等的就业权利和职业发展机会,是现代女性生存和发展的安身立命之本,它不仅是女性摆脱人身依附的重要前提,而且直接决定着女性的社会交往与社会生活空间,决定着女性全面自由发展的现实可能性。

作为经济发达、社会文明水平较高的沿海发达城市,杭州的妇女就业及其权利保障工作一直走在全国前列,妇女在许多社会领域都发挥了重要的生力军作用,在建设物质富裕和精神富有的现代化浙江的过程中贡献了不可替代的智慧和力量。但是,必须指出的是,妇女解放是一个漫长的社会历史过程,妇女就业权利的实现也不可能脱离整个国家的经济发展和社会进步进程,必然受到多种社会因素的制约。杭州的妇女就业状况虽然好于全国许多地方,但同样存在着诸多值得关注的现实问题。面对市场经济的竞争机制和传统性别文化复活相互交织的挑战,面对传统妇女解放实践的国家政治干预机制的消解,以及新时期诸多政策干预机制失灵的现实,杭州应当在全面贯彻执行国家保障妇女平等就业权利的相关法律和政策的基础上,率先致力于探索"社会性别主流化"的实现机制,使就业过程中存在的性别歧视现象得到有效的干预和校正,同时进一步健全引导和扶持妇女提高自身素质、参与社会竞争的有效机制,使妇女就业环境和就业质量得到进一步改善。

一　杭州妇女就业的总体状况

受益于发达的民营经济,以及发达省会城市特有的产业结构,杭州妇女的就业机会相对充裕,就业总体情况良好。与此同时,地方党委政府对妇女就业、妇女权利保障工作的重视，特别是妇联组织积极有为，针对妇女就业过程中存在的实际困难所采取的一系列有效的政策扶持，也较好地保障了妇女平等的就业权利，妇女就业和职业发展的社会环境得到了进一步优化。

1. 就业率稳定在较高水平，就业领域和空间不断拓宽

相关统计数据显示，目前杭州市就业总人口中女性约占44%，妇女就业率稳定在较高水平。其中，城镇单位女性从业人员达79.63万人，占城镇单位从业人员总数的34.2%，城镇妇女就业比例处于稳中有升状态。农村妇女参与经济发展的能力也进一步增强，女性从业人员占全部从业人员的比例一直稳定在47%~48%的水平（见表1）。从总体上看，杭州妇女的就业状况好于全国平均水平，就业率也高于大部分发达国家。

表1 杭州地区农村女性从业人员比例

年份	总计(万人)	女性(万人)	女性占总人数的比例(%)
2000	247.11	116.74	47
2001	250.11	117.79	47
2002	253.24	119.71	47
2003	251.95	119.05	47
2004	254.66	120.48	47
2005	267.05	125.62	47
2006	266.68	125.93	47
2007	266.32	126.29	47
2008	260.16	123.00	47
2009	259.32	122.46	47
2010	261.77	123.59	47
2011	262.10	124.77	48

资料来源：根据《杭州统计年鉴》（2000~2011年）相关数据整理和计算。

更令人欣喜的是，妇女在一些就业领域特别是服务行业已经显示出了明显的优势。据杭州市妇联和杭州市统计局联合发布的2012年全市妇女发展情况监测，从规模以上单位的从业人员行业分布来看，杭州市卫生行业的女性从业人员占全部从业人员的65%，教育业占57%，住宿餐饮业占55%，金融业占54%，居民服务业占54%，批发零售业占52%，这些行业已成为女性就业的优势领域。另外，杭州市各类女性专业技术人员接近7万人，占专业技术人员的半数以上。

与此同时，杭州妇女的就业层次也得到了进一步改善。从统计数据来看，近几年，国有单位特别是事业单位女性从业人员的比例明显上升，机关单位则稳定在24%左右（见表2）。这意味着通常所说的"女性白领"的队伍呈现不断扩大的态势。

表2　2000~2011年杭州国有单位女性从业人员占全部从业人员比重

单位：%

年份	总计	按隶属关系分					按企业、事业、机关分				
		中央属	省属	市属	县及县以下	其他	企业	事业	机关	民间非营利组织	其他
2000		33	37	42	42		37	47	25		
2001	39	33	37	42	42		36	47	24		
2002	38	34	37	40	41		35	47	24		
2003	38	33	37	40	42		33	48	24		
2004	39	34	40	40	41		49	24	24		
2005	40	33	40	41	43		34	50	24		
2006	40	29	41	41	44		33	51	24		
2007	40	30	41	39	45		52	24	24		
2008	40	35	38	39	43		32	52	24		
2009	40	31	40	37	44		29	54	25	55	50
2010	39	32	40	39	42	44	30	53	24	52	42
2011	38	27	40	38	42	42	28	51	24	60	36

在就业率和就业层次稳步提高的基础上，杭州妇女的就业领域和空间也得到了拓展，新兴产业的女性创业群体不断扩大。一方面，女性自主创业逐渐形成风气，大批女性企业家跻身风云浙商行列，全市企业董事会和监事会中女性占比分别达到18.7%和25.4%。另一方面，在各级党委政府的重视下，妇女在公共管理领域尽显风采，不仅直接拓宽了高素质妇女的职业发展空间，而且有效地保证了妇女在公共政策制定和实施过程中的话语权。目前，杭州市级女性党代表、人大代表、政协委员的比例分别为30.6%、28.5%、32.5%，女性进村（社区）"两委"的比例达到100%，村民代表中女性超过1/3。一大

批德才兼备的优秀女性走上了领导岗位，全市市管女领导干部有189人，占市管领导干部总数的17.3%，市本级和区县（市）党政部门领导班子配备女干部的比例分别达到59.4%和66.3%。

2. 妇女就业权利得到较好维护和保障，就业支撑条件进一步改善

"十一五"期间，杭州市进一步加大贯彻实施《劳动法》《劳动合同法》《女职工劳动保护特别规定》等法律法规的力度，与妇女就业直接相关的权益保障工作得到了进一步落实。2012年杭州市医疗保险、养老保险、失业保险、工伤保险、生育保险五大险种的女性参保人数分别为207.70万人、174.52万人、134.82万人、145.94万人和126.42万人，分别比上年净增13.65万人、20.47万人、12.73万人、8.03万人和11.56万人。全市共有6.52万名失业妇女实现再就业，占再就业总人数的49.1%。

在妇联组织的推动下，杭州市采取措施，在落实男女同工同酬、校正就业过程中的性别歧视现象等方面积极作为。2012年全市劳动仲裁委员会处理劳动争议案件6720件，其中涉及女性劳动争议案件1600余件。市区认定工伤6026人，其中涉及女性约2200人，妇女的合法权益得到了较好的维护和保障。

教育培训是提高就业者素质、提升就业竞争能力和职业发展空间的基础性工程。杭州市已建立起了从学前教育到高等教育、从市民学校到社区大学、从普通教育到成人教育，覆盖所有年龄段的全方位的终身教育体系，妇女受教育的权利得到了充分保障。目前，义务教育女生入学率和巩固率均达100%。2012年，在杭普通高校在校女生为23.66万人，占总数的51.5%，比上年提高1.24个百分点；研究生女生在校人数为19115人，占总数的44.0%；成人高等教育女生在校人数为6.12万人，占总数的52.7%。另外，2012年接受各类职业技能培训的人员中女性占比达到45.0%。

与此同时，杭州市还大力培育家政服务业，推进家政网点建设。2012年，杭州市创建了96365网络信息服务平台，运营以来共提供家政服务400余万人次，大大地减少了妇女家务劳动时间，改善了妇女生产生活环境。另外，杭州的妇幼保健网络建设也日趋完善，妇女健康水平得到提高，孕产妇系统管理率、孕产妇产前医学检查率和孕产妇住院分娩率均达到96%以上，在全国处于领先水平。这些都有力地改善了妇女就业的支撑条件。

3. 扶持妇女就业的政策绩效显著,就业环境进一步向好

妇女就业水平从根本上讲取决于一个国家的经济社会发展水平,以及社会性别角色文化,同时也受制于国家保障妇女权利的法律政策及其实施的有效性。就此而言,在市场经济体系逐渐完善、市场在资源配置中的基础性和决定性作用得到确立、就业方式完成从传统的国家分配到市场竞争的模式转换之后,妇女的就业率和就业规模总体上会趋于稳定。杭州市的妇女就业水平总体上已经居全国前列,大规模地提高妇女就业水平的空间相对有限,但杭州市并没有因此而消极无为。在各级妇联组织的积极推动下,地方政府出台了一系列扶持妇女就业和创新的政策,妇联组织也探索和建立了一整套常规化的就业创业扶持机制,并取得了明显的成效。

一是针对农村妇女就业的实际困难,大力发展来料加工业,开发家政、绿化、卫生等就业门槛低、适合农村妇女的工作岗位,帮助农村妇女实现非正规就业,让农村妇女在家门口实现劳动力转移。其中,发展来料加工业是实现农村妇女非正规就业最有效的途径之一。杭州市出台了《关于加快来料加工业发展,促进低收入农户增收的实施办法》等政策,建立了专项扶持资金,各级妇联组织积极牵线搭桥,使来料加工业发展成为杭州农村非常规就业的重要渠道。2013年,全市已有来料加工点3253个、来料加工经纪人3318名,辐射带动了22.31万名妇女就业,实现增收近36亿元(见表3)。

二是深化"巾帼科技致富行动"和"巾帼示范村"创建,组织开展岗村结对、扶优结对,加强技能和实用人才培训,引导城乡妇女实现资源对接、信息共享,千方百计地增加农村妇女就业机会。近五年来,累计培训妇女10余万人次,创办"妇字号"农业龙头企业、巾帼科技示范基地等459个,培育农家女能手118名,扶持农家乐女经营户3000余户。从2002年起,杭州大力实施"姐妹帮扶"工程,广泛发动社会各界妇女,通过扶持、帮困、培训、供岗等措施,帮助困难妇女摆脱生活困境。帮扶重点是全市低保特困家庭、单亲家庭妇女及就业困难或需要创业扶持的妇女。在各级妇联的组织协调下,市属单位及区县(市)的女干部与下岗妇女结成对子,"五好文明家庭"与困难家庭结成对子,在走访困难妇女、送发慰问款物的过程中为农村妇女就业和创业牵线搭桥。2009年,杭州市又启动了"农村低收入家庭妇女(困难妇

杭州妇女就业现状、问题及其政策干预

表3 2007~2013年杭州市来料加工及劳动力转移情况

年份	来料加工点（个）	从业人员（万人）	培育农村来料加工重点基地（个）	加工费总额（亿元）	收 入
2007	500	10	—	4	人均月收入600余元
2008	671	15	—	—	人均月收入600余元
2009	671	18	—	—	—
2010	3501	21.57	—	—	—
2011	3544	20	100	—	年人均增收4345元
2012	—	—	—	—	—
2013	3253	22.31	—	—	—

年份	转移农村富余劳动力(万人)（转移率,%）	妇女领办的经济合作组织(个)	"妇字号"农业龙头企业(个)	巾帼科技示范基地(个)	农家乐女经营户(户)
2007	—	—	—	—	—
2008	1.48（78.9）	—	—	—	—
2009	1.25（77.4）		411		—
2010	1.27（73.8）	110	117	130	3000
2011	1.00（76.9）	110	117	130	3000
2012	—	—	—	—	—
2013	—	—	—	—	—

资料来源：《杭州统计年鉴》(2007~2013年)。

女）脱贫致富三年行动计划"，构建结对帮扶、基地培育、引导培训、政策扶持、考评激励5项机制，着力建立帮扶农村低收入家庭妇女（困难妇女）就业增收的长效机制。这些措施在实践中都取得了很好的实效（见表4）。

三是广泛开展"双学双比""巾帼建功"等竞赛活动，积极拓展妇女创业平台。2002年，杭州市创办了"妇女创业实验室"，为下岗失业妇女提供创业优惠，将杭州五大专业市场200个摊位一年的经营权赠送给下岗失业人员。近年来，杭州市妇联又建立了妇女就业创业导师团、女大学生就业见习（实训）基地、巾帼再就业基地，为有创业就业意向的妇女提供就业岗位5.38万个；推

表4 杭州市结对帮扶计划的具体实施情况

年份	参与结对的干部、党员、企业家	接受结对帮扶的困难家庭妇女
2002	2365名女干部	2365名下岗失业妇女
	4733个"五好文明家庭"	4733个困难家庭
2003	2643名女干部	2643名下岗失业妇女
	4733个"五好文明家庭"	4733个困难家庭
2004	3570名女干部、女党员	2803个低保困难家庭妇女
2005	2643名女干部、女党员	3123名下岗失业妇女
2006	1266名女干部	1266名下岗失业妇女
2007	408名女干部、女党员	408个困难家庭
2009	2643名女干部、女党员	6205名困难妇女
	1500名女企业家、来料加工女经纪人及农村女致富带头人	1500名农村低收入家庭妇女及困难妇女
2010	2643名女干部、女党员	6205名困难妇女
	1500名女企业家、来料加工女经纪人及农村女致富带头人	1500名农村低收入家庭妇女及困难妇女

注：2008年数据缺失。

行妇女小额担保贷款，为800余名创业妇女提供1.77亿元小额贷款。杭州市还建立了全国首个"巾帼创业俱乐部"，通过促进创业女性信息互通、资源共享、资金互助，树立失业（失土）妇女创业典型，举办SYB创业培训班，教育引导更多妇女走创业之路。

二 杭州妇女就业存在的若干问题

妇女就业水平受到经济社会发展水平的深刻制约，但两者之间并不存在直接的线性关系。妇女就业状况镶嵌在整个经济、社会、文化结构性变迁的复杂背景之中。中国正处于社会变革最为剧烈的"大转型"阶段，其中每一个领域的变革及其相互交织都可能给妇女就业带来诸多现实的挑战。"十一五"期间，杭州市妇女事业取得了长足进步并得到了持续发展，但随着产业结构调整和经济转型升级步伐的加快，随着社会阶层分化及城乡发展失衡现象的加剧，以及传统性别观念在商业文化刺激下的复活，妇女就业及职业发展还存在着一系列不容忽视的问题，妇女就业权利的保障依然任重而道远。

在社会阶层分化不断深化的背景下，不同的女性群体面临的就业问题差异极大，其中既有困难群体维持基本生活的就业难问题，也有"白领"阶层职业发展的"玻璃天花板"现象，以及富裕群体对职业的高期望值所产生的就业挫折感。因此，笼统地分析评估妇女就业形势，已经很难真实地反映杭州妇女就业面临的问题。为此，我们将立足于女性就业大军的几大群体各自面临的突出问题，对杭州妇女就业面临的若干存在政策干预空间的挑战展开分析。

1. 女大学生就业竞争压力的加剧

"女大学生就业难"及女大学生就业遭遇性别歧视，是近年来社会及媒体关注的热点之一。虽然我们很难收集到女大学生真实准确的就业率数据，特别是就业过程中遭遇歧视的比例，但女大学生在就业市场的竞争中处于相对劣势却是基本上可以确认的事实。2009年浙江省大学生总录取人数为26.7万人，男生占48.84%，女生占51.16%。① 2010年总录取人数为25.52万人，男生占47.8%，女生占52.2%。2011年杭州全日制高校在校女生达44.67万人，占在校生的50.3%。② 显然，高校在校女生规模超过男生已经成为相对稳定的格局。然而，对照杭州市非私营单位从业人员的数据，我们却可以清楚地看到，女性在从业人员中的占比与高校女大学生的占比，明显呈不对称状态。2006~2011年杭州市非私营单位从业人员中女性占比连续6年呈下降趋势，这同女大学生占比持续上升的趋势基本上是相背离的（见表5）。虽然这其中可能有多种因素的影响，但或多或少可以反映出在非私营单位的就业竞争中，女大学生的确面临比男大学生更为严峻的就业挑战。

当然，我们也必须指出，"女大学生就业难"与女大学生就业遭遇性别歧视是两个完全不同的概念。"女大学生就业难"既反映了大学生就业压力普遍增大的现实，也与高校不同专业的性别分布有着密切关系。

---

① 数据来源于浙江省教育考试院。
② 数据来源于2011年度杭州市妇女发展情况通报。

表5 2006~2011年杭州市非私营单位从业人员与女性占比统计

单位：人，%

从业单位	2006年从业人数（女性占比）	2007年从业人数（女性占比）	2008年从业人数（女性占比）	2009年从业人数（女性占比）	2010年从业人数（女性占比）	2011年从业人数（女性占比）
全市总计	511273(39.5)	599836(39.2)	693163(38.0)	731281(35.8)	796340(34.2)	853186(32.3)
企 业	378359(38.1)	457103(37.8)	541254(36.4)	567586(33.6)	621115(32.0)	670209(30.4)
事 业	114060(51.2)	122800(52.1)	130753(52.0)	132708(53.8)	141345(53.0)	147030(51.5)
机 关	18854(24.0)	19933(24.2)	21156(24.3)	23027(24.8)	24107(24.3)	23464(23.8)
民间非营利组织	0(0)	0(0)	0(0)	3953(59.4)	5627(61.2)	7301(62.7)
其 他	0(0)	0(0)	0(0)	4007(40.0)	4146(36.5)	5182(40.1)

资料来源：《杭州统计年鉴》（2007~2012年）。

从统计数据来看，近些年全国范围的男女大学生就业率基本呈持平状态（见表6）。2008年6月，笔者在浙江省妇联的支持下，对杭州、温州、宁波、绍兴、舟山、金华6个城市随机选择的1000名2008年应届本科毕业生进行了问卷调查。调查结果显示，就实际就业率（小口径就业率）而言，男生的签约率为83.4%，女生的签约率为83.9%，女生的签约率略高于男生。从大口径统计（包括已经签订就业协议书、读研、出国、自主创业的学生）来看，男生的签约率为87.3%，女生的签约率为88.2%，女生的签约率同样超过了男生。这一调查数据同浙江省教育厅2003年发布的统计报告基本吻合。

表6 2004~2010年男女大学生就业率

单位：%

性别	2004年	2005年	2006年	2007年	2008年	2009年	2010年
男	78.2	73.3	79.6	78.4	81.6	80.2	84.8
女	76.7	72.1	78.1	77.7	81.0	79.3	83.7
合计	77.5	72.8	78.8	78.1	81.3	79.7	84.3

资料来源：全国高等学校学生信息咨询与就业指导中心、北京大学教育学院编《全国高校毕业生就业状况》（2004~2008年、2009~2010年），北京大学出版社。

但只要加入专业变量,就业率的性别差异就会显著地显示出来。以2008届本科毕业生为例,女生的专业分布非常突出地集中在护理学类、语言文学类等专业上,而在地质学类、机械类等通常需要在野外作业或需要较多体力支撑的专业上女生占比却要小很多(见表7)。而问题恰恰就在于后者通常是大学生就业率最高的专业领域(见表8)。根据麦可思-中国2008届大学毕业生求职与工作能力调查结果,2008届本科女生毕业后半年内就业率最高的三类专业分别是测绘类(96%)、地矿类(95%)、海洋科学类(94%),而这三类全部都是男生占绝大多数的专业。

表7 2008届本科院校女生比例最大与最小的10个专业类别

单位:%

专业名称	女生比例	专业名称	女生比例
护理学类	93	地质学类	16
外国语言文学类	79	机械类	16
中国语言文学类	69	能源动力类	17
教育学类	65	武器类	18
心理学类	65	工程力学类	19
新闻传播学类	65	地矿类	20
图书档案学类	59	农业工程类	22
艺术类	58	土建类	22
工商管理类	57	测绘类	23
职业技术教育类	57	材料类	24

资料来源:麦可思中国大学生就业研究课题组:《2009年中国大学生就业报告》,社会科学文献出版社,2009。

表8 2006~2011届本科毕业生就业率最高的5个专业类别

单位:%

专业名称	2006届	2007届	2008届	2009届	2010届	2011届
地矿类	90	97	97	95.5	95.2	96.5
土建类	93	96	94	93.1	95.2	95.6
能源动力类	95	97	94	94.3	95.9	96.6
农业工程类	87	93	93	94.4	92.0	94.9
机械类	92	96	93	92.5	94.5	94.2

2013年12月，麦可思、搜狐教育和学而思培优联合发布了《2013中国数理化（理科）基础教育白皮书》。该白皮书通过近10万份调查问卷以及一系列相关研究，对中国公立学校文理科班现状、中学生专业选择影响因素、国内外知名院校专业设置规律和就业趋势，以及各类专业毕业生的薪酬情况进行了盘点。数据显示，在就业率方面，2012届本科毕业生就业率排名前50位的专业中，理科专业占了82%，其中前10位榜单全部被理科专业占据，排名前20位的专业中也仅有新闻和园林两个文科专业。给排水工程、汽车服务工程和矿物资源工程专业的就业率高居前三位。在薪酬方面，理科专业占据优势。毕业半年后平均月收入排名前50位的专业中，理科专业占了78%。前10位榜单中，理科专业占了6席，其中建筑学专业以平均月收入4453元居首位，软件工程专业以平均月收入4449元居第二位。文科类专业中，仅影视艺术技术、德语、保险、财政学这几个专业排在前10位。而在另一份薪资较低的10个专业排行榜中，文科专业全数包揽，其中学前教育、应用心理学、思想政治教育等专业纷纷上榜，而历史学专业则以平均月收入2835元列"薪酬最低专业"。①

不可否认，女大学生在就业过程中有可能遭遇性别排斥甚至性别歧视，许多针对浙江省和杭州市的个案调查研究也证实了这一问题。特别是在市场劳动力需求与女大学生专业分布极不吻合的情况下，女大学生更有可能遭遇种种隐性的性别歧视或者间接歧视。直接歧视是指因宗教或信仰、年龄、残疾以及性别取向对于相似条件给予另外一人较差的待遇。间接歧视是指用表面中性的条件、标准或者实践将导致具有某一特定宗教或信仰、年龄、残疾以及性别取向群体与其他人相比处于不利境况时的情形。② 从我们先前的访谈研究遇到的情况来看，在杭州，公开的直接歧视现象已经较为少见，更多的歧视往往都是隐性的，比较符合偏好歧视理论和统计性歧视理论的分析。③

---

① 《2013毕业生薪酬排名公布》，《都市快报》2013年12月31日。
② 岳世平：《关于女性就业歧视的界定及其消除》，《中共四川省委党校学报》2010年第2期。
③ Florence, P. S., "A Statistical Contribution to the Theory of Women's Wages", *Economic Journal*, 1931, (41), pp. 19 – 37.
Becker, G. S., *The Economics of Discrimination*, University of Chicago Press, 1957.
Phelps, E. S., "The Statistical Theory of Racism and Sexism", *American Economic Review*, Sep. 1972, pp. 659 – 661.

在就业市场深深地嵌入社会性别秩序，用人单位及其人力资源部门的工作人员受到性别角色刻板印象的潜在影响，特别是录用女性员工需要承担额外的"性别亏损"的情况下，会比较自然地倾向于在不公然违反法律法规的前提下优先录用男性员工，从而使女大学生在就业竞争过程中遭遇各种形式的隐性性别歧视。

当然，基于2008年的研究，我们并不倾向于认为目前包括杭州在内的浙江就业市场存在突出的显性性别歧视现象。从2008年对6个城市1000名大学生的调查情况来看，男女生均将工作能力、机遇、人际关系排在影响就业机会的17个因素的前三位，其中"工作能力"在男女生中得分均遥遥领先于其他各个因素。相应的，专业、实用技能的掌握、机遇的得分也较高，且男女生的判断基本相同。相反，"性别"因素排在影响就业诸因素的倒数第三位（女生评价略高于男生），仅次于身高和长相两个因素。这在一定程度上说明，用人单位最看重的并不是性别，而是工作能力、专业、实用技能这些后天习得的技能和能力。相比之下，女大学生在求职过程中面临的心理压力更值得关注。从就业形势的主观感受来看，认为女大学生就业困难的女生比例明显高于男生（女生比例为25.2%，男生比例为11.2%）。同时，高达41.3%的女大学生认为就业压力给自己身心带来了不适。正是这种就业心理焦虑，使为数不少的女大学生的性别角色意识出现了向传统家庭角色回归的倾向。在本次调查中，有27.1%的女生认同"女大学生干得好不如嫁得好"的说法；有17.1%的女生认同"男性以社会为主，女性以家庭为主"的传统家庭角色分工；有44.0%的女生并不认同"女大学生回归家庭做贤妻良母是妇女解放的倒退"的说法。显然，在条件许可的前提下，回归家庭做贤妻良母已经成为女大学生性别角色选择的一个可接受的重要选项。

一个可能的事实是，媒体和社会对"女大学生就业难"之类问题的过度炒作，客观上加剧了女生就业前的心理焦虑。"社会问题"建构的相关理论为我们理解"女大学生就业难"问题的形成机制提供了有益的启示。这一理论认为，"社会问题"应当从问题被定义的社会过程中加以说明。具体地讲，"社会问题"的建构，在很大意义上是一个"社会问题"竞争的过程，即不同社会状况为取得"社会问题"的资格而争夺社会关注、争夺问题定义权的博弈过程。女大学生的就业困难问题固然有众多的个案依据，但它同样也是在建构的过程中构成为或者定义为"社会问题"的。在这一过程中，各种社会因素、各种社会力量都是"问题"建构的参与者。在求职过程中遇到困难的女大学生，以及她们的父母和亲朋好友会不断地将这些困难（这种困难既可能是真实的现象，也可能是个人的一种归因行为）"宣称"为值得关注的"问题"；媒体会在收集个案的基础上，将个案性的困难聚焦为一种与性别有关的社会不正常"现象"，并极力渲染所谓用人单位"宁要'武大郎'、不招'穆桂英'"的倾向；专业研究人员基于个人兴趣会关注这种现象，从各方面探讨这种现象的成因、危害，并运用其话语权对现象进行命名、阐释；社会各界人士基于传统的性别角色观念，在主观上推断女生在工作能力上无法同男生竞争，因而纷纷认同和附和"问题"的存在及其严重性；相关的妇女组织和社会团体则借助各种利益诉求渠道，积极反映"问题"，想方设法使这一种"问题"引起政府的重视……在各种因素的共同作用下，有许多个案经验支持但没有有效的统计数据支撑的女大学生就业困难现象，就可能被人为地夸大，并被界定为一个普遍性的社会问题。而一旦女大学生就业困难现象被界定为一个突出的"社会问题"，所有女大学生在职场竞争中失利的个案，就都有可能被归类为性别歧视所导致的"女大学生就业难"社会问题。一个男大学生发生就业困难，那只是他的个人能力问题，而一个女大学生发生同样的问题，就可能被归因于性别歧视所导致的普遍性的社会问题。

需要指出的是，当"女大学生就业难"的社会问题被成功建构起来时，它反过来会进一步强化女大学生的自我暗示，以及对就业的心理焦虑。我们在一些没有任何求职经验的低年级女大学生那里发现，"女大学生就业难"的社会舆论，特别是在校园中流传的有关女大学生在求职过程中遭到排斥、歧视的传言，已经对低年级女生产生了相当大的心理压力。这种被不断放大的"社会问题"，很容易在女大学生中产生心理暗示，以致一些女大学生还没有尝试过寻找就业机会的努力，就已经在内心中形成了畏难心理，甚至形成了自我强化的心理障碍。

2. 就业妇女职业生涯的性别隔离

就业质量是一个更高层面的就业问题。世界各国都难以消除的妇女就业质量的一个突出问题，便是所谓的"性别隔离"（Sex Segregation）及"玻璃天花板"现象。"性别隔离"反映的是不同性别者进入某一职业或行业的概率。当一种性别在某一种职业中的比例超过社会上男女就业比例并达到一定程度时,表明存在性别隔离现象。"存在着一个潜在的两性被分割的劳动力市场,其分割的基础在于两性具有不同的生理功能和这一生理功能背后的社会功能,妇女的生育决定了她们在劳动力市场结构中处于缺少发展机会的境地。"① 根据美国劳动部"联邦玻璃天花板委员会"的定义,"玻璃天花板"反映了某种职业不平等,并且这种不平等无法用一个人过去的"资格或成就来解释",将女性隔离在职业阶梯的底部,让她们沉积在那里,从事着支持性、辅助性的工作。②

有学者根据"六普"数据对女性就业现状及行业和职业分布性别差异进行了分析研究,发现在20个行业门类中,农、林、牧、渔、水利业是吸纳女性就业的最主要行业。2010年有53.2%的女性集中在该行业就业;制造业次之,吸纳了16.6%的女性;批发和零售业位居第三,吸纳了11.0%的女性。女性在上述3个行业就业的比例高达80.8%,行业集聚程度比男性高11.4个百分点。这三大行业属于典型的平均劳动报酬偏低的边缘化部门,而在女性居绝对从属地位的8个行业中,有6个属于高收入垄断行业或社会权力大的行业。在女性职业构成中,国家机关、党群组织、企业、事业单位负责人占1.0%,专业技术人员占7.8%,办事人员和有关人员占3.2%,如果将以上三类职业的从业人员称为"白领",那么"白领"女性仅占女性从业人员的12.0%。与男性相比,女性在"白领"中所占比例偏低,在"蓝领"中所占比例偏高,反映出女性职业层次总体偏低的状况③(见表9)。

这些现象在杭州市同样存在。虽然杭州女性就业层次近年来有所提高,进入机关、企业、事业单位领导层的女性也在增加,但女性占比的实际数据依然能反映出这方面存在的问题。如机关单位女性占比一直维持在24%左右,全市企业董事会和监事会中女性占比分别为18.7%和25.4%,市级女性党代表、人大代表、政协委员的比例分别为30.6%、28.5%、32.5%,市管女性领导干部占比为17.3%,虽然横向比较已经处于较为领先的水平,但同女性在整个就业队伍

---

① 佟新、濮亚新:《研究城市妇女职业发展的理论框架》,《妇女研究论丛》2001年第3期。
② 〔美〕D. A. 科特等:《玻璃天花板的影响》,《国外社会科学》2002年第4期。
③ 杨慧:《女性就业现状及行业与职业分布性别差异》,《中国妇女报》2013年3月5日。

表9 2010年女性的职业分布

单位：%

职业类别	男性占比	女性占比
国家机关、党群组织、企业、事业单位负责人	74.9	25.1
专业技术人员	48.9	51.1
办事人员和有关人员	67.0	33.0
商业、服务业人员	48.3	51.7
农、林、牧、渔、水利业生产人员	50.8	49.2
生产、运输设备操作人员及有关人员	68.4	31.6
不便分类的其他从业人员	62.5	37.5

中的占比相比，还是很不相称的。从杭州女性就业集中度比较高的几个领域来看，虽然卫生、教育、金融、住宿餐饮、居民服务、批发零售业女性从业人员的占比都超过了50%，但卫生、教育、金融业中领导层的女性占比远未达到同等水平，住宿餐饮、居民服务、批发零售业则明显属于高劳动强度、低工资福利待遇的行业。

3. 农村妇女的双重角色压力

市场化改革进程中社会组织形态演变的一个重要产物，是家庭在社会资源配置和个人生活安排中的功能、地位迅速提升。在农村，家庭责任制的推行，迅速瓦解了原先生产队集体劳动的劳动组织形式，取而代之的是一家一户的独立经营，家庭成为最基本的经济活动单位，并由此给农村妇女的就业及社会角色扮演带来了深刻的影响。

在家庭成为最基本的资源配置单位和利益主体的情况下，根据夫妻双方的资源禀赋和比较优势进行家庭资源的合理配置，以实现家庭收益的最大化，就成为社会成员适应市场经济生存法则的基本策略。这种策略选择既符合市场经济条件下经济人理性行为选择的准则，也包含人们对改革之前打破传统性别分工模式的生产方式的反思。

家庭联产承包责任制的制度变迁使家庭又一次成为独立的经济单位，这一改革虽然符合生产力发展的历史条件，但对劳动性别分工的影响可能有着极为深远的意义。① 一般来说，传统的性别观念和性别秩序在农村的影响力要比城

---

① 佟新、龙彦：《反思与重构——对中国劳动性别分工研究的回顾》，《浙江学刊》2002年第4期。

市深厚得多。当家庭取代生产队成为生产经营的基本单位时，通常作为户主的丈夫的地位无形之中也得到了极大的提升。"过去由生产队长张罗的事情，如土地经营、生产决策、劳动分配等，现在都由户主决定"，① 也就是由丈夫来决定，而妻子往往更多地从事照顾老人、小孩的家务劳动以及生产经营中的辅助性工作。长此以往，两性的视野、社会阅历及素质能力的差距必然进一步扩大。

在工业化的进程中，农村家庭内部的性别角色分工又有了新的表现形式，那就是"男打工、女务农"。大体上来说，在改革以后形成的民工潮中，很长时期内流动农民工中男女比例都保持着男六成多、女三成多的相对稳定的比例。② 近年来，流动农民工的女性比例有所上升，但女性农民工外出打工往往都集中在她们的青春期，回流率也较高。相关研究表明，外出打工的女性平均年龄低于男性，多集中在15～24岁年龄组。③ 这就意味着相当数量的农村已婚妇女事实上已经成为第一产业的主要从事者，这在男子外出打工比较普遍的经济欠发达地区尤为突出。女性长期生活在封闭的乡村，从事简单而繁重的农业劳动，男性长期漂泊在城市，从事工业和服务行业的劳动，这已经成为农村家庭相当典型的性别分工模式。

毫无疑问，在市场化改革之前，农村妇女由于被广泛动员参与农业生产劳动，同样承受着社会角色或者生产者角色与家庭角色的双重负荷。但在"人民公社"体制下，农村妇女或多或少还可以借助她们在生产劳动中的相对次要的角色，以及"搭便车"策略，以缓解角色冲突的困扰。但在家庭取代生产队成为经济活动的基本单元，而男性劳动力又普遍地外出打工的情况下，农村妇女往往不得不独自一人承担起农业生产与家务劳动，特别是照料长辈与子女的双重沉重压力。

4. 城郊失地妇女的就业矛盾心态

在快速推进的城镇化进程中，随着大量土地被征用，越来越多的城市郊区

---

① 迪莉娅、戴文：《中国的发展模式及其对妇女的影响》，载李小江、朱虹、董秀玉主编《平等与发展》，生活·读书·新知三联书店，1997，第10页。
② 金一虹：《农村劳动力流动中的社会性别和两种生产的二元分割》，《妇女研究论丛》2009年增刊。
③ 郑真真、解振明：《人口流动与农村妇女发展》，社会科学文献出版社，2004，第5页。

农民成为失地人口。一般来说，随着各级政府不断提高土地征用的补偿标准，健全失地农民的生活保障，城市郊区失地农民当下的生计并不构成一个突出的问题，但由此派生出一个值得关注的现象，那就是处于就业年龄阶段的失地农民，包括妇女在内，对于就业的矛盾心态。

2010年，杭州市被国土资源部列为新一轮征地制度改革11个试点城市之一。在完善征地制度的过程中，杭州市大幅度地提高了土地征用补偿标准，并实现了被征地农民社会保障的"双接轨"，即征地农转非人员与城镇职工的基本养老保险接轨，劳动年龄段外人员与劳动年龄段内人员的养老保险接轨。自2011年11月起，杭州市对新增征地农转非人员实行一次性缴纳15年职工基本养老保险费的参保办法，征地参保费用从7.35万元/人下降至6.62万元/人，而退休后的养老金则由每人每月650元提高到1300多元，待遇提高了1倍多，参保费用却降低了10%。与此同时，杭州市扩大了社保新政的受益范围，改变了以往劳动年龄段内人员纳入参保、劳动年龄段外人员货币补助的补偿方式，将劳动年龄段以上人员也纳入参保范围。考虑到老龄人员的承受能力，杭州市相关政策规定每增加1岁（60岁后），补缴标准降低5%；对于不愿参加养老保险的，政府继续给予每人4.5万元安置补助，同时每人每月还发放220元生活补贴。

更为突出的补偿收益是，按照征迁政策，被征迁农民可以选择住房安置或货币安置。选择住房安置的，政府通过贴补资金，让被征迁农民以每平方米1000多元的价格购买人均50~55平方米（建筑面积）的多层或小高层公寓，部分城区安置标准达到人均80平方米。在杭州城郊，被拆迁农民一家按人口可分到2套甚至4~5套住房的比比皆是。被征迁农民所购房屋可以比照房改房上市交易，也可通过出租获得稳定、长期的租金收入，从而使得被征迁农民的房产具有了可观的商品价值。

在一夜之间拥有可观的可变现资产，仅仅靠出租多余的房屋就可以生计无忧的情况下，刚刚从农民转变为市民的失地人员，往往既不愿意再从事劳动强度大而收入水平较低的职业，又缺乏从事相对理想的职业所需的专业素养和就业技能，相当普遍地陷入了高不成低不就的境地。据杭州市政府有关部门统计，1998~2003年，全市（不含滨江、萧山、余杭区）共有征地农转非人员15.68万人，其中属于就业年龄段（男16~60岁，女16~50岁）的有11.08万人。而在就业年龄段人员中，暂时无业和处于失业状态的有5.76万人，占52%。① 2007年的一项调查同样表明，杭州城市郊区失地农民有36.4%无法就业。②

杭州江干区仅2008年、2009年两年，拆迁面积就达577.18万平方米，涉及11394户。土地被征用后，失地农民生活更富足了，却往往也因此失去了以往那种勤劳致富、艰苦创业的毅力。在缺乏参与城市劳动力市场竞争的就业技能的情况下，当"包租公""包租婆"，以打牌、搓麻将度日，便成为许多失地农民的日常生活。2013年5月，杭州市江干区妇联与浙江理工大学心理学系联合调查了600名杭州市江干区的失地妇女，发现在600名受访女性中，在家待业人数（占25.3%）与在企业工作人数（占28.5%）基本相当。其中60.2%的人正值30~49岁的劳动旺年，而51.5%的受访者学历为高中及以下。尽管调查表明72%的失地妇女有非常强烈的就业意愿，但她们中的许多人仍然以搓麻将度日。一方面，"出去就业也只能做清洁工之类的层次较低、工资又不高的职业，觉得太丢面子，不愿去做"；另一方面，缺乏城市生活的文化素养和生存技能，又的确很难找到称心如意的职业。有针对性地加强对失地妇女就业能力的培训，提高她们在城市的就业技能，已经成为一个相当突出的现实问题。

在这方面，江干区的做法是很值得借鉴的。江干区不仅较早地实施了大量针对失地妇女的就业培训，而且在2010年专门出台了《关于加强被征地和撤村建居农转非人员就业工作若干政策意见（试行）》。为鼓励无业妇女参与就业，该意见规定："凡参加非正规组织居家就业的妇女，并参加社会保险1年以上，经区劳动保障部门、区妇联认定的，按就业人数给予组织者每年1万~5万元奖励，给予居家就业妇女工资额20%的奖励。"2011年以来，江干区共投入市、区促进失地农民就业专项资金6000余万元。通过政府、企业、社会各方联动，建立创业园5家、实训基地5个，帮助308名农民创业，带动1024名农民就业。目前，江干区充分就业社区（村）达到100%。

---

① 孙景森：《统筹城乡就业 加快农村劳动力转移》，杭州市政府网，2004。
② 高君、汪清：《城市化进程中失地农民就业问题研究——以浙江省杭州市为例》，《昆明理工大学学报》2010年第1期。

三 妇女就业问题的理论阐释

妇女就业状况，包括就业水平、就业竞争公平性、就业质量及职业发展机会等，是经济发展水平及其结构性特征、社会文明总体水平，以及文化传统特别是影响深远的性别秩序等多元因素共同作用的结果。发达的民营经济、相对领先的社会文明、开明务实的地方政府、积极有为的妇联组织，都使杭州的妇女就业状况呈现较好状态，妇女就业比例相对稳定，就业质量逐步提升，就业环境持续改善。但同全国大部分地区一样，杭州妇女就业还面临着一系列问题和挑战。更值得注意的是，从社会制约因素来看，杭州妇女的就业问题，无论是就业率还是就业质量，短期内很难有突破性的改变。

1. 社会资源配置方式和社会结构深刻变革过程中妇女就业选择的变迁

众所周知，改革开放前，中国女性劳动年龄人口基本上实现了普遍就业，女性劳动力参与率超过90%，女性劳动力几乎占总劳动力的半数（48%），女性就业者平均工资占男性就业者平均工资的84%。与世界上其他国家相比，当时中国女性劳动力参与率和男女就业者的平均工资之比都保持在较高水平。[①] 国家主导的新中国妇女解放实践，借助国家意志的强大推动力，跨越了西方国家几个世纪的女权运动历程，在国家经济社会发展的总体水平还很低的情况下，取得了妇女地位并不逊色于西方发达国家的历史性成就。

但我们必须看到，中国妇女解放实践之所以能够超越经济社会发展水平，超越女性自主意识的发育，取得超常规的历史成就，从根本上讲依靠的是国家意志的强制力。而国家之所以能够将推进妇女解放的意志非常有效地贯彻到社会各个领域和角落，严格地讲，并非因为国家成功地建立起了成熟的现代国家治理体系，国家形成了引导、规范社会组织和社会成员行为的高水准的制度能力，而是在于国家通过全能主义政治体系和"总体性社会"结构，将所有社会组织和社会成员纳入了自己的绝对控制范围，从而成功地实现了"全国一

---

① 李春玲、李实：《市场竞争还是性别歧视——收入性别差异扩大趋势及其原因解释》，《社会学研究》2008年第2期。

盘棋",以及"总体性支配"。① 没有国家强有力的政治动员机制,中国妇女就业率能够在这么短的时间内提高到这么高的水平,是根本无法想象的。但也正因为如此,这种就业率的提升和保持,在一定意义上是非常态的,是以国家对资源配置的绝对控制为前提的。一旦国家放弃对资源的垄断配置,市场在资源配置中逐步发挥基础性甚至决定性的作用,国家就很难用政治和行政手段直接干预妇女的就业,将妇女的就业率控制在很高的水平,拥有越来越大的自主权的企业必然要根据利益最大化原则来回应妇女的就业需求。就此而言,妇女就业率相对于改革之前的适度回落,有一定的客观必然性。

与此同时,改革开放前国家政治动员之下的妇女高就业率,并非基于女性的自主选择。妇女解放实践的根本目标是实现女性全面自由发展。女性全面自由发展的前提则是每个女性个体拥有独立的人格和自我发展的自主权,能够拒绝任何外部的强制,根据自己的价值理想和拥有的现实条件自由地选择自己的人生目标,选择适合自己的社会性别角色。而在新中国妇女解放实践中,国家干预的一个重要实现方式,就是国家根据不同时期经济建设的需要,建立妇女广泛就业的政治动员机制和保障机制,因而事实上剥夺了女性个体在就业选择上的自由权利。更进一步讲,在计划经济体制下,夫妻双方一同参加生产劳动,成为"社会人",虽然对打破传统的性别分工模式起到了一定的积极作用,但却使家庭的生活质量付出了很大的代价,使妇女承受了社会角色与家庭角色冲突的沉重负荷。事实证明,在漫长的历史过程中形成的性别角色分工,撇开其隐含的性别压迫内容,至少在相当长的历史时期内存在着诸多难以轻易改变和克服的合理成分。人类社会是由两性构成的,性别分工是人类社会最原始、最基本、最自然的分工模式。毫无疑问,承认性别分工的自然性和合理性并不意味着两性只能顺从传统的"男主外、女主内"的刻板化的性别角色分工,只要是自主的选择,现代社会的男女完全可以建立"女主外、男主内"的性别分工模式。但以国家意志为后盾,以泯灭两性自然差异的方式,强制性地打破性别分工,则意味着完全否认了女性人格的价值,只会造成性别关系的紊乱,使两性生活

---

① 渠敬东、周飞舟、应星:《从总体支配到技术治理——基于中国30年改革经验的社会学分析》,《中国社会科学》2009年第6期。

的质量付出巨大的代价。"消除男女性别、人格间的差异,也许意味着文化复杂性的随即丧失……这本身就需要文明为之付出高昂的代价。"①

就此而言,市场化改革进程中妇女就业率的适度回落,虽然对于许多妇女而言,意味着失去了以国家意志为后盾的职业保障,却同时重新赋予了妇女就业选择的自由权利。显然,在新的历史条件下,保障妇女平等的就业权利,并不是要一味地追求妇女与男子同等的就业率,而是要消除就业竞争和职业发展过程中可能存在的各种性别歧视现象。至于选择就业还是不就业,以及以何种方式就业,则是妇女自身的权利。无论一个女性是选择做职业女性,期望在公共领域实现自己的人生价值,还是选择回家相夫教子,做一个现代"职业太太";无论是"男主外、女主内",还是"女主外、男主内",只要是自主、合意的选择,都是个人的自由。随着经济发展水平的提高,以及社会选择机会的增多,选择做"全职太太",或选择阶段性就业的女性将会进一步增多。因此,妇女的就业率在社会大转型阶段经历了比较大的波动之后,很可能会趋于相对稳定的水平。西方发达国家在经济高度发达、家务劳动的社会化达到很高的水平之后,妇女的就业率也没有与收入水平保持同步增长,而是长期稳定在一定水平,就充分说明了这一点。

2. 市场经济条件下就业过程中性别排斥现象的生成机制

在市场经济条件下,妇女就业过程中遭遇的各种显性与隐性的性别排斥现象有其特殊的生成机理。市场主体作为理性的经济人,基于追求利益最大化的行为逻辑,在人力资源的配置上,包括员工录用及其职业发展,必然要进行理性的"性价比"考量。女性在人口的再生产中承担着特殊的职能,她们不仅要在生育子女、抚养教育子女方面付出巨大的精力,而且还要承担与生育行为密切相关的生理负担。在国家和社会没有充分承担妇女与生育行为相关的成本的情况下,雇用女性员工意味着用人单位必须承担由此产生的大量"自然附着成本"②(见表10)。为此,作为理性的经济人,用人单位必然要想方设法

---

① 〔美〕玛格丽特·米德:《三个原始部落的性别与气质》,宋践译,浙江人民出版社,1988,第301页。
② 许叶萍、石秀印:《在"社会"上贡献,于"市场"中受损——女性就业悖论及其破解》,《江苏社会科学》2009年第3期。

规避国家法律和政策的干预,通过减少录用女性员工、减少女性员工的人力资本投资等方式,最大限度地减少"性别亏损"。根据杭州市妇联课题组2009年在杭州市做的"关于企业女性员工情况的问卷调查",在回答关于"女性员工工作表现中的哪些因素对晋升有影响"时,认为"事假较多"的企业有31家,占36.05%;认为"不方便安排出差"的企业有36家,占41.86%。

表10 雇用女性员工需要付出的"自然附着成本"

成本类型	具体成本
工种限制	法律法规和规章规定,不能安排有害女性生理机能的工种,不能安排在特定的劳动场所如矿井中工作,不能安排接触某些化学品、有害其健康的工作,不能安排从事强体力劳动或繁重体力劳动;从事有毒有害作业的女工须按规定享受有关待遇
经期限制	法律法规和规章规定,从事高空、低温、冷水作业的女性,在经期内须暂时调离原工作岗位
安全限制	不宜安排可能危及女性人身安全的岗位,不宜安排单个女性在没有其他女性在场的环境下工作,不宜安排容易暴露女性个人隐私的工作
专用设施	法律法规和规章规定,应该设置女工卫生室、淋浴室、冲洗室、冲洗器、温水箱等
孕期限制	法律法规和规章规定,孕期时应减免工作量、放慢工作速度或调换轻便工作,增加工间休息,不加班加点,不上夜班,生理反应较强时可请假休息,工资照发;孕期检查时间计作上班时间;检查费用报销
生育支付	单位报销接生费、手术费、住院费、药费等生育医疗费用
生育照顾	带薪产假;替班者的招聘、培训费用和工作损失;哺乳室建设;哺乳时间津贴,不加班加点,不上夜班;发放生育津贴、育儿津贴
母婴设施	哺乳室、托儿所、幼儿园
返岗培训	产假后返岗,需要对本岗位工作再熟悉,影响生产率;重新培训,用人单位付出培训成本;重返者的工资不能低于退出时的水平
家事耗时	相夫教子、家务劳动,体能与精力分散,对工作和学习投入率降低;不能较长时间连续离家从事工作,不能参加持续时间长的再教育和培训
家庭限制	工作流动性不能太大,不适宜远距离出差、外派
身体隐患	生病概率高;更年期反应

社会学家贝克尔认为,女性在就业市场上所遭受的差别待遇,主要归因于女性个人人力资本的欠缺。女性因受制于家庭角色的扮演,往往会选择有利于兼顾家庭的职业,选择不需全力以赴地投入工作或者不需持续提升个人人力资本的职业。完成这些工作所需的技能通常较低且不需要更进一步的培训,因而暂时性地退出不会使其技能"失效"。但这些工作的所得报酬及福利待遇往往也较低。而多数女性就业集中于上述职业,使得这些职业的劳动力供给大于需

求，从而产生对女性劳动力的排挤效应，进而加剧了女性在该类职业市场上的竞争劣势。

诚然，国家可以通过制定法律政策来干预和约束市场主体减少"性别亏损"的行为选择。在我国，经过60多年特别是近30年的努力，已形成了以《宪法》为依据，《妇女权益保障法》和《未成年人保护法》为主体，包括《选举法》《刑法》《婚姻法》《继承法》《人口与计划生育法》《母婴保健法》《劳动法》《工会法》《义务教育法》《教育法》《女职工劳动保护规定》《女职工禁忌劳动范围的规定》《女职工保健工作规定》等40多部比较完备的保障妇女合法权益的法律法规体系。根据妇女特殊权益保障的需要，有关部门还制定了大量特殊保护政策。这些法律法规和配套性政策的制定，目的是要校正市场主体在对待妇女就业问题上的利益最大化取向。但是对于市场主体来说，对每项法律和政策的自觉遵守，都意味着"性别亏损"的进一步扩大。如按照政策规定，女职工在国家统一规定的产假期限内享受生育津贴（即产假工资），据测算，在当前形势下，企业招用女工，如不缴纳生育保险，需承担的额外费用为7219.5~23670.5元（包括女性产假期间的工资、因生育发生的医疗费用、女性痛经或月经过多时给予的1~2天的带薪休息）。在市场规则不够健全、国家法律政策普遍存在执行难的情况下，市场主体越是严格执行国家的法律政策，越有可能因为"劣币驱逐良币"效应而加重保障妇女就业权利的额外负担。在显性的性别歧视现象受到约束的情况下，必然会有相当一部分市场主体采取隐性排斥的方式来规避国家法律政策的约束。

显然，要切实有效地保障妇女平等就业的权利，不能一味地着眼于用法律政策强制市场主体给妇女提供更多的就业机会和职业发展机会，迫使市场主体承担由此产生的全部"自然附着成本"，而需要认真地考量妇女就业的"自然附着成本"在国家、市场主体及个体之间的合理分担，需要从激励导向上探索鼓励和引导用人单位更多地录用女性员工的有效机制。

3. 保障妇女平等就业权利的国家干预机制的失灵

改革开放以来，随着社会资源配置方式和社会结构的深刻变迁，国家统一分配的就业模式逐步为自由竞争的市场配置模式所取代，"自尊、自信、自立、自强"也逐步成为妇女解放实践新的价值取向。在就业主要依靠个体在劳动力市场中自由竞争，而用人单位又基于利益最大化的行为逻辑想方设法规避录用女性员工可能产生的"性别亏损"的情况下，国家能否保证所有保障妇女平等就业权利的法律政策得到有效的执行，就成为影响妇女就业及就业质量的关键。问题恰恰在于，在全能主义国家和"总体性社会"的解体过程中，国家权力的快速减缩与国家治理能力提升的滞后，客观上使国家实现自身意志的能力受到了多种社会力量的制约。虽然国家一再高调重申推进妇女解放的政治承诺，并将实现男女平等破天荒地上升到了基本国策的高度，为此还由中央政府颁布了妇女发展的政府规划，设立了政府最高级别的促进妇女发展的综合协调组织，出台了相当完备的保障妇女权益的法律和政策体系，但国家却无法再像过去那样，在各种社会制度安排的强有力支撑下，将实现男女平等的国家意志有效地落实下去，促使社会组织和社会成员不折不扣地贯彻执行国家推进妇女解放的路线、方针、政策。在国家意志的高调宣示与妇女权益保障的现实之间，始终横亘着一条巨大的鸿沟。

在现代法治社会，横向的契约关系已经成为规范社会交往的基本规则。与此相适应，国家治理体系发展演变的一个基本趋势，是国家主要通过法律和政策来规范、引导社会组织和公众的行为，以实现国家治理的意图。从理论上讲，中国保障妇女平等权益的法律法规已经相对完备，但妇女在就业过程中遭遇显性特别是隐性的性别排斥、性别歧视现象却司空见惯。这表明，国家对于就业性别排斥、性别歧视现象的干预存在着相当严重的失灵现象。

一方面，现有的法律法规对就业性别歧视的认定，范围过于狭小，规范过于原则，界定过于模糊，缺乏应有的可操作性。我国禁止就业性别歧视的规定散见于《劳动法》《女职工劳动保护规定》《妇女权益保障法》等法律法规之中，对于性别歧视的类型界定过于狭窄，基本上限于直接歧视或者显性歧视范围，而没有将劳动就业过程中存在的大量间接歧视或者隐性歧视包括进去，适用范围也仅限于已经建立劳动关系的劳动者和用人单位之间。由于相关法律规定只有一些原则性规定，少有具体的法律界定和实施程序，不利于受歧视者获得便捷的申诉、救济渠道。如果再考虑到现实生活中普遍存在有法不依、执法

不严等问题,妇女在遭受性别歧视时想要通过司法途径或劳动仲裁途径来维护自己的权益,在操作层面实际上是比较困难的。

另一方面,国家在设立一系列法律法规,对就业性别歧视现象做出禁止性规定的同时,未能建立起一整套有效的公共政策体系,激励和引导用人单位基于自身利益,主动地遵守国家保护妇女权益的法律法规。国家也没有通过建立健全基于公共财政的生育保障机制,主动地分担妇女与生育行为相关的各种社会成本,而只是以法律强制的方式迫使用人单位承担女性员工的"自然附着成本"。其结果只能是,遵守国家保障妇女权益的法律和政策完全成为违背用人单位自身利益的行为,最终导致用人单位想方设法以性别排斥隐性化的方式规避妇女就业的"性别亏损",国家保障妇女权益的意志最终难以真正变成现实。

四 优化杭州妇女就业社会环境的对策思路

健全妇女就业保障机制的基本着眼点,是最大限度地校正和消除就业过程中各个领域、各个环节可能存在的任何形式的性别歧视,保证"性别不再成为影响利益获取的因素",[①] 不再成为影响妇女平等竞争就业机会和职业发展机会的因素。这意味着国家有义务引导全社会确立男女平等的主流价值,抑制、消除包含性别偏见和性别歧视在内的思想观念;有义务保证男女平等的法律体系能够得到有效的贯彻执行,得到全社会的广泛认同;有义务保证各级政府制定实施的公共政策都不会违反男女平等的基本原则,使性别平等进入公共政策主流。

如前所述,杭州市在妇女就业中存在的种种问题,都不是一种特殊的地域性现象,而是一种普遍的社会问题。但作为发达地区,作为妇女就业权利保障走在全国前列的地区,杭州有理由继续先行先试,率先完善地方的妇女就业权利保障体系,成为完善整个国家妇女就业权益保障法律和政策体系的积极推动者。

---

① 〔加〕威尔·金里卡:《当代政治哲学》(下),刘莘译,上海三联书店,2004,第673页。

1. 强化执法力度，努力营造平等竞争的就业环境

有比较健全的法律法规体系，却难以有效地校正妇女就业过程中存在的性别排斥、性别歧视现象，是当前妇女就业环境中存在的一个突出问题。解决这一问题的一个重要突破口，是通过细化已有的法律法规，明确惩罚和赔偿措施，完善司法救济程序，增强法律规范的实际可操作性。包括《宪法》和《劳动法》在内的现有法律早就明确规定男女享有平等的劳动权利，但具有同样就业权利和技能的劳动力因为性别而遭到差异性对待的现象依然存在，一个重要的原因，就是相关法律虽有性别歧视禁令却没有相应形成一整套具体的司法诉讼程序，缺乏惩处和补偿的条款规定，使这类案件在实际中得不到有效的处理。法律规定，当事人发生劳动争议后，可以协商解决，也可以要求调解、仲裁或诉讼。但是，对于因受到就业歧视而没有获得劳动机会的女性求职者来说，因其并未与用人单位产生劳动关系，所以不适用以上救济途径。与此同时，现有的一些法律规定没有对社会管理体制的变迁做出及时的回应，给执法者的具体操作造成了困难。例如，《妇女权益保障法》第五十七条规定："违反本法规定，对侵害妇女权益的申诉、控告、检举，推诿、拖延、压制不予查处，或者对提出申诉、控告、检举的人进行打击报复的，由其所在单位、主管部门或者上级机关责令改正，并依法对直接负责的主管人员和其他直接责任人员给予行政处分。"第五十二条规定："妇女的合法权益受到侵害的，有权要求有关部门依法处理，或者依法向仲裁机构申请仲裁，或者向人民法院起诉。"这里提到的"主管部门"和"上级机关"在市场化改革和单位体制解体的过程中，作为责任主体已经失去了实际意义。另外，对于受害妇女所在单位或者上级机关不追究违法者行政责任的不视为违法行为，根据我国《行政诉讼法》的规定，目前也不能向人民法院提起行政诉讼。这些情形都亟待完善。

应当说，优化妇女就业权利保障的法律环境，需要提高整个国家的执法水平，但地方政府和妇联组织也不是没有作为的空间。目前，杭州市妇女就业权利保障适用的法律法规，主要包括《女职工劳动保护特别规定》《浙江省人口与计划生育条例》《浙江省女职工劳动保护办法》《杭州市生育保险办法》。为此，地方政府和妇联组织首先应当立足于大力宣传贯彻《劳动合同法》《劳动合同法实施条例》《劳动保障监察条例》，以及浙江省的相关法律法规，进一步完善劳动关系调整、劳动争议仲裁、劳动保障监察和企业工资分配等劳动者维权机制，督促司法机关依法严肃查处侵犯女职工合法权益的违法违规行为。在此基础上，杭州市应当考虑制定出台《女职工劳动保护办法》，对侵害妇女就业权利的行为，包括显性和隐性的性别排斥、性别歧视现象做出严格的界定，明确相应的处罚标准，以及妇女寻求政策和法律救济的具体程序。一方面，保证妇女在就业过程中遭遇性别排斥和性别歧视时能够及时获得救济；另一方面，最大限度地消除用人单位对妇女就业和职业发展采取隐性排斥的操作空间。

2. 推动社会性别主流化，健全就业性别排斥现象的干预机制

优化妇女就业权利保障的社会环境的一个重要实现路径，是将社会性别观点纳入社会发展各领域的主流，将妇女发展规划纳入国家经济社会发展的总体规划，将妇女发展、妇女权益的保障纳入政府绩效考核体系，通过优化政府行为的激励机制和约束机制，引导政府积极履行保障妇女合法权益的职能，将男女平等的基本国策贯彻落实到政府行为的各个方面。妇联组织要积极推动将妇女就业列入各级政府经济社会发展规划，将消除就业机会性别歧视和职业性别隔离、保障妇女公平就业的机会和权利、全面落实男女同工同酬、依法保障农村妇女承包土地的各项权利和在集体产权制度改革中的各项权益等，纳入政府绩效的考核范围。与此同时，各级妇联组织要加强对就业政策的性别评估，及时发现妇女就业过程中存在的各种形式的性别排斥、性别歧视现象，以及各部门出台的各种就业政策可能存在的性别盲视，进而将问题及解决问题的对策思路及时传递到决策部门，从而有效地发挥妇联组织在发现和干预性别排斥、性别歧视现象中的积极作用。

3. 完善生育保险制度，缓解妇女就业给用人单位带来的"性别亏损"

生育保险是指女职工因怀孕、分娩而无法从事正常的生产劳动，中断经济来源时，由国家和社会给予医疗保险服务和物质帮助的一种社会保障制度。1994年，劳动部颁发了《企业职工生育保险试行办法》，明确了生育保险的目的和性质——"维护企业女职工的合法权益，保障其在生育期间得到必要的经济补偿和医疗保健"。2010年，《社会保险法》颁布，妇女的生育保险获得了更有力的法律保障。但目前生育保险制度在实施过程中还存在种种缺陷，没有形成国家、用人单位与个人之间合理的成本负担机制。

根据《杭州市生育保险办法》的相关规定，参保范围为杭州市行政区域内的企业、事业单位、社会团体、民办非企业单位、基金会、律师事务所、会计师事务所等组织和有雇工的个体工商户；产假期间的工资按其所在单位上年度职工月平均工资计算；生育保险费由地方税务部门征收，由用人单位缴纳，职工个人不缴纳生育保险费。① 与旧政策相比，新政策的参保范围更广，产假工资也有了一定的增加，但仍然以用人单位为主体筹措生育保险资金，实际上使生育保险沦为女性员工在工作单位享有的福利待遇。这一方面加重了用人单位的负担，加重了劳动力市场对女性的排斥；另一方面降低了生育保险待遇的享有率，导致未缴纳生育保险的非公企业、中小型企业女职工，大中型企业、事业单位甚至党政机关不在编女职工，以及进城务工的数千万女农民工的生育保险成为制度真空。

生育行为兼具私人物品生产和公共物品生产的双重属性。妇女生育孩子既是满足个人情感和维系家庭延续的需要，也是对人类社会繁衍的特殊贡献。以往，在人口数量过于庞大，并给社会发展带来巨大负担的背景下，人们更多地把生育行为理解为个人或家庭的需要，但随着人口压力的缓解，特别是生育意愿的降低，生育和抚养孩子的公共物品属性将会日益凸显出来。妇女为人类的再生产付出了生理的、心理的、经济的和社会的各种巨大成本，而生育活动的主要受益者又不限于她们自身，甚至不限于用工单位，这就需要建立起一种国家的补偿机制，代表整个社会对妇女为人类再生产做出的特殊贡献及其付出的代价给予补偿。为此，要加快健全和完善妇女生育保障制度，将生育成本纳入社会保障体系，由社会专项基金补偿妇女生育价值。修改后的《妇女权益保障法》第二十九条已经明确规定"国家推行生育保险制度，建立健全与生育相关的其他保障制度"。当前，应当把妇女的生育以及相关的特殊生理需求提升到人类再生产的高度来认识，将妇女生育当作对民族或国家的特殊贡献来看待，逐步建立由国家承担妇女生育的直接与间接成本的权益保障制度。

4. 建立用人单位录用女性员工的财政补贴及税收减免制度

用人单位排斥妇女就业的直接原因，是妇女生育以及与生育相关的"自

---

① 《杭州市生育保险办法》，http://www.hangzhou.gov.cn/main/wjgg/zxwj/wjjd/sybx/。

然附着成本"导致她们作为人力资源时相对于男性职工存在投入产出比的劣势。如果国家能够为用工单位提供相应水平的补偿，基本消除"自然附着成本"，甚至给予一定的奖励，用工单位就没有理由对妇女就业采取排斥性的态度。实现这一思路的具体办法，就是企业依据员工的性别比例缴纳不同水平的税金。例如，可以考虑确定每一个行业的平均性别比，录用女性员工超过平均水平的，给予一定水平的税收减免，或者直接给予一定的财政补贴。从目前的情况看，针对女性特殊假期等生理特点给予女性用工企业补贴是破解女性就业难的有效途径之一。企业是女性就业的主要场所，如果政府仅从解决女性工作待遇及哺乳期、生育期的待遇入手，其获益者是女性本人，企业受益小，因此也就不能有效地激发起企业促进女性就业、实现男女用工平等、自觉承担社会责任的积极性和主动性。国家不应该把女性生育成本全都转嫁给企业来承担，因为其后果是企业最终会把这部分成本变相地转嫁给女性自身。从当前看，政府可以根据企业中女职工的年龄及其数量比例情况，给予企业一定的补贴政策或者税收优惠政策，以适当弥补企业因使用女性带来的用工成本增加，使企业不再因为使用女性员工而增加用工成本，以促进女性的就业，使女性获得更多的就业机会，从而提高女性在劳动力市场中的竞争力。

目前，国内已经有一些城市制订了类似的计划。如西安市制订的《妇女发展规划（2011~2020年）》，一方面明确要求将城镇单位从业人员的女性比例提高到40%以上（2020年）；另一方面也明确将对女性就业比例达到40%以上的企业实施税收减免政策。杭州作为发达地区，完全有理由在这方面率先迈出实质性的步伐，出台给予女性用工企业补贴的系列政策。杭州市妇联早在2010年就曾经提出如下政策建议。

一是根据新增女职工的人数给予企业一定的税收优惠、合理贷款额度或生育保险补贴。为此，建议对商贸企业、服务型企业、劳动就业服务企业中的加工型企业、街道社区具有加工性质的小型企业实体，在新增加的岗位中，当年新招用女职工，与其签订1年以上劳动合同并依法缴纳社会保险费的，按实际招用人数予以依次扣减营业税、城市维护建设税、教育费附加和企业所得税。建议对符合贷款条件的劳动密集型小企业，在新增加的岗位中，当年新招用女职工达到企业现有在职职工总数30%以上，并与其签订1

年以上劳动合同并办理录用备案手续的，根据其经营情况，合理确定贷款额度。按每安置 1 名女职工，贷款不超过 2 万元的标准合理确定贷款额度（最高不超过 100 万元，贷款期限不超过两年）。借款人提出展期且符合贷款展期条件的，经办银行可按照相关规定展期一次（展期期限不能超过一年）。政府在扶持民营经济发展专项资金中，也可以考虑安排一部分用于支持民营企业吸纳女职工就业。

二是按雇用女职工的比例，对企业实行一定的税收减免政策。建议对企业雇用女职工比例连续 5 年超过 70% 的企业，实行一定的税收减免政策。

三是对企业开展专门针对女职工的专业培训提供资助。针对目前有些女职工文化水平低、劳动技能差的特点，用人单位录用后，还必须额外对其进行专业培训，增加了用工成本。基于此，建议政府部门根据企业最终录用女职工人数，给予企业一定数额的补贴，切实减轻企业负担。

四是出台职业"见习补贴"政策。青年就业的主要难点在于他们缺少适应新产业发展的专业技能、职业经历和敬业精神，即综合的职业素质。建议政府实施"见习补贴"政策，确立一批技术较先进、管理水准较高、在国内外有一定知名度的企业作为职业见习基地，让一些经过各种学历教育后有强烈就业愿望的青年，进入这些企业进行三个月至半年，最长不超过一年的见习。"见习补贴"中由财政部门专款支付，企业根据见习人数提出补贴申请。为促使女性能获得更多的实习机会，提高其就业竞争能力，建议"见习补贴"中女性补贴数额高于男性 10%，且该补贴高于企业支付给女性的最低工资保障。

应当说，上述建议是可行的，杭州市完全可以在相关领域先行先试，取得具有推广价值的制度创新成果。

5. 进一步健全妇女就业培训机制，切实提升妇女就业的市场竞争力

任何意义上的解放都是主体自我的解放，法律制度只承诺女性进入公共领域追求自身价值目标的平等机会和权利，而不可能保证女性自动地分享到与男性同等的发展机会。在社会资源首先按照市场贡献来分配的市场经济条件下，女性在现实社会中究竟在何种意义或程度上获得事实的解放，不能不取决于女性自身能力的发展情况，取决于其市场竞争力的提高。杭州市过去在这方面采取了一系列积极举措，也取得了很好的效果。今后应当进一步从就业和创业两个方面健全扶持机制。一方面，进一步完善"姐妹帮扶工程"、来料加工工程等行之有效的运行机制，为贫困妇女提供就业服务和就业援助；另一方面，着力构筑多元化、多层次的妇女创业扶持体系，提高各层次妇女创业创新能力。可以通过以下措施，切实提高妇女创业的成功率：大力推广妇女小额担保贷款，逐步扩大政策覆盖面，优化妇女创业融资环境；切实发挥妇女创业导师团、女大学生就业见习（实训）基地的作用，帮助有创业梦想的妇女实现创业愿望；培育新型女农民，扶持发展农村女能人经济，支持农家女能手发展现代农业；等等。

参考文献

[1] 蔡禾、吴小平：《社会变迁与职业的性别不平等》，《管理世界》2002年第9期。

[2] 李春玲、李实：《市场竞争还是性别歧视——收入性别差异扩大趋势及其原因解释》，《社会学研究》2008年第2期。

[3] 李小江：《50年，我们走到了哪里？——中国妇女解放与发展历程回顾》，《浙江学刊》2000年第1期。

[4] 李银河：《女性权力的崛起》，中国社会科学出版社，1997。

[5] 〔美〕D. A. 科特等：《玻璃天花板的影响》，《国外社会科学》2002年第4期。

[6] 潘锦棠：《经济转轨中的中国女性就业与社会保障》，《管理世界》2002年第7期。

[7] 谭琳：《男女平等的理论内涵与社会推动：基于中国现实的讨论》，《妇女研究论丛》2002年第2期。

[8] 佟新：《社会性别研究导论》，北京大学出版社，2005。

[9] 王政：《"女性意识""社会性别意识"辨异》，《妇女研究论丛》1997年第1期。

[10] 吴小英：《市场化背景下性别话语的转型》，《中国社会科学》2009年第2期。

[11] 许叶萍、石秀印：《在"社会"上贡献，于"市场"中受损——女性就业悖论及其破解》，《江苏社会科学》2009年第3期。

[12] 杨婉莹：《妇权会到社会性别平等委员会的转变：一个国家女性主义的比较观点分析》，（台湾）《政治科学论丛》2003年第21期。

[13] 〔英〕安东尼·吉登斯：《亲密关系的变革》，陈永国、汪民安等译，社会科学文献出版社，2001。

[14] 岳世平：《关于女性就业歧视的界定及其消除》，《中共四川省委党校学报》2010年第2期。

［15］ Corner, Lorraine, *Capacity Building for Gender Mainstreaming*, New York: UNIFEM East and South-East Asia, 2001.

［16］ Elisabeth, Croll, *Feminism and Socialism in China*, Routledge, 1978.

［17］ Harriet Evans, *Women and Sexuality in China: Dominant Discourse of Female Sexuality and Gender Since 1949*, Oxford: Polity Press, 1997.

就业篇

Reports on Employment

B.2 杭州不同妇女群体的就业问题研究

罗传银*

摘 要： 本文基于杭州市11个区、县（市）不同妇女群体的就业现状调查，运用统计分析方法对杭州不同妇女群体的就业状况进行实证分析，描述不同妇女群体的就业机会、就业收入、劳动保护、就业稳定、福利待遇、就业能力、权益保障等基本特征，分析杭州不同妇女群体的就业现状和存在的主要问题，并就落实《杭州市"十二五"妇女发展规划》劳动就业权益，进一步延伸和细化法律规定、创新促进妇女就业体制机制、保护妇女享

---

* 罗传银，杭州市就业管理服务局副调研员、高级经济师，浙江省人才发展研究院兼职研究员，中国就业促进会特聘研究员。荣获中国就业工作突出贡献者奖章。出版学术专著《就业效用》《中国充分就业》，发表学术论文与研究报告40篇，获国家级奖项5项、省级奖项3项、市级奖项4项。发表的学术论文《国际金融危机对妇女就业和失业的影响》荣获杭州市妇联"生活品质与妇女儿童发展论坛"一等奖，参与人力资源和社会保障部、浙江省人力资源和社会保障厅重大课题研究工作，参与杭州市委政策研究室《党史》、杭州市社会科学院"杭州都市圈蓝皮书"等的编写工作。

有平等就业权提出政策建议。

关键词：

不同群体　妇女就业　实证分析

妇女就业是人类社会文明进步的重要标志，是解放生产力、发展生产力的重要动力，是维护社会发展的重要内容，是妇女获得经济独立和发展的根本保障，是社会主义社会妇女解放的本质特征。坚持对不同妇女群体就业问题进行研究，对实行男女平等基本国策、保障妇女就业合法权益、优化妇女就业发展环境、提高妇女就业地位、平等参与经济社会发展、平等享有改革发展成果、维护社会性别主流化具有重大意义。

本文基于杭州市11个区、县（市）不同妇女群体的就业现状调查，运用统计分析方法对杭州不同妇女群体的就业状况进行实证分析，描述不同妇女群体的就业机会、就业收入、劳动保护、就业稳定、福利待遇、就业能力、权益保障等基本特征，分析杭州不同妇女群体的就业现状和存在的主要问题，并就落实《杭州市"十二五"妇女发展规划》劳动就业权益，进一步延伸和细化法律规定、创新促进妇女就业体制机制、保护妇女享有平等就业权提出政策建议。

一　妇女就业的基本要素

妇女就业是指具有劳动能力和就业愿望的女性公民，依法享有与男性同等地位的就业机会和职业发展，也可以称之为"妇女平等就业"。根据1948年《国际人权法案》、1979年联合国大会《消除对妇女一切形式歧视公约》，按照我国《宪法》《劳动法》《就业促进法》《妇女权益保障法》《女职工劳动保护特别规定》等法律规定，以及地方发布的促进妇女就业的相关法规，妇女平等就业应该包括妇女就业机会平等、妇女就业收入提高、妇女就业环境安全、妇女就业稳定规范、妇女就业福利待遇、妇女就业能力提升、妇女就业权益保障七大基本要素。

1. 妇女就业机会平等

法律规定一切有劳动能力和劳动愿望的人，不分民族、种族、性别、宗教信仰等，都平等地依其兴趣、爱好、技能，并结合社会的需要自由地选择职业。国家保障妇女享有与男子平等的劳动权利和社会保障权利。要求所有就业领域向妇女平等开放，所有职位向妇女平等开放，所有就业信息向妇女平等开放，减少或杜绝平等过程中就业信息不对称的现象。

2. 妇女就业收入提高

法律规定实行男女同工同酬。妇女在福利待遇方面享有与男子平等的权利。任何单位不得因结婚、怀孕、产假、哺乳等情形，降低女职工的工资，辞退女职工，单方解除劳动（聘用）合同或者服务协议。但是，女职工要求终止劳动（聘用）合同或者服务协议的除外。

3. 妇女就业环境安全

法律规定任何单位均应根据妇女的特点，依法保护妇女在工作和劳动时的安全和健康，不得安排不适合妇女从事的工作和劳动。妇女在经期、孕期、产期、哺乳期受特殊保护。保障女职工劳动安全，降低女职工职业病发病率。广泛开展职业病防治宣传教育，提高女职工特别是灵活就业女职工的自我保护意识。加强职业病危害的管理与监督，将女职工特殊劳动保护作为劳动保障监察和劳动安全监督的重要内容。

4. 妇女就业稳定规范

法律规定各单位在录用女职工时，应当依法与其签订劳动（聘用）合同或者服务协议，劳动（聘用）合同或者服务协议中不得规定限制女职工结婚、生育的内容。禁止录用未满十六周岁的女性未成年人，国家另有规定的除外。禁止单位由于妇女生理原因解除劳动合同。

5. 妇女就业福利待遇

法律规定国家发展社会保险、社会救助、社会福利和医疗卫生事业，保障妇女享有社会保险、社会救助、社会福利和卫生保健等权益。各单位在执行国家退休制度时，不得以性别为由歧视妇女。国家提倡和鼓励为帮助妇女开展的社会公益活动。国家推行生育保险制度，建立健全与生育相关的其他保障制度。地方各级人民政府和有关部门应当按照相关规定为贫困妇女提供必要的生育救助。

6. 妇女就业能力提升

法律规定开发妇女职业技能，提高妇女就业能力和工作能力，构筑职业发展上升通道。在晋职、晋级、评定专业技术职务等方面，应当坚持男女平等的原则，不得歧视妇女。提高妇女就业能力，积极鼓励妇女参加就业前培训、见习训练；按照职业技能或职业鉴定培训有关标准，参加专业技术培训、再就业或转岗培训；参加政府或社会组织提供的创业知识培训或创业技能培训。为妇女职业发展提供机会，提倡妇女参加职业技能鉴定，使其拥有专业资格晋升途径，获得经营管理晋升机会。积极鼓励妇女获得职业资格或专业技能资格证书，提高妇女在高级专业技术人员和技能劳动者中的比例。

7. 妇女就业权益保障

法律规定妇女享有诉求救济制度，消除就业性别歧视。除法律规定不适合女性的工种和岗位外，任何单位在录用人员时不得以性别或变相以性别为由拒绝录用女性或提高女性录用标准，不得在劳动合同中规定或以其他方式变相限制女性结婚、生育。加大劳动保障监察执法力度，依法查处用人单位和职业中介机构的性别歧视行为。法律还规定了平等就业权的救济手段，违反平等就业权的，妇女可以向用人单位、工会组织、妇联、残联、上级行政机关、劳动监察机构、人民法院等单位提起诉讼。

二 杭州不同妇女群体的就业基本状况

为了掌握杭州不同妇女群体的就业基本状况，本次调查从两个层面进行。一是社会公众。调查不同妇女群体的就业基本状况，围绕就业机会、劳动报酬、休息生育、职业培训、劳动保护、社会保障、劳动福利、组织工会、民主管理、劳动争议处理等主要内容进行分析，对妇女权益保障状况做出评价并在维护妇女合法权益方面提出要求。二是政府部门、司法机关、群众团体等妇女权益保障相关机构的负责人。调查上述单位和部门对妇女就业的认知水平，为贯彻落实不同妇女群体的合法权益开展调查工作。

本次公众调查对象定义为，杭州市11个区、县（市）16~60岁的城市妇女、农村妇女、女大学生、女外来务工员、女家政服务员五类不同妇女群体。全市公众样本设计为1000份，对每个妇女群体发放100份以上问卷。本次调查主要采用问卷方法进行数据收集。为提高数据的代表性，在汇总分析时，对公众调查的每个记录都依从业人员类别进行了加权处理。主要目标量的精度计算结果为，在95%的置信度下，绝对误差基本上在1.5%以内，未超过1.5%的设计水平，说明本次调查数据的精度较高，对调查总体具有较好的代表性。数据的统计分析主要运用SPSS 10.0统计软件和EXCEL办公软件。

本次调查共收回有效问卷583份，合格率为96.1%。

样本总体特征：城市妇女210人，占总体样本的36.02%；农村妇女210人，占总体样本的36.02%；女大学生71人，占总体样本的12.18%；女外来务工员44人，占总体样本的7.55%；女家政服务员48人，占总体样本的8.23%。

样本年龄结构：16~24岁62人，占总体样本的10.63%；25~34岁181人，占总体样本的31.05%；35~44岁200人，占总体样本的34.31%；45岁以上134人，占总体样本的22.98%。

样本文化结构：初中及以下144人，占总体样本的24.70%；高中/技校/中专145人，占总体样本的24.87%；大专118人，占总体样本的20.24%；大学本科146人，占总体样本的25.04%；硕士及以上30人，占总体样本的5.15%。

样本职业结构：单位负责人32人，占总体样本的5.49%；专业技术人员54人，占总体样本的9.26%；办事人员和有关人员217人，占总体样本的37.22%；商业和服务业人员65人，占总体样本的11.15%；农、林、牧、渔、水利业生产人员32人，占总体样本的5.49%；生产、运输设备操作工9人，占总体样本的1.54%。

样本组织结构：内资企业38人，占总体样本的6.52%；外资企业24人，占总体样本的4.12%；私营个体企业296人，占总体样本的50.77%；事业单位、社会团体159人，占总体样本的27.27%；机关单位60人，占总体样本的10.29%。

样本行业结构：农、林、牧、渔、水利业71人，占总体样本的12.18%；

制造业40人，占总体样本的6.86%；交通运输业5人，占总体样本的0.86%；信息传输业13人，占总体样本的2.23%；批发零售业43人，占总体样本的7.38%；住宿餐饮业67人，占总体样本的11.49%；金融业16人，占总体样本的2.74%；房地产业11人，占总体样本的1.89%；租赁商务业3人，占总体样本的0.51%；科学研究业4人，占总体样本的0.69%；公共设施管理业23人，占总体样本的3.95%；居民服务业142人，占总体样本的24.36%；教育业5人，占总体样本的0.86%；卫生社会保障业62人，占总体样本的10.63%；文化体育业7人，占总体样本的1.20%；公共管理业70人，占总体样本的12.01%。

样本区域结构：上城区41人，占总体样本的7.03%；下城区49人，占总体样本的8.40%；江干区19人，占总体样本的3.26%；拱墅区71人，占总体样本的12.18%；西湖区25人，占总体样本的4.29%；高新区7人，占总体样本的1.20%；经济开发区49人，占总体样本的8.40%；风景名胜区25人，占总体样本的4.29%；萧山区58人，占总体样本的9.95%；余杭区26人，占总体样本的4.46%；淳安区47人，占总体样本的8.06%；富阳区32人，占总体样本的5.49%；临安区89人，占总体样本的15.27%；建德区37人，占总体样本的6.35%；桐庐区8人，占总体样本的1.37%。

1. 城市妇女就业状况

城市妇女是指具有城市户籍，并在法定经济组织连续工作三个月以上的妇女。本次调查城市妇女210人，年龄特征以35～44岁为主，占比36.19%；文化特征以大学本科为主，占比41.91%；职业特征以办事人员和有关人员为主，占比61.90%；组织特征以事业单位、社会团体为主，占比40.00%；行业特征以居民服务业为主，占比20.95%。

本次调查显示城市妇女就业基本特征如下。①就业机会。就业机会获得途径以猎头服务公司为主，占比31.9%；公共就业服务以办理社会保险为主，占比24.8%；就业援助以职业技能培训为主，占比31.0%。②就业收入。平均每月收入为2000～4000元占比49.0%；实施同工同酬占比54.3%。③就业环境。未因怀孕、生育、哺乳而被降低工资或辞退占比60.5%；女职工禁忌从事的劳动范围占比47.6%。④就业稳定。有61.9%的城市妇女成为单位正式职工；没有签订劳动合同占比21.0%；因怀孕、生育、哺乳被辞退或解除劳动合同占比4.8%；因就业性别歧视解除劳动合同占比7.6%；就业次数为3次及以上占比70.0%。⑤就业福利。享有社会保险补贴占比51.9%；享有城镇居民养老保险占比77.1%。⑥就业发展。获得职业鉴定晋升途径占比19.0%；没有获得任何职业资格证书或专业资格证书占比34.8%。⑦就业权益。以年龄劣势等为由的年龄歧视占比37.1%；在晋职、晋级、评定专业技术职务等方面未能实现男女平等的晋升歧视占比35.2%；诉求用人单位，执行《劳动法》《女职工劳动保护特别规定》等占比64.8%。

（1）城市妇女就业机会获得

从就业机会获得途径看，城市妇女以猎头服务公司为主，占比31.9%；街道或社区就业服务机构占比18.6%；人才就业网站占比14.8%。其他就业方式约占四成：网络人才招聘会占比6.2%、行业就业指导中心占比3.8%、社会招聘会或交流大会占比10.0%、亲戚朋友推荐占比9.5%、报纸杂志等印刷媒介占比3.8%、职业中介组织或机构占比2.4%（见表1）。

表1 城市妇女就业机会获得途径

单位：人，%

社区就业机构		人才就业网站		社会交流大会		亲戚朋友推荐		报纸杂志媒介	
人数	占比	人数	占比	人数	占比	人数	占比	人数	占比
39	18.6	31	14.8	21	10.0	20	9.5	8	3.8
电视新闻媒体		网络人才招聘会		行业就业中心		职业中介机构		猎头服务公司	
人数	占比	人数	占比	人数	占比	人数	占比	人数	占比
0	0	13	6.2	8	3.8	5	2.4	67	31.9

从政府提供的公共就业服务看，城市妇女以办理社会保险为主，占比24.8%；市场信息发布占比15.7%；职业培训与职业技能鉴定占比15.2%。其他公共服务约占三成：档案管理和人力资源社会保障事务代理占比5.2%、大型市场招聘等专项活动占比5.2%、零就业家庭就业援助占比4.8%、就业登记和失业管理占比3.8%、享有政府提供的法律政策咨询占比1.4%、一对一职业指导占比1.9%、就业见习占比2.4%、创业咨询与业务占比1.0%（见表2）。

表2　城市妇女享有的公共就业服务

单位：人，%

政策咨询		市场信息		职业指导		职业介绍		就业见习		职业鉴定	
人数	占比	人数	占比	人数	占比	人数	占比	人数	占比	人数	占比
3	1.4	33	15.7	4	1.9	0	0	5	2.4	32	15.2
创业业务		就业援助		社会保险		就业登记		档案管理		市场招聘	
人数	占比	人数	占比	人数	占比	人数	占比	人数	占比	人数	占比
2	1.0	10	4.8	52	24.8	8	3.8	11	5.2	11	5.2

从政府提供的就业援助看，城市妇女以职业技能培训援助为主，占比31.0%；职业指导援助占比24.8%；就业信息和公益性岗位援助占比15.7%。近三成城市妇女享有其他就业援助，如社会保险关系接续援助占比6.2%、劳动保障事务代理援助占比5.7%、生活保障援助占比2.4%、低保就业群体援助占比11.9%（见表3）。

表3　城市妇女享有的政府就业援助

单位：人，%

职业指导		就业岗位		职业技能		社会保障		劳动事务		生活保障		低保援助	
人数	占比	人数	占比	人数	占比	人数	占比	人数	占比	人数	占比	人数	占比
52	24.8	33	15.7	65	31.0	13	6.2	12	5.7	5	2.4	25	11.9

（2）城市妇女就业收入状况

从工资收入状况看，城市妇女平均每月收入以2000～4000元为主，占比49.0%；月收入为4000～6000元的占比22.9%；月收入在2000元以下，但超过当地最低工资标准的占比14.8%；月收入低于当地最低工资标准的占比6.7%；月收入为6000～8000元的占比3.8%；月收入在8000元以上的占比2.9%（见表4）。

表4　城市妇女就业收入状况

单位：人，%

低于最低工资		2000元以下		2000～4000元		4000～6000元		6000～8000元		8000元以上	
人数	占比	人数	占比	人数	占比	人数	占比	人数	占比	人数	占比
14	6.7	31	14.8	103	49.0	48	22.9	8	3.8	6	2.9

从工资收入渠道看，城市妇女以同工同酬方式获得工资占比54.3%，获得奖金占比19.0%，获得加班费占比9.0%，发生工资拖欠占比9.5%，因解除合同获得经济补偿金占比2.4%，享受积极就业政策补贴占比4.8%，按股权分红占比1.0%，享有企业年金占比2.4%（见表5）。

表5 城市妇女工资收入来源

单位：人，%

同工同酬		工资拖欠		奖金		加班费	
人数	占比	人数	占比	人数	占比	人数	占比
114	54.3	20	9.5	40	19.0	19	9.0
经济补偿金		积极就业补贴		按股权分红		企业年金	
人数	占比	人数	占比	人数	占比	人数	占比
5	2.4	10	4.8	2	1.0	5	2.4

（3）城市妇女就业环境安全

从劳动保护程度看，有60.5%的城市妇女未因怀孕、生育、哺乳而被降低工资或辞退，有45.2%的城市妇女在孕期予以减轻劳动量，有30.0%的城市妇女在怀孕7个月以上未延长劳动时间，有33.3%的怀孕女职工在劳动时间内进行产前检查，有53.8%的城市妇女享受98天产假并享有生育津贴，有38.6%的城市妇女享有女职工生育或者流产的医疗费用，有25.2%的城市妇女哺乳期未延长劳动时间，有27.6%的城市妇女享有国家规定的哺乳时间，有21.9%的城市妇女享有预防和制止性骚扰保护性措施（见表6）。

表6 城市妇女劳动待遇保护状况

单位：人，%

未因怀孕解除劳动合同		在孕期予以减轻劳动量		在孕期予以安排休息		产前检查纳入劳动时间		享受产假获得生育津贴	
人数	占比	人数	占比	人数	占比	人数	占比	人数	占比
127	60.5	95	45.2	63	30.0	70	33.3	113	53.8
享有生育或者流产费用		哺乳期未延长劳动时间		享有国家规定哺乳时间		预防和制止性骚扰		其他女职工保护性措施	
人数	占比	人数	占比	人数	占比	人数	占比	人数	占比
81	38.6	53	25.2	58	27.6	46	21.9	5	2.4

从劳动保护范围看，有47.6%的城市妇女禁忌从事第四级体力劳动强度的作业，有52.4%的城市妇女在经期禁忌从事冷水作业、低温作业、高处作业、体力劳动，有53.8%的城市妇女在孕期禁忌从事有毒作业、高温作业、噪声作业、强烈振动作业，有58.1%的城市妇女在哺乳期禁忌从事有毒物质浓度超过国家职业卫生标准的作业（见表7）。

表7 城市妇女劳动范围保护状况

单位：人，%

女职工禁忌从事的劳动范围		经期禁忌从事的劳动范围		孕期禁忌从事的劳动范围		哺乳期禁忌从事的劳动范围		其他女职工保护性措施	
人数	占比	人数	占比	人数	占比	人数	占比	人数	占比
100	47.6	110	52.4	113	53.8	122	58.1	20	9.5

（4）城市妇女就业稳定程度

从劳动用工形式看，有61.9%的城市妇女成为单位正式职工，劳动用工形式比较稳定。三成多城市妇女就业形式也比较灵活，其中灵活就业占20.5%、劳务派遣占11.9%。近一成城市妇女享有政府安置，公益性岗位占6.2%；以完成一个项目或服务任务为计费单位的占1.9%（见表8）。

表8 城市妇女就业形式

单位：人，%

单位正式职工		灵活就业		劳务派遣		公益性岗位		完成一项任务	
人数	占比	人数	占比	人数	占比	人数	占比	人数	占比
130	61.9	43	20.5	25	11.9	13	6.2	4	1.9

从建立劳动关系看，近八成城市妇女与单位签订劳动合同，其中签订长期劳动合同的占23.8%，签订十年劳动合同的占5.7%，签订五年劳动合同的占6.2%，签订三年劳动合同的占21.4%，签订两年劳动合同的占21.9%；没有签订劳动合同的占到21.0%（见表9）。

从解除劳动关系看，城市妇女正常解除或终止劳动合同占45.2%，因怀孕、生育、哺乳被辞退或解除劳动合同占4.8%，因自然减员解除劳动合同占

表9　城市妇女签订劳动合同状况

单位：人，%

签订长期劳动合同		签订十年劳动合同		签订五年劳动合同		签订三年劳动合同		签订两年劳动合同		没有签订劳动合同	
人数	占比	人数	占比	人数	占比	人数	占比	人数	占比	人数	占比
50	23.8	12	5.7	13	6.2	45	21.4	46	21.9	44	21.0

8.6%，因经济性裁员（含部分停产）解除劳动合同占8.6%，因关闭破产解除劳动合同占7.1%，因停业整顿解除劳动合同占6.2%，因业务转移解除劳动合同占12.4%，因就业性别歧视解除劳动合同占7.6%，因其他方式解除劳动合同占8.6%（见表10）。

表10　城市妇女解除劳动合同状况

单位：人，%

怀孕、生育、哺乳解除劳动合同		正常解除或终止劳动合同		自然减员解除劳动合同		经济性裁员（含部分停产）解除劳动合同		关闭破产解除劳动合同	
人数	占比	人数	占比	人数	占比	人数	占比	人数	占比
10	4.8	95	45.2	18	8.6	18	8.6	15	7.1
停业整顿解除劳动合同		业务转移解除劳动合同		就业性别歧视解除劳动合同		其他方式解除劳动合同			
人数	占比	人数	占比	人数	占比	人数	占比		
13	6.2	26	12.4	16	7.6	18	8.6		

从就业次数看，近三成城市妇女职业较稳定，就业2次及以下，其中就业1次占比18.6%，就业2次占比11.0%。七成城市妇女就业3次及以上，其中就业3次占比43.8%，就业4次占比11.0%，就业5次占比5.2%，就业6次占比1.9%，就业7次及以上占比8.1%（见表11）。

表11　城市妇女就业稳定状况

单位：人，%

就业1次		就业2次		就业3次		就业4次		就业5次		就业6次		就业7次及以上	
人数	占比	人数	占比	人数	占比	人数	占比	人数	占比	人数	占比	人数	占比
39	18.6	23	11.0	92	43.8	23	11.0	11	5.2	4	1.9	17	8.1

(5)城市妇女就业福利待遇

从积极就业政策实施效果看,城市妇女以享受社会保险补贴为主,占比51.9%,其他分别为享受灵活就业政策占比9.0%、小额贷款政策占比7.1%、就业培训补贴占比13.3%、就业见习补贴占比1.4%、就业介绍补贴占比1.0%、技能鉴定补贴占比0.5%、一定期限的房租补贴占比11.4%、最低生活保障占比11.4%、灵活就业补贴占比4.3%、其他就业补贴占比17.1%,城市妇女基本未享受稳定就业补贴(见表12)。

表12 城市妇女享受的就业政策资助

单位:人,%

社会保险补贴		灵活就业政策		小额贷款政策		就业培训补贴		就业见习补贴		稳定就业补贴	
人数	占比	人数	占比	人数	占比	人数	占比	人数	占比	人数	占比
109	51.9	19	9.0	15	7.1	28	13.3	3	1.4	0	0
就业介绍补贴		技能鉴定补贴		一定房租补贴		最低生活保障		灵活就业补贴		其他就业补贴	
人数	占比	人数	占比	人数	占比	人数	占比	人数	占比	人数	占比
2	1.0	1	0.5	24	11.4	24	11.4	9	4.3	36	17.1

从享有社会保障程度看,城市妇女以享有城镇居民养老保险为主,占比77.1%,其他分别为享有城镇居民基本医疗保险占比66.2%、参加失业保险并获得失业保险合法权益占比51.0%、参加生育保险并实行生育保险费用社会统筹占比38.6%、参加工伤保险并享有相关工伤保险待遇占比25.2%、享有住房公积金占比37.6%、参加商业保险占比4.8%、享有城乡社会救助占比2.9%(见表13)。

表13 城市妇女享有的社会保障状况

单位:人,%

城镇居民养老保险		城镇居民基本医疗保险		失业保险		生育保险	
人数	占比	人数	占比	人数	占比	人数	占比
162	77.1	139	66.2	107	51.0	81	38.6
工伤保险		住房公积金		商业保险		社会救助	
人数	占比	人数	占比	人数	占比	人数	占比
53	25.2	79	37.6	10	4.8	6	2.9

（6）城市妇女就业发展状况

从职业发展机会看，城市妇女以参加就业前培训、见习训练为主，占比48.6%，其他分别为职业技能或职业鉴定培训占比28.6%、专业技术培训占比16.2%、再就业或转岗培训占比11.0%、创业知识或创业技能培训占比18.1%、获得职业鉴定晋升途径占比19.0%、获得专业资格晋升途径占比24.3%、获得经营管理晋升机会占比7.6%（见表14）。

表14　城市妇女享有的职业培训机会

单位：人，%

就业前培训		职业技能培训		专业技术培训		再就业培训	
人数	占比	人数	占比	人数	占比	人数	占比
102	48.6	60	28.6	34	16.2	23	11.0
创业技能培训		职业鉴定晋升		专业资格晋升		经营管理晋升	
人数	占比	人数	占比	人数	占比	人数	占比
38	18.1	40	19.0	51	24.3	16	7.6

从职业技能水平看，近七成城市妇女获得职业资格证书，其中获得初级职业资格证书或专业资格证书占比41.9%，获得中级职业资格证书或专业资格证书占比18.6%，获得高级职业资格证书或专业资格证书占比8.1%；没有获得任何职业资格证书或专业资格证书占比34.8%（见表15）。

表15　城市妇女享有的职业发展机会

单位：人，%

初级职业、专业资格证书		中级职业、专业资格证书		高级职业、专业资格证书		没有职业、专业资格证书	
人数	占比	人数	占比	人数	占比	人数	占比
88	41.9	39	18.6	17	8.1	73	34.8

（7）城市妇女就业权益保障

从就业歧视程度看，以性别婚育状况等为由拒绝录用城市妇女的性别歧视占比35.2%，以外地户口等为由拒绝录用城市妇女的户籍歧视占比28.1%，以形象劣势等为由拒绝录用城市妇女的形象歧视占比28.1%，以年龄劣势等为由拒绝录用城市妇女的年龄歧视占比37.1%，以学历劣势等为由拒绝录用城市妇女的学历歧视占比25.2%，以流行病或身体特征等为由拒绝录用城市妇女的健康歧视占比12.9%，以归正人员或农业户口等为由拒绝录用城市妇女的身份歧视占比12.9%（见表16）。

表16 城市妇女遭遇的就业歧视

单位：人，%

性别歧视		户籍歧视		形象歧视		年龄歧视		学历歧视		健康歧视		身份歧视	
人数	占比	人数	占比	人数	占比	人数	占比	人数	占比	人数	占比	人数	占比
74	35.2	59	28.1	59	28.1	78	37.1	53	25.2	27	12.9	27	12.9

从职业歧视程度看，城市妇女签订劳动合同不包含妇女劳动保护内容的合同歧视占比23.3%，未实行男女同工同酬的工资歧视占比28.6%，未实行生育保险或国家规定的妇女福利待遇的福利歧视占比30.0%，以性别为由强迫妇女解除劳动合同、提前退休或者退职的工作歧视占比31.4%，在晋职、晋级、评定专业技术职务等方面未能实现男女平等的晋升歧视占比35.2%，女职工在经期、孕期、产期、哺乳期未能享受特殊保护的劳动歧视占比21.0%，其他方面遭遇过职业歧视占比3.3%（见表17）。

表17 城市妇女遭遇的职业歧视

单位：人，%

合同歧视		工资歧视		福利歧视		工作歧视		晋升歧视		劳动歧视		其他歧视	
人数	占比	人数	占比	人数	占比	人数	占比	人数	占比	人数	占比	人数	占比
49	23.3	60	28.6	63	30.0	66	31.4	74	35.2	44	21.0	7	3.3

从维护就业权益的法律手段看，城市妇女通过诉求用人单位，执行《劳动法》《女职工劳动保护特别规定》等占比64.8%；诉求工会，进行工资水平、劳动保护谈判占比27.1%；诉求妇联、残联，遵照劳动定额标准，履行《女职工劳动保护特别规定》占比41.9%；诉求上级行政机关复议，确定工作时间、休息休假、工作环境、工作安全等劳动标准占比32.4%；诉求当地人民法院，发生劳动争议诉求工资、经济补偿、社会保险等内容占比12.4%；

诉求劳动争议仲裁机构立案，申请劳动仲裁，如拖欠工资、社会保险、劳动关系等内容占比18.1%，其他形式占比2.9%（见表18）。

表18 城市妇女维护就业权益的形式

单位：人，%

诉求单位		诉求工会		诉求妇联		诉求行政		诉求法院		诉求仲裁		其他形式	
人数	占比	人数	占比	人数	占比	人数	占比	人数	占比	人数	占比	人数	占比
136	64.8	57	27.1	88	41.9	68	32.4	26	12.4	38	18.1	6	2.9

2. 农村妇女就业状况

农村妇女是指具有农村户籍，并在法定经济组织连续工作三个月以上的妇女。本次调查农村妇女210人，年龄特征以35~44岁为主，占总体样本的43.33%；文化特征以高中/技校/中专为主，占总体样本的38.09%；职业特征以商业和服务业人员为主，占总体样本的17.62%；组织特征以私营个体企业为主，占总体样本的68.57%；行业特征以农、林、牧、渔、水利业为主，占总体样本的27.14%。

本次调查显示农村妇女就业基本特征如下。①就业机会。就业机会获得途径以街道或社区就业服务机构为主，占比32.9%；公共就业服务以职业培训与职业技能鉴定为主，占比18.6%；就业援助以职业指导援助为主，占比27.1%。②就业收入。平均每月收入为2000~4000元占比42.4%；实施同工同酬占比49.5%。③就业环境。未因怀孕、生育、哺乳而被降低工资或辞退占比62.4%；女职工禁忌从事的劳动范围占比28.1%。④就业稳定。就业方式以灵活就业和劳务派遣为主，合计占比60.9%；没有签订劳动合同占比52.4%；因怀孕、生育、哺乳被辞退或解除劳动合同占比3.3%；因就业性别歧视解除劳动合同占比2.9%；就业次数为3次及以上占比59.9%。⑤就业福利。享有社会保险补贴占比31.4%；参加生育保险并实行生育保险费用社会统筹占比24.8%。⑥就业发展。获得职业鉴定晋升途径占比6.7%；没有获得任何职业资格证书或专业资格证书占比10.0%。⑦就业权益。以性别婚育状况等为由的性别歧视占比33.8%；未实行生育保险或国家规定的妇女福利待遇的福利歧视占比50.5%；诉求用人单位，执行《劳动法》《女职工劳动保护特别规定》等占比49.0%。

（1）农村妇女就业机会获得

从就业机会获得途径看，农村妇女以街道或社区就业服务机构为主，占比32.9%，其他分别为猎头服务公司占比27.6%、亲戚朋友推荐占比26.2%、人才就业网站占比4.8%、行业就业指导中心占比6.2%、社会招聘会或交流大会占比1.9%，农村妇女基本不通过网络人才招聘会、报纸杂志等印刷媒介、电视新闻媒体、职业中介组织或机构等途径就业（见表19）。

表19　农村妇女就业机会获得途径

单位：人，%

社区就业机构		人才就业网站		社会交流大会		亲戚朋友推荐		报纸杂志媒介	
人数	占比	人数	占比	人数	占比	人数	占比	人数	占比
69	32.9	10	4.8	4	1.9	55	26.2	0	0
电视新闻媒体		网络人才招聘会		行业就业中心		职业中介机构		猎头服务公司	
人数	占比	人数	占比	人数	占比	人数	占比	人数	占比
0	0	0	0	13	6.2	0	0	58	27.6

从政府提供的公共就业服务看，农村妇女以参加职业培训与职业技能鉴定为主，占比18.6%，其他分别为享有政府提供的法律政策咨询占比8.1%、市场信息发布占比4.8%、一对一职业介绍占比5.2%、就业见习占比2.4%、创业咨询与业务占比1.9%、零就业家庭就业援助占比7.1%、办理社会保险占比11.9%、就业登记和失业管理占比1.0%、档案管理和人力资源社会保障事务代理占比3.8%、大型市场招聘等专项活动占比4.3%（见表20）。

表20　农村妇女享有的公共就业服务

单位：人，%

政策咨询		市场信息		职业指导		职业介绍		就业见习		职业鉴定	
人数	占比	人数	占比	人数	占比	人数	占比	人数	占比	人数	占比
17	8.1	10	4.8	0	0	11	5.2	5	2.4	39	18.6
创业业务		就业援助		社会保险		就业登记		档案管理		市场招聘	
人数	占比	人数	占比	人数	占比	人数	占比	人数	占比	人数	占比
4	1.9	15	7.1	25	11.9	2	1.0	8	3.8	9	4.3

从政府提供的就业援助看，农村妇女以职业指导援助为主，占比27.1%，其他分别为就业信息和公益性岗位援助占比10.5%、职业技能培训援助占比19.0%、社会保险关系接续援助占比10.0%、劳动保障事务代理援助占比17.1%、生活保障援助占比4.3%、低保就业群体援助占比7.1%（见表21）。

表21 农村妇女享有的政府就业援助

单位：人，%

职业指导		就业岗位		职业技能		社会保障		劳动事务		生活保障		低保援助	
人数	占比	人数	占比	人数	占比	人数	占比	人数	占比	人数	占比	人数	占比
57	27.1	22	10.5	40	19.0	21	10.0	36	17.1	9	4.3	15	7.1

（2）农村妇女就业收入状况

从工资收入状况看，农村妇女平均每月收入以2000~4000元为主，占比42.4%；月收入为4000~6000元的占比10.5%；月收入在2000元以下，但超过当地最低工资标准的占比22.9%；月收入低于当地最低工资标准的占比11.9%；月收入为6000~8000元的占比5.2%；月收入在8000元以上的占比6.7%（见表22）。

表22 农村妇女就业收入状况

单位：人，%

低于最低工资		2000元以下		2000~4000元		4000~6000元		6000~8000元		8000元以上	
人数	占比	人数	占比	人数	占比	人数	占比	人数	占比	人数	占比
25	11.9	48	22.9	89	42.4	22	10.5	11	5.2	14	6.7

从工资收入渠道看，农村妇女以同工同酬方式获得工资占比49.5%，获得奖金占比6.7%，获得加班费占比10.0%，发生工资拖欠占比3.3%，因解除合同获得经济补偿金占比3.8%，享受积极就业政策补贴占比16.2%，按股权分红占比11.9%，享有企业年金占比1.9%（见表23）。

（3）农村妇女就业环境安全

从劳动保护程度看，有62.4%的农村妇女未因怀孕、生育、哺乳而被降低

表 23　农村妇女工资收入来源

单位：人，%

同工同酬		工资拖欠		奖金		加班费	
人数	占比	人数	占比	人数	占比	人数	占比
104	49.5	7	3.3	14	6.7	21	10.0
经济补偿金		积极就业补贴		按股权分红		企业年金	
人数	占比	人数	占比	人数	占比	人数	占比
8	3.8	34	16.2	25	11.9	4	1.9

工资或辞退，有38.6%的农村妇女在孕期予以减轻劳动量，有21.9%的农村妇女在怀孕7个月以上未延长劳动时间，有20.0%的怀孕女职工在劳动时间内进行产前检查，有16.2%的农村妇女享受98天产假并享有生育津贴，有18.1%的农村妇女享有女职工生育或者流产的医疗费用，有7.6%的农村妇女哺乳期未延长劳动时间，有7.6%的农村妇女享有国家规定的哺乳时间，有10.5%的农村妇女享有预防和制止性骚扰保护性措施（见表24）。

表 24　农村妇女劳动待遇保护状况

单位：人，%

未因怀孕解除劳动合同		在孕期予以减轻劳动量		在孕期予以安排休息		产前检查纳入劳动时间		享受产假获得生育津贴	
人数	占比	人数	占比	人数	占比	人数	占比	人数	占比
131	62.4	81	38.6	46	21.9	42	20.0	34	16.2
享有生育或者流产费用		哺乳期未延长劳动时间		享有国家规定哺乳时间		预防和制止性骚扰		其他女职工保护性措施	
人数	占比	人数	占比	人数	占比	人数	占比	人数	占比
38	18.1	16	7.6	16	7.6	22	10.5	16	7.6

从劳动保护范围看，有28.1%的农村妇女禁忌从事第四级体力劳动强度的作业，有32.4%的农村妇女在经期禁忌从事冷水作业、低温作业、高处作业、体力劳动，有54.3%的农村妇女在孕期禁忌从事有毒作业、高温作业、噪声作业、强烈振动作业，有28.6%的农村妇女在哺乳期禁忌从事有毒物质浓度超过国家职业卫生标准的作业（见表25）。

表25 农村妇女劳动范围保护状况

单位：人，%

女职工禁忌从事的劳动范围		经期禁忌从事的劳动范围		孕期禁忌从事的劳动范围		哺乳期禁忌从事的劳动范围		其他女职工保护性措施	
人数	占比	人数	占比	人数	占比	人数	占比	人数	占比
59	28.1	68	32.4	114	54.3	60	28.6	22	10.5

（4）农村妇女就业稳定程度

从劳动用工形式看，一成多农村妇女劳动用工形式比较稳定，有14.8%的农村妇女成为单位正式职工。六成多农村妇女就业形式也比较灵活，其中灵活就业占45.7%、劳务派遣占15.2%。近一成农村妇女享有政府安置，公益性岗位占6.7%；以完成一个项目或服务任务为计费单位的占14.3%（见表26）。

表26 农村妇女就业形式

单位：人，%

单位正式职工		灵活就业		劳务派遣		公益性岗位		完成一项任务	
人数	占比	人数	占比	人数	占比	人数	占比	人数	占比
31	14.8	96	45.7	32	15.2	14	6.7	30	14.3

从建立劳动关系看，近五成农村妇女与单位签订劳动合同，其中签订长期劳动合同的占8.6%，签订十年劳动合同的占4.8%，签订五年劳动合同的占3.3%，签订三年劳动合同的占20.5%，签订两年劳动合同的占10.0%；没有签订劳动合同的占到52.4%（见表27）。

表27 农村妇女签订劳动合同状况

单位：人，%

签订长期劳动合同		签订十年劳动合同		签订五年劳动合同		签订三年劳动合同		签订两年劳动合同		没有签订劳动合同	
人数	占比	人数	占比	人数	占比	人数	占比	人数	占比	人数	占比
18	8.6	10	4.8	7	3.3	43	20.5	21	10.0	110	52.4

从解除劳动关系看，农村妇女正常解除或终止劳动合同占39.5%，因怀孕、生育、哺乳被辞退或解除劳动合同占3.3%，因自然减员解除劳动合同占19.5%，因经济性裁员（含部分停产）解除劳动合同占1.0%，因关闭破产解除劳动合同占5.2%，因停业整顿解除劳动合同占2.9%，因业务转移解除劳动合同占21.4%，因就业性别歧视解除劳动合同占2.9%，因其他方式解除劳动合同占5.7%（见表28）。

表28　农村妇女解除劳动合同状况

单位：人，%

怀孕、生育、哺乳解除劳动合同		正常解除或终止劳动合同		自然减员解除劳动合同		经济性裁员(含部分停产)解除劳动合同		关闭破产解除劳动合同	
人数	占比	人数	占比	人数	占比	人数	占比	人数	占比
7	3.3	83	39.5	41	19.5	2	1.0	11	5.2

停业整顿解除劳动合同		业务转移解除劳动合同		就业性别歧视解除劳动合同		其他方式解除劳动合同	
人数	占比	人数	占比	人数	占比	人数	占比
6	2.9	45	21.4	6	2.9	12	5.7

从就业次数看，近四成农村妇女职业较稳定，就业2次及以下，其中就业1次占比20.5%，就业2次占比19.0%。近六成农村妇女就业3次及以上，其中就业3次占比29.5%，就业4次占比9.0%，就业5次占比9.5%，就业6次占比3.3%，就业7次及以上占比8.6%（见表29）。

表29　农村妇女就业稳定状况

单位：人，%

就业1次		就业2次		就业3次		就业4次		就业5次		就业6次		就业7次及以上	
人数	占比	人数	占比	人数	占比	人数	占比	人数	占比	人数	占比	人数	占比
43	20.5	40	19.0	62	29.5	19	9.0	20	9.5	7	3.3	18	8.6

（5）农村妇女就业福利待遇

从积极就业政策实施效果看，农村妇女以享受社会保险补贴为主，占比

31.4%，其他分别为享受灵活就业政策占比9.0%、小额贷款政策占比24.3%、就业培训补贴占比11.0%、稳定就业补贴占比2.4%、技能鉴定补贴占比2.4%、一定期限的房租补贴占比6.7%、最低生活保障占比11.4%、灵活就业补贴占比8.6%、其他就业补贴占比11.0%，农村妇女基本未享受就业见习补贴和就业介绍补贴（见表30）。

表30 农村妇女享受的就业政策资助

单位：人，%

社会保险补贴		灵活就业政策		小额贷款政策		就业培训补贴		就业见习补贴		稳定就业补贴	
人数	占比	人数	占比	人数	占比	人数	占比	人数	占比	人数	占比
66	31.4	19	9.0	51	24.3	23	11.0	0	0	5	2.4
就业介绍补贴		技能鉴定补贴		一定房租补贴		最低生活保障		灵活就业补贴		其他就业补贴	
人数	占比	人数	占比	人数	占比	人数	占比	人数	占比	人数	占比
0	0	5	2.4	14	6.7	24	11.4	18	8.6	23	11.0

从享有社会保障程度看，农村妇女以享有城镇居民养老保险为主，占比58.6%，其他分别为享有城镇居民基本医疗保险占比33.3%、参加失业保险并获得失业保险合法权益占比32.9%、参加生育保险并实行生育保险费用社会统筹占比24.8%、参加工伤保险并享有相关工伤保险待遇占比12.4%、享有住房公积金占比5.2%、参加商业保险占比2.4%、享有城乡社会救助占比5.2%（见表31）。

表31 农村妇女享有的社会保障状况

单位：人，%

城镇居民养老保险		城镇居民基本医疗保险		失业保险		生育保险	
人数	占比	人数	占比	人数	占比	人数	占比
123	58.6	70	33.3	69	32.9	52	24.8
工伤保险		住房公积金		商业保险		社会救助	
人数	占比	人数	占比	人数	占比	人数	占比
26	12.4	11	5.2	5	2.4	11	5.2

(6) 农村妇女就业发展状况

从职业发展机会看，农村妇女以参加就业前培训、见习训练为主，占比51.9%，其他分别为职业技能或职业鉴定培训占比39.0%、专业技术培训占比30.0%、再就业或转岗培训占比16.7%、创业知识或创业技能培训占比21.9%、获得职业鉴定晋升途径占比6.7%、获得专业资格晋升途径占比5.2%、获得经营管理晋升机会占比10.0%（见表32）。

表32 农村妇女享有的职业培训机会

单位：人，%

就业前培训		职业技能培训		专业技术培训		再就业培训	
人数	占比	人数	占比	人数	占比	人数	占比
109	51.9	82	39.0	63	30.0	35	16.7
创业技能培训		职业鉴定晋升		专业资格晋升		经营管理晋升	
人数	占比	人数	占比	人数	占比	人数	占比
46	21.9	14	6.7	11	5.2	21	10.0

从职业技能水平看，八成农村妇女获得职业资格证书，其中获得初级职业资格证书或专业资格证书占比33.8%，获得中级职业资格证书或专业资格证书占比28.1%，获得高级职业资格证书或专业资格证书占比18.1%；没有获得任何职业资格证书或专业资格证书占比10.0%（见表33）。

表33 农村妇女享有的职业发展机会

单位：人，%

初级职业、专业资格证书		中级职业、专业资格证书		高级职业、专业资格证书		没有职业、专业资格证书	
人数	占比	人数	占比	人数	占比	人数	占比
71	33.8	59	28.1	38	18.1	21	10.0

(7) 农村妇女就业权益保障

从就业歧视程度看，以性别婚育状况等为由拒绝录用农村妇女的性别歧视占比33.8%，以外地户口等为由拒绝录用农村妇女的户籍歧视占比27.1%，以形象劣势等为由拒绝录用农村妇女的形象歧视占比31.0%，以年龄劣势等为由拒绝录用农村妇女的年龄歧视占比27.6%，以学历劣势等为由拒绝录用农村妇女的学历歧视占比25.7%，以流行病或身体特征等为由拒绝录用农村妇女的健康歧视占比26.2%，以归正人员或农业户口等为由拒绝录用农村妇女的身份歧视占比22.9%（见表34）。

表34 农村妇女遭遇的就业歧视

单位：人，%

性别歧视		户籍歧视		形象歧视		年龄歧视		学历歧视		健康歧视		身份歧视	
人数	占比	人数	占比	人数	占比	人数	占比	人数	占比	人数	占比	人数	占比
71	33.8	57	27.1	65	31.0	58	27.6	54	25.7	55	26.2	48	22.9

从职业歧视程度看，农村妇女签订劳动合同不包含妇女劳动保护内容的合同歧视占比19.5%，未实行男女同工同酬的工资歧视占比51.4%，未实行生育保险或国家规定的妇女福利待遇的福利歧视占比50.5%，以性别为由强迫妇女解除劳动合同、提前退休或者退职的工作歧视占比9.5%，在晋职、晋级、评定专业技术职务等方面未能实现男女平等的晋升歧视占比11.4%，女职工在经期、孕期、产期、哺乳期未能享受特殊保护的劳动歧视占比31.9%，其他方面遭遇过职业歧视占比6.2%（见表35）。

表35 农村妇女遭遇的职业歧视

单位：人，%

合同歧视		工资歧视		福利歧视		工作歧视		晋升歧视		劳动歧视		其他歧视	
人数	占比	人数	占比	人数	占比	人数	占比	人数	占比	人数	占比	人数	占比
41	19.5	108	51.4	106	50.5	20	9.5	24	11.4	67	31.9	13	6.2

从维护就业权益的法律手段看，农村妇女通过诉求用人单位，执行《劳动法》《女职工劳动保护特别规定》等占比49.0%；诉求工会，进行工资水平、劳动保护谈判占比29.0%；诉求妇联、残联，遵照劳动定额标准，履行《女职工劳动保护特别规定》占比43.8%；诉求上级行政机关复议，确定工作时间、休息休假、工作环境、工作安全等劳动标准占比19.0%；诉求当地人

民法院，发生劳动争议诉求工资、经济补偿、社会保险等内容占比13.3%；诉求劳动争议仲裁机构立案，申请劳动仲裁，如拖欠工资、社会保险、劳动关系等内容占比34.3%；其他形式占比5.2%（见表36）。

表36　农村妇女维护就业权益的形式

单位：人，%

诉求单位		诉求工会		诉求妇联		诉求行政		诉求法院		诉求仲裁		其他形式	
人数	占比	人数	占比	人数	占比	人数	占比	人数	占比	人数	占比	人数	占比
103	49.0	61	29.0	92	43.8	40	19.0	28	13.3	72	34.3	11	5.2

3. 女大学生就业状况

女大学生是指具有大学专科以上学历，并在法定经济组织连续工作三个月以上的妇女。本次调查女大学生71人，年龄特征以16~24岁为主，占总体样本的69.01%；文化特征以大学本科为主，占总体样本的71.84%；职业特征以办事人员和有关人员为主，占总体样本的65.60%；组织特征以事业单位、社会团体为主，占总体样本的33.81%；行业特征以公共管理为主，占总体样本的7.62%。

本次调查显示女大学生就业基本特征如下。①就业机会。就业机会获得途径以人才就业网站为主，占比18.3%；公共就业服务以就业见习为主，占比32.4%；就业援助以职业指导援助为主，占比45.1%。②就业收入。平均每月收入为2000~4000元占比45.1%；实施同工同酬占比42.3%。③就业环境。未因怀孕、生育、哺乳而被降低工资或辞退占比54.9%；女职工禁忌从事的劳动范围占比54.9%。④就业稳定。就业方式主要是灵活就业和劳务派遣，合计占比49.3%；没有签订劳动合同占比42.3%；因怀孕、生育、哺乳被辞退或解除劳动合同占比4.2%；因就业性别歧视解除劳动合同占比4.2%；就业次数为3次及以上占比38.0%。⑤就业福利。享有社会保险补贴占比35.2%；参加生育保险并实行生育保险费用社会统筹占比33.8%。⑥就业发展。获得专业资格晋升途径占比18.3%；没有获得任何职业资格证书或专业资格证书占比29.6%。⑦就业权益。以性别婚育状况等为由的性别歧视占比49.3%；未实行生育保险或国家规定的妇女福利待遇的福利歧视占比49.3%；

诉求用人单位，执行《劳动法》《女职工劳动保护特别规定》等占比67.6%。

（1）女大学生就业机会获得

从就业机会获得途径看，女大学生以人才就业网站为主，占比18.3%；街道或社区就业服务机构占比16.9%；猎头服务公司占比11.3%；其他分别为网络人才招聘会占比14.1%、行业就业指导中心占比5.6%、社会招聘会或交流大会占比7.0%、亲戚朋友推荐占比16.9%、报纸杂志等印刷媒介占比2.8%、电视新闻媒体占比1.4%、职业中介组织或机构占比1.4%（见表37）。

表37 女大学生就业机会获得途径

单位：人，%

社区就业机构		人才就业网站		社会交流大会		亲戚朋友推荐		报纸杂志媒介	
人数	占比	人数	占比	人数	占比	人数	占比	人数	占比
12	16.9	13	18.3	5	7.0	12	16.9	2	2.8
电视新闻媒体		网络人才招聘会		行业就业中心		职业中介机构		猎头服务公司	
人数	占比	人数	占比	人数	占比	人数	占比	人数	占比
1	1.4	10	14.1	4	5.6	1	1.4	8	11.3

从政府提供的公共就业服务看，女大学生以就业见习为主，占比32.4%；办理社会保险占比23.9%；市场信息发布占比21.1%；职业培训与职业技能鉴定占比2.8%；其他分别为档案管理和人力资源社会保障事务代理占比8.5%、大型市场招聘等专项活动占比9.9%、零就业家庭就业援助占比5.6%、就业登记和失业管理占比2.8%、享有政府提供的法律政策咨询占比11.3%、一对一职业指导占比12.7%、创业咨询与业务占比7.0%（见表38）。

表38 女大学生享有的公共就业服务

单位：人，%

政策咨询		市场信息		职业指导		职业介绍		就业见习		职业鉴定	
人数	占比	人数	占比	人数	占比	人数	占比	人数	占比	人数	占比
8	11.3	15	21.1	9	12.7	0	0	23	32.4	2	2.8
创业业务		就业援助		社会保险		就业登记		档案管理		市场招聘	
人数	占比	人数	占比	人数	占比	人数	占比	人数	占比	人数	占比
5	7.0	4	5.6	17	23.9	2	2.8	6	8.5	7	9.9

从政府提供的就业援助看,女大学生以职业指导援助为主,占比45.1%,其他分别为就业信息和公益性岗位援助占比12.7%、职业技能培训占比8.5%、社会保险关系接续援助占比15.5%、劳动保障事务代理援助占比4.2%、生活保障援助占比2.8%、低保就业群体援助占比9.9%(见表39)。

表39 女大学生享有的政府就业援助

单位:人,%

职业指导		就业岗位		职业技能		社会保障		劳动事务		生活保障		低保援助	
人数	占比	人数	占比	人数	占比	人数	占比	人数	占比	人数	占比	人数	占比
32	45.1	9	12.7	6	8.5	11	15.5	3	4.2	2	2.8	7	9.9

(2)女大学生就业收入状况

从工资收入状况看,女大学生平均每月收入以2000~4000元为主,占比45.1%;月收入为4000~6000元的占比12.7%;月收入在2000元以下,但超过当地最低工资标准的占比22.5%;月收入低于当地最低工资标准的占比9.9%;月收入为6000~8000元的占比1.4%;月收入在8000元以上的占比7.0%(见表40)。

表40 女大学生就业收入状况

单位:人,%

低于最低工资		2000元以下		2000~4000元		4000~6000元		6000~8000元		8000元以上	
人数	占比	人数	占比	人数	占比	人数	占比	人数	占比	人数	占比
7	9.9	16	22.5	32	45.1	9	12.7	1	1.4	5	7.0

从工资收入渠道看,女大学生以同工同酬方式获得工资占比42.3%,获得奖金占比25.4%,获得加班费占比7.0%,发生工资拖欠占比14.1%,因解除合同获得经济补偿金占比7.0%,享受积极就业政策补贴占比12.7%,按股权分红占比1.4%,享有企业年金占比2.8%(见表41)。

(3)女大学生就业环境安全

从劳动保护程度看,有54.9%的女大学生未因怀孕、生育、哺乳而被降低工资或辞退,有43.7%的女大学生在孕期予以减轻劳动量,有43.7%的女

表41 女大学生工资收入来源

单位：人，%

同工同酬		工资拖欠		奖金		加班费	
人数	占比	人数	占比	人数	占比	人数	占比
30	42.3	10	14.1	18	25.4	5	7.0
经济补偿金		积极就业补贴		按股权分红		企业年金	
人数	占比	人数	占比	人数	占比	人数	占比
5	7.0	9	12.7	1	1.4	2	2.8

大学生在怀孕7个月以上未延长劳动时间，有54.9%的怀孕女职工在劳动时间内进行产前检查，有45.1%的女大学生享受98天产假并享有生育津贴，有31.0%的女大学生享有女职工生育或者流产的医疗费用，有31.0%的女大学生哺乳期未延长劳动时间，有22.5%的女大学生享有国家规定的哺乳时间，有35.2%的女大学生享有预防和制止性骚扰保护性措施（见表42）。

表42 女大学生劳动待遇保护状况

单位：人，%

未因怀孕解除劳动合同		在孕期予以减轻劳动量		在孕期予以安排休息		产前检查纳入劳动时间		享受产假获得生育津贴	
人数	占比	人数	占比	人数	占比	人数	占比	人数	占比
39	54.9	31	43.7	31	43.7	39	54.9	32	45.1
享有生育或者流产费用		哺乳期未延长劳动时间		享有国家规定哺乳时间		预防和制止性骚扰		其他女职工保护性措施	
人数	占比	人数	占比	人数	占比	人数	占比	人数	占比
22	31.0	22	31.0	16	22.5	25	35.2	4	5.6

从劳动保护范围看，有54.9%的女大学生禁忌从事第四级体力劳动强度的作业，有46.5%的女大学生在经期禁忌从事冷水作业、低温作业、高处作业、体力劳动，有54.9%的女大学生在孕期禁忌从事有毒作业、高温作业、噪声作业、强烈振动作业，有43.7%的女大学生在哺乳期禁忌从事有毒物质浓度超过国家职业卫生标准的作业（见表43）。

表43 女大学生劳动范围保护状况

单位：人，%

女职工禁忌从事的劳动范围		经期禁忌从事的劳动范围		孕期禁忌从事的劳动范围		哺乳期禁忌从事的劳动范围		其他女职工保护性措施	
人数	占比	人数	占比	人数	占比	人数	占比	人数	占比
39	54.9	33	46.5	39	54.9	31	43.7	10	14.1

（4）女大学生就业稳定程度

从劳动用工形式看，三成多女大学生劳动用工形式比较稳定，有31.0%的女大学生成为单位正式职工。四成多女大学生就业形式也比较灵活，其中灵活就业占15.5%、劳务派遣占33.8%。近一成女大学生享有政府安置，公益性岗位占9.9%；以完成一个项目或服务任务为计费单位的占8.5%（见表44）。

表44 女大学生就业形式

单位：人，%

单位正式职工		灵活就业		劳务派遣		公益性岗位		完成一项任务	
人数	占比	人数	占比	人数	占比	人数	占比	人数	占比
22	31.0	11	15.5	24	33.8	7	9.9	6	8.5

从建立劳动关系看，四成多女大学生与单位签订劳动合同，其中签订长期劳动合同的占16.9%，签订十年劳动合同的占1.4%，签订五年劳动合同的占1.4%，签订三年劳动合同的占5.6%，签订两年劳动合同的占16.9%；没有签订劳动合同的占到42.3%（见表45）。

表45 女大学生签订劳动合同状况

单位：人，%

签订长期劳动合同		签订十年劳动合同		签订五年劳动合同		签订三年劳动合同		签订两年劳动合同		没有签订劳动合同	
人数	占比	人数	占比	人数	占比	人数	占比	人数	占比	人数	占比
12	16.9	1	1.4	1	1.4	4	5.6	12	16.9	30	42.3

从解除劳动关系看,女大学生正常解除或终止劳动合同占39.4%,因怀孕、生育、哺乳被辞退或解除劳动合同占4.2%,因自然减员解除劳动合同占11.3%,因经济性裁员(含部分停产)解除劳动合同占16.9%,因关闭破产解除劳动合同占11.3%,因停业整顿解除劳动合同占1.4%,因业务转移解除劳动合同占21.1%,因就业性别歧视解除劳动合同占4.2%,因其他方式解除劳动合同占11.3%(见表46)。

表46 女大学生解除劳动合同状况

单位:人,%

怀孕、生育、哺乳解除劳动合同		正常解除或终止劳动合同		自然减员解除劳动合同		经济性裁员(含部分停产)解除劳动合同		关闭破产解除劳动合同	
人数	占比	人数	占比	人数	占比	人数	占比	人数	占比
3	4.2	28	39.4	8	11.3	12	16.9	8	11.3

停业整顿解除劳动合同		业务转移解除劳动合同		就业性别歧视解除劳动合同		其他方式解除劳动合同	
人数	占比	人数	占比	人数	占比	人数	占比
1	1.4	15	21.1	3	4.2	8	11.3

从就业次数看,六成多女大学生职业比较稳定,就业2次及以下,其中就业1次占比46.5%,就业2次占比15.5%。近四成女大学生就业3次及以上,其中就业3次占比14.1%,就业4次占比14.1%,就业5次占比4.2%,就业6次占比5.6%,就业7次及以上占比为0(见表47)。

表47 女大学生就业稳定状况

单位:人,%

就业1次		就业2次		就业3次		就业4次		就业5次		就业6次		就业7次及以上	
人数	占比	人数	占比	人数	占比	人数	占比	人数	占比	人数	占比	人数	占比
33	46.5	11	15.5	10	14.1	10	14.1	3	4.2	4	5.6	0	0

(5)女大学生就业福利待遇

从积极就业政策实施效果看,女大学生以享受社会保险补贴为主,占比35.2%,其他分别为享受灵活就业政策占比12.7%、小额贷款政策占比

11.3%、就业培训补贴占比25.4%、就业见习补贴占比16.9%、就业介绍补贴占比1.4%、最低生活保障占比8.5%、灵活就业补贴占比14.1%、其他就业补贴占比11.3%，女大学生基本未享受稳定就业补贴、技能鉴定补贴和一定期限的房租补贴（见表48）。

表48　女大学生享受的就业政策资助

单位：人，%

社会保险补贴		灵活就业政策		小额贷款政策		就业培训补贴		就业见习补贴		稳定就业补贴	
人数	占比	人数	占比	人数	占比	人数	占比	人数	占比	人数	占比
25	35.2	9	12.7	8	11.3	18	25.4	12	16.9	0	0
就业介绍补贴		技能鉴定补贴		一定房租补贴		最低生活保障		灵活就业补贴		其他就业补贴	
人数	占比	人数	占比	人数	占比	人数	占比	人数	占比	人数	占比
1	1.4	0	0	0	0	6	8.5	10	14.1	8	11.3

从享有社会保障程度看，女大学生以享有城镇居民养老保险为主，占比57.7%，其他分别为享有城镇居民基本医疗保险占比42.3%、参加失业保险并获得失业保险合法权益占比38.0%、参加生育保险并实行生育保险费用社会统筹占比33.8%、参加工伤保险并享有相关工伤保险待遇占比15.5%、享有住房公积金占比22.5%、享有城乡社会救助占比7.0%，女大学生基本未参加商业保险（见表49）。

表49　女大学生享有的社会保障状况

单位：人，%

城镇居民养老保险		城镇居民基本医疗保险		失业保险		生育保险	
人数	占比	人数	占比	人数	占比	人数	占比
41	57.7	30	42.3	27	38.0	24	33.8
工伤保险		住房公积金		商业保险		社会救助	
人数	占比	人数	占比	人数	占比	人数	占比
11	15.5	16	22.5	0	0	5	7.0

(6) 女大学生就业发展状况

从职业发展机会看，女大学生以参加就业前培训、见习训练为主，占比

71.8%，其他分别为职业技能或职业鉴定培训占比40.8%、专业技术培训占比23.9%、再就业或转岗培训占比23.9%、创业知识或创业技能培训占比29.6%、获得职业鉴定晋升途径占比26.8%、获得专业资格晋升途径占比18.3%、获得经营管理晋升机会占比5.6%（见表50）。

表50　女大学生享有的职业培训机会

单位：人，%

就业前培训		职业技能培训		专业技术培训		再就业培训	
人数	占比	人数	占比	人数	占比	人数	占比
51	71.8	29	40.8	17	23.9	17	23.9
创业技能培训		职业鉴定晋升		专业资格晋升		经营管理晋升	
人数	占比	人数	占比	人数	占比	人数	占比
21	29.6	19	26.8	13	18.3	4	5.6

从职业技能水平看，八成多女大学生获得职业资格证书，其中获得初级职业资格证书或专业资格证书占比47.9%，获得中级职业资格证书或专业资格证书占比22.5%，获得高级职业资格证书或专业资格证书占比9.9%；没有获得任何职业资格证书或专业资格证书占比29.6%（见表51）。

表51　女大学生享有的职业发展机会

单位：人，%

初级职业、专业资格证书		中级职业、专业资格证书		高级职业、专业资格证书		没有职业、专业资格证书	
人数	占比	人数	占比	人数	占比	人数	占比
34	47.9	16	22.5	7	9.9	21	29.6

（7）女大学生就业权益保障

从就业歧视程度看，以性别婚育状况等为由拒绝录用女大学生的性别歧视占比49.3%，以外地户口等为由拒绝录用女大学生的户籍歧视占比15.5%，以形象劣势等为由拒绝录用女大学生的形象歧视占比16.9%，以年龄劣势等为由拒绝录用女大学生的年龄歧视占比36.6%，以学历劣势等为由拒绝录用女大学生的学历歧视占比26.8%，以流行病或身体特征等为由拒绝录用女大

杭州不同妇女群体的就业问题研究

学生的健康歧视占比8.5%，以归正人员或农业户口等为由拒绝录用女大学生的身份歧视占比22.5%（见表52）。

表52 女大学生遭遇的就业歧视

单位：人，%

性别歧视		户籍歧视		形象歧视		年龄歧视		学历歧视		健康歧视		身份歧视	
人数	占比	人数	占比	人数	占比	人数	占比	人数	占比	人数	占比	人数	占比
35	49.3	11	15.5	12	16.9	26	36.6	19	26.8	6	8.5	16	22.5

从职业歧视程度看，女大学生签订劳动合同不包含妇女劳动保护内容的合同歧视占比28.2%，未实行男女同工同酬的工资歧视占比50.7%，未实行生育保险或国家规定的妇女福利待遇的福利歧视占比49.3%，以性别为由强迫妇女解除劳动合同、提前退休或者退职的工作歧视占比19.7%，在晋职、晋级、评定专业技术职务等方面未能实现男女平等的晋升歧视占比39.4%，女职工在经期、孕期、产期、哺乳期未能享受特殊保护的劳动歧视占比21.1%，其他方面遭遇过职业歧视占比4.2%（见表53）。

表53 女大学生遭遇的职业歧视

单位：人，%

合同歧视		工资歧视		福利歧视		工作歧视		晋升歧视		劳动歧视		其他歧视	
人数	占比	人数	占比	人数	占比	人数	占比	人数	占比	人数	占比	人数	占比
20	28.2	36	50.7	35	49.3	14	19.7	28	39.4	15	21.1	3	4.2

从维护就业权益的法律手段看，女大学生通过诉求用人单位，执行《劳动法》《女职工劳动保护特别规定》等占比67.6%；诉求工会，进行工资水平、劳动保护谈判占比39.4%；诉求妇联、残联，遵照劳动定额标准，履行《女职工劳动保护特别制定》占比38.0%；诉求上级行政机关复议，确定工作时间、休息休假、工作环境、工作安全等劳动标准占比35.2%；诉求当地人民法院，发生劳动争议诉求工资、经济补偿、社会保险等内容占比15.5%；诉求劳动争议仲裁机构立案，申请劳动仲裁，如拖欠工资、社会保险、劳动关系等内容占比21.1%；其他形式占比1.4%（见表54）。

表54 女大学生维护就业权益的形式

单位：人，%

诉求单位		诉求工会		诉求妇联		诉求行政		诉求法院		诉求仲裁		其他形式	
人数	占比	人数	占比	人数	占比	人数	占比	人数	占比	人数	占比	人数	占比
48	67.6	28	39.4	27	38.0	25	35.2	11	15.5	15	21.1	1	1.4

4. 女外来务工员就业状况

女外来务工员是指非杭州户籍，并在法定经济组织连续工作三个月以上的妇女。本次调查女外来务工员44人，年龄特征以35～44岁为主，占总体样本的40.91%；文化特征以初中及以下为主，占总体样本的36.36%；职业特征以办事人员和有关人员为主，占总体样本的25.00%；组织特征以私营个体企业为主，占总体样本的65.91%；行业特征以批发零售业为主，占总体样本的27.27%。

本次调查显示女外来务工员就业基本特征如下。①就业机会。就业机会获得途径以亲戚朋友推荐为主，占比52.3%；公共就业服务以市场信息发布为主，占比29.5%；就业援助以职业指导援助和劳动保障事务代理援助为主，占比均为22.7%。②就业收入。平均每月收入为2000～4000元占比56.8%；实施同工同酬占比25.0%。③就业环境。未因怀孕、生育、哺乳而被降低工资或辞退占比34.1%；女职工禁忌从事的劳动范围占比25.0%；④就业稳定。就业方式以完成一个项目或服务任务为计费单位占比25.0%；没有签订劳动合同占比22.7%；因怀孕、生育、哺乳被辞退或解除劳动合同占比22.7%；因就业性别歧视解除劳动合同占比22.7%；就业次数为3次及以上占比70.5%。⑤就业福利。享有社会保险补贴占比45.5%；参加工伤保险并享有相关工伤保险待遇占比4.5%。⑥就业发展。获得职业鉴定晋升途径占比2.3%；没有获得任何职业资格证书占比65.9%。⑦就业权益。以归正人员或农业户口等为由的身份歧视占比31.8%；未实行生育保险或国家规定的妇女福利待遇的福利歧视占比45.5%；诉求用人单位，执行《劳动法》《女职工劳动保护特别规定》等占比65.9%。

（1）女外来务工员就业机会获得

从就业机会获得途径看，女外来务工员以亲戚朋友推荐为主，占比52.3%；猎头服务公司占比4.5%；人才就业网站占比13.6%。其他就业方式

杭州不同妇女群体的就业问题研究

约占三成：网络人才招聘会占比11.4%、社会招聘会或交流大会占比6.8%、报纸杂志等印刷媒介占比9.1%（见表55）。

表55　女外来务工员就业机会获得途径

单位：人，%

社区就业机构		人才就业网站		社会交流大会		亲戚朋友推荐		报纸杂志媒介	
人数	占比	人数	占比	人数	占比	人数	占比	人数	占比
0	0	6	13.6	3	6.8	23	52.3	4	9.1
电视新闻媒体		网络人才招聘会		行业就业中心		职业中介机构		猎头服务公司	
人数	占比	人数	占比	人数	占比	人数	占比	人数	占比
0	0	5	11.4	0	0	0	0	2	4.5

从政府提供的公共就业服务看，女外来务工员以享有市场信息发布为主，占比29.5%，其他分别为办理社会保险占比20.5%、职业培训与职业技能鉴定占比11.4%、大型市场招聘等专项活动占比6.8%、享有政府提供的法律政策咨询占比4.5%、一对一职业指导占比11.4%、就业见习占比2.3%；女外来务工员基本未享有一对一职业介绍、创业咨询与业务、零就业家庭就业援助、就业登记和失业管理、档案管理和人力资源社会保障事务代理等公共就业服务（见表56）。

表56　女外来务工员享有的公共就业服务

单位：人，%

政策咨询		市场信息		职业指导		职业介绍		就业见习		职业鉴定	
人数	占比	人数	占比	人数	占比	人数	占比	人数	占比	人数	占比
2	4.5	13	29.5	5	11.4	0	0	1	2.3	5	11.4
创业业务		就业援助		社会保险		就业登记		档案管理		市场招聘	
人数	占比	人数	占比	人数	占比	人数	占比	人数	占比	人数	占比
0	0	0	0	9	20.5	0	0	0	0	3	6.8

从政府提供的就业援助看，女外来务工员以职业指导援助为主，占比22.7%，其他分别为就业信息和公益性岗位援助占比11.4%、职业技能培训援助占比4.5%、社会保险关系接续援助占比18.2%、劳动保障事务代理援助占比22.7%、生活保障援助占比11.4%、低保就业群体援助占比6.8%（见表57）。

表 57　女外来务工员享有的政府就业援助

单位：人，%

职业指导		就业岗位		职业技能		社会保障		劳动事务		生活保障		低保援助	
人数	占比	人数	占比	人数	占比	人数	占比	人数	占比	人数	占比	人数	占比
10	22.7	5	11.4	2	4.5	8	18.2	10	22.7	5	11.4	3	6.8

（2）女外来务工员就业收入状况

从工资收入状况看，女外来务工员平均每月收入以2000~4000元为主，占比56.8%；月收入为4000~6000元的占比2.3%；月收入在2000元以下，但超过当地最低工资标准的占比6.8%；月收入低于当地最低工资标准的占比31.8%；月收入为6000~8000元以及月收入在8000元以上的占比均为0（见表58）。

表 58　女外来务工员就业收入状况

单位：人，%

低于最低工资		2000元以下		2000~4000元		4000~6000元		6000~8000元		8000元以上	
人数	占比	人数	占比	人数	占比	人数	占比	人数	占比	人数	占比
14	31.8	3	6.8	25	56.8	1	2.3	0	0	0	0

从工资收入渠道看，女外来务工员以同工同酬方式获得工资占比25.0%，获得奖金占比18.2%，获得加班费占比20.5%，发生工资拖欠占比27.3%，因解除合同获得经济补偿金占比15.9%，女外来务工员基本未实现享受积极就业政策补贴、按股权分红、享有企业年金（见表59）。

表 59　女外来务工员工资收入来源

单位：人，%

同工同酬		工资拖欠		奖金		加班费	
人数	占比	人数	占比	人数	占比	人数	占比
11	25.0	12	27.3	8	18.2	9	20.5
经济补偿金		积极就业补贴		按股权分红		企业年金	
人数	占比	人数	占比	人数	占比	人数	占比
7	15.9	0	0	0	0	0	0

(3) 女外来务工员就业环境安全

从劳动保护程度看，有34.1%的女外来务工员未因怀孕、生育、哺乳而被降低工资或辞退，有15.9%的女外来务工员在孕期予以减轻劳动量，有29.5%的女外来务工员在怀孕7个月以上未延长劳动时间，有22.7%的怀孕女职工在劳动时间内进行产前检查，有18.2%的女外来务工员享受98天产假并享有生育津贴，有6.8%的女外来务工员享有女职工生育或者流产的医疗费用，有15.9%的女外来务工员哺乳期未延长劳动时间，有15.9%的女外来务工员享有国家规定的哺乳时间，有29.5%的女外来务工员享有预防和制止性骚扰保护性措施（见表60）。

表60 女外来务工员劳动待遇保护状况

单位：人，%

未因怀孕解除劳动合同		在孕期予以减轻劳动量		在孕期予以安排休息		产前检查纳入劳动时间		享受产假获得生育津贴	
人数	占比	人数	占比	人数	占比	人数	占比	人数	占比
15	34.1	7	15.9	13	29.5	10	22.7	8	18.2
享有生育或者流产费用		哺乳期未延长劳动时间		享有国家规定哺乳时间		预防和制止性骚扰		其他女职工保护性措施	
人数	占比	人数	占比	人数	占比	人数	占比	人数	占比
3	6.8	7	15.9	7	15.9	13	29.5	0	0

从劳动保护范围看，有25.0%的女外来务工员禁忌从事第四级体力劳动强度的作业，有77.3%的女外来务工员在经期禁忌从事冷水作业、低温作业、高处作业、体力劳动，有40.9%的女外来务工员在孕期禁忌从事有毒作业、高温作业、噪声作业、强烈振动作业，有36.4%的女外来务工员在哺乳期禁忌从事有毒物质浓度超过国家职业卫生标准的作业（见表61）。

表61 女外来务工员劳动范围保护状况

单位：人，%

女职工禁忌从事的劳动范围		经期禁忌从事的劳动范围		孕期禁忌从事的劳动范围		哺乳期禁忌从事的劳动范围		其他女职工保护性措施	
人数	占比	人数	占比	人数	占比	人数	占比	人数	占比
11	25.0	34	77.3	18	40.9	16	36.4	2	4.5

(4) 女外来务工员就业稳定程度

从劳动用工形式看,近三成女外来务工员劳动用工形式比较稳定,有29.5%的女外来务工员成为单位正式职工。四成多女外来务工员就业形式也比较灵活,其中灵活就业占25.0%、劳务派遣占18.2%。女外来务工员未享有政府安置,公益性岗位占比为0;以完成一个项目或服务任务为计费单位的占25.0%(见表62)。

表62 女外来务工员就业形式

单位:人,%

单位正式职工		灵活就业		劳务派遣		公益性岗位		完成一项任务	
人数	占比	人数	占比	人数	占比	人数	占比	人数	占比
13	29.5	11	25.0	8	18.2	0	0	11	25.0

从建立劳动关系看,近八成女外来务工员与单位签订劳动合同,其中签订长期劳动合同的占15.9%,签订十年劳动合同的占6.8%,签订五年劳动合同的占2.3%,签订三年劳动合同的占13.6%,签订两年劳动合同的占36.4%;没有签订劳动合同的占到22.7%(见表63)。

表63 女外来务工员签订劳动合同状况

单位:人,%

签订长期劳动合同		签订十年劳动合同		签订五年劳动合同		签订三年劳动合同		签订两年劳动合同		没有签订劳动合同	
人数	占比	人数	占比	人数	占比	人数	占比	人数	占比	人数	占比
7	15.9	3	6.8	1	2.3	6	13.6	16	36.4	10	22.7

从解除劳动关系看,女外来务工员正常解除或终止劳动合同占34.1%,因怀孕、生育、哺乳被辞退或解除劳动合同占22.7%,因经济性裁员(含部分停产)解除劳动合同占11.4%,因停业整顿解除劳动合同占11.4%,因业务转移解除劳动合同占4.5%,因就业性别歧视解除劳动合同占22.7%,因其他方式解除劳动合同占4.5%,因自然减员和关闭破产解除劳动合同占比均为0(见表64)。

杭州不同妇女群体的就业问题研究

表64 女外来务工员解除劳动合同状况

单位：人，%

怀孕、生育、哺乳解除劳动合同		正常解除或终止劳动合同		自然减员解除劳动合同		经济性裁员(含部分停产)解除劳动合同		关闭破产解除劳动合同	
人数	占比	人数	占比	人数	占比	人数	占比	人数	占比
10	22.7	15	34.1	0	0	5	11.4	0	0

停业整顿解除劳动合同		业务转移解除劳动合同		就业性别歧视解除劳动合同		其他方式解除劳动合同	
人数	占比	人数	占比	人数	占比	人数	占比
5	11.4	2	4.5	10	22.7	2	4.5

从就业次数看，三成多女外来务工员职业比较稳定，就业2次及以下，其中就业1次占比22.7%，就业2次占比9.1%。七成多女外来务工员就业3次及以上，其中就业3次占比11.4%，就业4次占比15.9%，就业5次占比18.2%，就业6次占比9.1%，就业7次及以上占比15.9%（见表65）。

表65 女外来务工员就业稳定状况

单位：人，%

就业1次		就业2次		就业3次		就业4次		就业5次		就业6次		就业7次及以上	
人数	占比	人数	占比	人数	占比	人数	占比	人数	占比	人数	占比	人数	占比
10	22.7	4	9.1	5	11.4	7	15.9	8	18.2	4	9.1	7	15.9

（5）女外来务工员就业福利待遇

从积极就业政策实施效果看，女外来务工员以享受社会保险补贴为主，占比45.5%，其他分别为享受小额贷款政策占比2.3%、就业培训补贴占比2.3%、就业介绍补贴占比6.8%、技能鉴定补贴占比2.3%、一定期限的房租补贴占比2.3%、最低生活保障占比22.7%、其他就业补贴占比25.0%，女外来务工员基本未享受灵活就业政策、就业见习补贴、稳定就业补贴和灵活就业补贴（见表66）。

从享有社会保障程度看，女外来务工员以享有城镇居民养老保险为主，占比59.1%，其他分别为享有城镇居民基本医疗保险占比47.7%、参加失业保险并获得失业保险合法权益占比40.9%、参加生育保险并实行生育保险费用

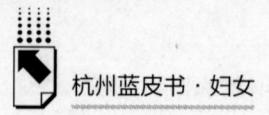

表66 女外来务工员享受的就业政策资助

单位：人，%

社会保险补贴		灵活就业政策		小额贷款政策		就业培训补贴		就业见习补贴		稳定就业补贴	
人数	占比	人数	占比	人数	占比	人数	占比	人数	占比	人数	占比
20	45.5	0	0	1	2.3	1	2.3	0	0	0	0
就业介绍补贴		技能鉴定补贴		一定房租补贴		最低生活保障		灵活就业补贴		其他就业补贴	
人数	占比	人数	占比	人数	占比	人数	占比	人数	占比	人数	占比
3	6.8	1	2.3	1	2.3	10	22.7	0	0	11	25.0

社会统筹占比13.6%、参加工伤保险并享有相关工伤保险待遇占比4.5%、享有住房公积金占比15.9%、参加商业保险占比11.4%，女外来务工员基本未享有城乡社会救助（见表67）。

表67 女外来务工员享有的社会保障状况

单位：人，%

城镇居民养老保险		城镇居民基本医疗保险		失业保险		生育保险	
人数	占比	人数	占比	人数	占比	人数	占比
26	59.1	21	47.7	18	40.9	6	13.6
工伤保险		住房公积金		商业保险		社会救助	
人数	占比	人数	占比	人数	占比	人数	占比
2	4.5	7	15.9	5	11.4	0	0

（6）女外来务工员就业发展状况

从职业发展机会看，女外来务工员以参加再就业或转岗培训为主，占比61.4%，其他分别为就业前培训或见习培训占比36.4%、职业技能或职业鉴定培训占比22.7%、创业知识或创业技能培训占比4.5%、获得职业鉴定晋升途径占比2.3%、获得专业资格晋升途径占比2.3%、获得经营管理晋升机会占比20.5%，女外来务工员基本不参加专业技术培训（见表68）。

从职业技能水平看，三成多女外来务工员获得职业资格证书，其中获得初级职业资格证书或专业资格证书占比15.9%，获得中级职业资格证书或专业

表68　女外来务工员享有的职业培训机会

单位：人，%

就业前培训		职业技能培训		专业技术培训		再就业培训	
人数	占比	人数	占比	人数	占比	人数	占比
16	36.4	10	22.7	0	0	27	61.4
创业技能培训		职业鉴定晋升		专业资格晋升		经营管理晋升	
人数	占比	人数	占比	人数	占比	人数	占比
2	4.5	1	2.3	1	2.3	9	20.5

资格证书占比13.6%，获得高级职业资格证书或专业资格证书占比4.5%；没有获得任何职业资格证书或专业资格证书占比65.9%（见表69）。

表69　女外来务工员享有的职业发展机会

单位：人，%

初级职业、专业资格证书		中级职业、专业资格证书		高级职业、专业资格证书		没有职业、专业资格证书	
人数	占比	人数	占比	人数	占比	人数	占比
7	15.9	6	13.6	2	4.5	29	65.9

（7）女外来务工员就业权益保障

从就业歧视程度看，以性别婚育状况等为由拒绝录用女外来务工员的性别歧视占比29.5%，以外地户口等为由拒绝录用女外来务工员的户籍歧视占比15.9%，以形象劣势等为由拒绝录用女外来务工员的形象歧视占比45.5%，以年龄劣势等为由拒绝录用女外来务工员的年龄歧视占比25.0%，以学历劣势等为由拒绝录用女外来务工员的学历歧视占比43.2%，以流行病或身体特征等为由拒绝录用女外来务工员的健康歧视占比20.5%，以归正人员或农业户口等为由拒绝录用女外来务工员的身份歧视占比31.8%（见表70）。

表70　女外来务工员遭遇的就业歧视

单位：人，%

性别歧视		户籍歧视		形象歧视		年龄歧视		学历歧视		健康歧视		身份歧视	
人数	占比	人数	占比	人数	占比	人数	占比	人数	占比	人数	占比	人数	占比
13	29.5	7	15.9	20	45.5	11	25.0	19	43.2	9	20.5	14	31.8

从职业歧视程度看，女外来务工员签订劳动合同不包含妇女劳动保护内容的合同歧视占比29.5%，未实行男女同工同酬的工资歧视占比15.9%，未实行生育保险或国家规定的妇女福利待遇的福利歧视占比45.5%，以性别为由强迫妇女解除劳动合同、提前退休或者退职的工作歧视占比25.0%，在晋职、晋级、评定专业技术职务等方面未能实现男女平等的晋升歧视占比43.2%，女职工在经期、孕期、产期、哺乳期未能享受特殊保护的劳动歧视占比20.5%，其他方面遭遇过职业歧视占比31.8%（见表71）。

表71 女外来务工员遭遇的职业歧视

单位：人，%

合同歧视		工资歧视		福利歧视		工作歧视		晋升歧视		劳动歧视		其他歧视	
人数	占比	人数	占比	人数	占比	人数	占比	人数	占比	人数	占比	人数	占比
13	29.5	7	15.9	20	45.5	11	25.0	19	43.2	9	20.5	14	31.8

从维护就业权益的法律手段看，女外来务工员通过诉求用人单位，执行《劳动法》《女职工劳动保护特别规定》等占比65.9%；诉求工会，进行工资水平、劳动保护谈判占比18.2%；诉求妇联、残联，遵照劳动定额标准，履行《女职工劳动保护特别规定》占比59.1%；诉求上级行政机关复议，确定工作时间、休息休假、工作环境、工作安全等劳动标准占比25.0%；诉求当地人民法院，发生劳动争议诉求工资、经济补偿、社会保险等内容占比18.2%；诉求劳动争议仲裁机构立案，申请劳动仲裁，如拖欠工资、社会保险、劳动关系等内容占比52.3%（见表72）。

表72 女外来务工员维护就业权益的形式

单位：人，%

诉求单位		诉求工会		诉求妇联		诉求行政		诉求法院		诉求仲裁		其他形式	
人数	占比	人数	占比	人数	占比	人数	占比	人数	占比	人数	占比	人数	占比
29	65.9	8	18.2	26	59.1	11	25.0	8	18.2	23	52.3	0	0

5. 女家政服务员就业状况

女家政服务员是指从事家庭护理、家庭养老、家庭事务等家政服务工作，并在法定经济组织连续工作三个月以上的妇女。本次调查女家政服务员48人，年龄特征以45岁以上为主，占总体样本的43.75%；文化特征以初中及以下为主，占总体样本的83.33%；职业特征以生产、运输设备操作工为主，占总体样本的93.75%；组织特征以私营个体企业为主，占总体样本的95.83%；行业特征以居民服务业为主，占总体样本的83.33%。

本次调查显示女家政服务员就业基本特征如下。①就业机会。就业机会获得途径以行业就业指导中心为主，占比52.1%；公共就业服务以一对一职业指导为主，占比29.2%；就业援助以享有社会保险关系接续援助为主，占比50.0%。②就业收入。平均每月收入为2000~4000元占比79.2%；发生工资拖欠占比47.9%。③就业环境。预防和制止对女职工的性骚扰保护性措施占比43.8%；女职工禁忌从事的劳动范围占比47.9%。④就业稳定。就业方式以灵活就业和完成一个项目或服务任务为主，合计占比72.9%；没有签订劳动合同占比62.5%；正常解除或终止劳动合同占比70.8%；就业3次及以上占比89.6%。⑤就业福利。享有社会保险补贴占比60.4%；参加工伤保险并享有相关工伤保险待遇占比10.4%。⑥就业发展。参加就业前培训占比64.6%；没有获得任何职业资格证书或专业资格证书占比41.7%。⑦就业权益。以性别婚育状况等为由的性别歧视占比47.9%；签订劳动合同不包含妇女劳动保护内容的合同歧视占比50.0%；诉求用人单位，执行《劳动法》《女职工劳动保护特别规定》等占比41.7%。

（1）女家政服务员就业机会获得

从就业机会获得途径看，女家政服务员以行业就业指导中心为主，占比52.1%；街道或社区就业服务机构占比18.8%；人才就业网站占比2.1%。其他就业方式占三成多：社会招聘会或交流大会占比2.1%、亲戚朋友推荐占比20.8%、职业中介组织或机构占比8.3%、电视新闻媒体占比2.1%（见表73）。

从政府提供的公共就业服务看，女家政服务员以一对一职业指导为主，占比29.2%，其他分别为享有政府提供的法律政策咨询占比20.8%、办理社会保险占比25.0%、市场信息发布占比18.8%、职业培训与职业技能鉴定占比8.3%、大型市场招聘等专项活动占比8.3%、零就业家庭就业援助占比16.7%，女家政服务员基本未能享有就业登记和失业管理、档案管理和人力资

表73 女家政服务员就业机会获得途径

单位：人，%

社区就业机构		人才就业网站		社会交流大会		亲戚朋友推荐		报纸杂志媒介	
人数	占比	人数	占比	人数	占比	人数	占比	人数	占比
9	18.8	1	2.1	1	2.1	10	20.8	0	0
电视新闻媒体		网络人才招聘会		行业就业中心		职业中介机构		猎头服务公司	
人数	占比	人数	占比	人数	占比	人数	占比	人数	占比
1	2.1	0	0	25	52.1	4	8.3	0	0

源社会保障事务代理、就业见习、创业咨询与业务、职业介绍等公共就业服务（见表74）。

表74 女家政服务员享有的公共就业服务

单位：人，%

政策咨询		市场信息		职业指导		职业介绍		就业见习		职业鉴定	
人数	占比	人数	占比	人数	占比	人数	占比	人数	占比	人数	占比
10	20.8	9	18.8	14	29.2	0	0	0	0	4	8.3
创业业务		就业援助		社会保险		就业登记		档案管理		市场招聘	
人数	占比	人数	占比	人数	占比	人数	占比	人数	占比	人数	占比
0	0	8	16.7	12	25.0	0	0	0	0	4	8.3

从政府提供的就业援助看，女家政服务员以社会保险关系接续援助为主，占比50.0%，其他分别为职业指导援助占比4.2%、职业技能培训援助占比4.2%、就业信息和公益性岗位援助占比14.6%、劳动保障事务代理援助占比10.4%、低保就业群体援助占比8.3%，女家政服务员基本未享有生活保障援助（见表75）。

表75 女家政服务员享有的政府就业援助

单位：人，%

职业指导		就业岗位		职业技能		社会保障		劳动事务		生活保障		低保援助	
人数	占比	人数	占比	人数	占比	人数	占比	人数	占比	人数	占比	人数	占比
2	4.2	7	14.6	2	4.2	24	50.0	5	10.4	0	0	4	8.3

(2) 女家政服务员就业收入状况

从工资收入状况看,女家政服务员平均每月收入以 2000~4000 元为主,占比 79.2%;月收入为 4000~6000 元的占比 2.1%;月收入在 2000 元以下,但超过当地最低工资标准的占比 6.3%;月收入低于当地最低工资标准的占比 8.3%;月收入为 6000~8000 元的占比 2.1%;月收入在 8000 元以上的占比为 0(见表 76)。

表 76 女家政服务员就业收入状况

单位:人,%

低于最低工资		2000 元以下		2000~4000 元		4000~6000 元		6000~8000 元		8000 元以上	
人数	占比	人数	占比	人数	占比	人数	占比	人数	占比	人数	占比
4	8.3	3	6.3	38	79.2	1	2.1	1	2.1	0	0

从工资收入渠道看,女家政服务员以同工同酬方式获得工资占比 33.3%,获得奖金占比 16.7%,获得加班费占比 16.7%,发生工资拖欠占比 47.9%,女家政服务员基本未实现因解除合同获得经济补偿金、享受积极就业政策补贴、按股权分红、享有企业年金(见表 77)。

表 77 女家政服务员工资收入来源

单位:人,%

同工同酬		工资拖欠		奖金		加班费	
人数	占比	人数	占比	人数	占比	人数	占比
16	33.3	23	47.9	8	16.7	8	16.7
经济补偿金		积极就业补贴		按股权分红		企业年金	
人数	占比	人数	占比	人数	占比	人数	占比
0	0	0	0	0	0	0	0

(3) 女家政服务员就业环境安全

从劳动保护程度看,有 8.3% 的女家政服务员未因怀孕、生育、哺乳而被降低工资或辞退,有 8.3% 的女家政服务员在孕期予以减轻劳动量,有 8.3% 的女家政服务员在怀孕 7 个月以上未延长劳动时间,有 12.5% 的怀孕女职工在劳动时间内进行产前检查,有 10.4% 的女家政服务员享受 98 天产假并享有生育津贴,有41.7%的女家政服务员享有国家规定的哺乳时间,有43.8%的女家政服务员享有预防和制止性骚扰保护性措施,女家政服务员基本未享有女职工生育或者流产的医疗费用以及哺乳期未延长劳动时间的待遇(见表78)。

表78 女家政服务员劳动待遇保护状况

单位:人,%

未因怀孕解除劳动合同		在孕期予以减轻劳动量		在孕期予以安排休息		产前检查纳入劳动时间		享受产假获得生育津贴	
人数	占比	人数	占比	人数	占比	人数	占比	人数	占比
4	8.3	4	8.3	4	8.3	6	12.5	5	10.4
享有生育或者流产费用		哺乳期未延长劳动时间		享有国家规定哺乳时间		预防和制止性骚扰		其他女职工保护性措施	
人数	占比	人数	占比	人数	占比	人数	占比	人数	占比
0	0	0	0	20	41.7	21	43.8	2	4.2

从劳动保护范围看,有47.9%的女家政服务员禁忌从事第四级体力劳动强度的作业,有29.2%的女家政服务员在经期禁忌从事冷水作业、低温作业、高处作业、体力劳动,有35.4%的女家政服务员在孕期禁忌从事有毒作业、高温作业、噪声作业、强烈振动作业,有4.2%的女家政服务员在哺乳期禁忌从事有毒物质浓度超过国家职业卫生标准的作业(见表79)。

表79 女家政服务员劳动范围保护状况

单位:人,%

女职工禁忌从事的劳动范围		经期禁忌从事的劳动范围		孕期禁忌从事的劳动范围		哺乳期禁忌从事的劳动范围		其他女职工保护性措施	
人数	占比	人数	占比	人数	占比	人数	占比	人数	占比
23	47.9	14	29.2	17	35.4	2	4.2	2	4.2

(4)女家政服务员就业稳定程度

从劳动用工形式看,不到一成女家政服务员劳动用工形式比较稳定,有4.2%的女家政服务员成为单位正式职工。六成多女家政服务员就业形式处于不稳定状况,其中灵活就业占37.5%、劳务派遣占22.9%。女家政服务员没有享有政府安置，公益性岗位占比为0；以完成一个项目或服务任务为计费单位的占35.4%（见表80）。

表80 女家政服务员就业形式

单位：人，%

单位正式职工		灵活就业		劳务派遣		公益性岗位		完成一项任务	
人数	占比	人数	占比	人数	占比	人数	占比	人数	占比
2	4.2	18	37.5	11	22.9	0	0	17	35.4

从建立劳动关系看，近四成女家政服务员与单位签订劳动合同，其中签订长期劳动合同占4.2%，签订十年劳动合同的占10.4%，签订五年劳动合同和签订三年劳动合同的占比均为0，签订两年劳动合同的占25.0%；没有签订劳动合同的占到62.5%（见表81）。

表81 女家政服务员签订劳动合同状况

单位：人，%

签订长期劳动合同		签订十年劳动合同		签订五年劳动合同		签订三年劳动合同		签订两年劳动合同		没有签订劳动合同	
人数	占比	人数	占比	人数	占比	人数	占比	人数	占比	人数	占比
2	4.2	5	10.4	0	0	0	0	12	25.0	30	62.5

从解除劳动关系看，女家政服务员正常解除或终止劳动合同占70.8%，因怀孕、生育、哺乳被辞退或解除劳动合同占2.1%，因自然减员解除劳动合同占8.3%，因经济性裁员（含部分停产）解除劳动合同占4.2%，因关闭破产解除劳动合同占8.3%，因停业整顿解除劳动合同占8.3%，因业务转移解除劳动合同占2.1%，因就业性别歧视和其他方式解除劳动合同的占比均为0（见表82）。

从就业次数看，不到两成女家政服务员职业比较稳定，就业2次及以下，其中就业1次占比6.3%，就业2次占比12.5%。近九成女家政服务员就业3次及以上，其中就业3次占比4.2%，就业4次占比52.1%，就业5次占比25.0%，就业6次占比为0，就业7次及以上占比8.3%（见表83）。

表82 女家政服务员解除劳动合同状况

单位：人，%

怀孕、生育、哺乳解除劳动合同		正常解除或终止劳动合同		自然减员解除劳动合同		经济性裁员（含部分停产）解除劳动合同		关闭破产解除劳动合同	
人数	占比	人数	占比	人数	占比	人数	占比	人数	占比
1	2.1	34	70.8	4	8.3	2	4.2	4	8.3

停业整顿解除劳动合同		业务转移解除劳动合同		就业性别歧视解除劳动合同		其他方式解除劳动合同	
人数	占比	人数	占比	人数	占比	人数	占比
4	8.3	1	2.1	0	0	0	0

表83 女家政服务员就业稳定状况

单位：人，%

就业1次		就业2次		就业3次		就业4次		就业5次		就业6次		就业7次及以上	
人数	占比	人数	占比	人数	占比	人数	占比	人数	占比	人数	占比	人数	占比
3	6.3	6	12.5	2	4.2	25	52.1	12	25.0	0	0	4	8.3

（5）女家政服务员就业福利待遇

从积极就业政策实施效果看，女家政服务员以享受社会保险补贴为主，占比60.4%，其他分别为享受就业培训补贴占比8.3%、最低生活保障占比12.5%、灵活就业补贴占比16.7%、其他就业补贴占比4.2%，女家政服务员基本未享受灵活就业政策、小额贷款政策、就业见习补贴、稳定就业补贴、就业介绍补贴、技能鉴定补贴、一定期限的房租补贴等（见表84）。

表84 女家政服务员享受的就业政策资助

单位：人，%

社会保险补贴		灵活就业政策		小额贷款政策		就业培训补贴		就业见习补贴		稳定就业补贴	
人数	占比	人数	占比	人数	占比	人数	占比	人数	占比	人数	占比
29	60.4	0	0	0	0	4	8.3	0	0	0	0

就业介绍补贴		技能鉴定补贴		一定房租补贴		最低生活保障		灵活就业补贴		其他就业补贴	
人数	占比	人数	占比	人数	占比	人数	占比	人数	占比	人数	占比
0	0	0	0	0	0	6	12.5	8	16.7	2	4.2

从享有社会保障程度看，女家政服务员以享有城镇居民养老保险为主，占比58.3%，其他分别为享有城镇居民基本医疗保险占比4.2%、参加失业保险并获得失业保险合法权益占比33.3%、参加生育保险并实行生育保险费用社会统筹占比20.8%、参加工伤保险并享有相关工伤保险待遇占比10.4%、享有住房公积金占比2.1%、参加商业保险占比4.2%、享有城乡社会救助占比20.8%（见表85）。

表85　女家政服务员享有的社会保障状况

单位：人，%

城镇居民养老保险		城镇居民基本医疗保险		失业保险		生育保险	
人数	占比	人数	占比	人数	占比	人数	占比
28	58.3	2	4.2	16	33.3	10	20.8
工伤保险		住房公积金		商业保险		社会救助	
人数	占比	人数	占比	人数	占比	人数	占比
5	10.4	1	2.1	2	4.2	10	20.8

（6）女家政服务员就业发展状况

从职业发展机会看，女家政服务员以参加就业前培训、见习训练为主，占比64.6%，其他分别为职业技能或职业鉴定培训占比18.8%、再就业或转岗培训占比31.3%、创业知识或创业技能培训占比25.0%、获得经营管理晋升机会占比31.3%，女家政服务员基本不参加专业技术培训，也未获得职业鉴定晋升途径和专业资格晋升途径（见表86）。

表86　女家政服务员享有的职业培训机会

单位：人，%

就业前培训		职业技能培训		专业技术培训		再就业培训	
人数	占比	人数	占比	人数	占比	人数	占比
31	64.6	9	18.8	0	0	15	31.3
创业技能培训		职业鉴定晋升		专业资格晋升		经营管理晋升	
人数	占比	人数	占比	人数	占比	人数	占比
12	25.0	0	0	0	0	15	31.3

从职业技能水平看,近六成女家政服务员获得职业资格证书,其中获得初级职业资格证书或专业资格证书占比54.2%,基本没有获得中级职业资格证书或专业资格证书,获得高级职业资格证书或专业资格证书占比2.1%;没有获得任何职业资格证书或专业资格证书占比41.7%(见表87)。

表87 女家政服务员享有的职业发展机会

单位:人,%

初级职业、专业资格证书		中级职业、专业资格证书		高级职业、专业资格证书		没有职业、专业资格证书	
人数	占比	人数	占比	人数	占比	人数	占比
26	54.2	0	0	1	2.1	20	41.7

(7)女家政服务员就业权益保障

从就业歧视程度看,以性别婚育状况等为由拒绝录用女家政服务员的性别歧视占比47.9%,以外地户口等为由拒绝录用女家政服务员的户籍歧视占比31.3%,以形象劣势等为由拒绝录用女家政服务员的形象歧视占比35.4%,以年龄劣势等为由拒绝录用女家政服务员的年龄歧视占比31.3%,以学历劣势等为由拒绝录用女家政服务员的学历歧视占比4.2%,以流行病或身体特征等为由拒绝录用女家政服务员的健康歧视占比41.7%,以归正人员或农业户口等为由拒绝录用女家政服务员的身份歧视占比39.6%(见表88)。

表88 女家政服务员遭遇的就业歧视

单位:人,%

性别歧视		户籍歧视		形象歧视		年龄歧视		学历歧视		健康歧视		身份歧视	
人数	占比	人数	占比	人数	占比	人数	占比	人数	占比	人数	占比	人数	占比
23	47.9	15	31.3	17	35.4	15	31.3	2	4.2	20	41.7	19	39.6

从职业歧视程度看,女家政服务员签订劳动合同不包含妇女劳动保护内容的合同歧视占比50.0%,未实行男女同工同酬的工资歧视占比16.7%,未实行生育保险或国家规定的妇女福利待遇的福利歧视占比14.6%,以性别为由强迫妇女解除劳动合同、提前退休或者退职的工作歧视占比33.3%,在晋职、晋级、评定专业技术职务等方面未能实现男女平等的晋升歧视占比20.8%,

女职工在经期、孕期、产期、哺乳期未能享受特殊保护的劳动歧视占比37.5%,其他方面基本未遭遇过职业歧视(见表89)。

表89 女家政服务员遭遇的职业歧视

单位:人,%

合同歧视		工资歧视		福利歧视		工作歧视		晋升歧视		劳动歧视		其他歧视	
人数	占比	人数	占比	人数	占比	人数	占比	人数	占比	人数	占比	人数	占比
24	50.0	8	16.7	7	14.6	16	33.3	10	20.8	18	37.5	0	0

从维护就业权益的法律手段看,女家政服务员通过诉求用人单位,执行《劳动法》《女职工劳动保护特别规定》等占比41.7%;诉求工会,进行工资水平、劳动保护谈判占比22.9%;诉求妇联、残联,遵照劳动定额标准,履行《女职工劳动保护特别规定》占比43.8%;诉求上级行政机关复议,确定工作时间、休息休假、工作环境、工作安全等劳动标准占比20.8%;诉求当地人民法院,发生劳动争议诉求工资、经济补偿、社会保险等内容占比4.2%;诉求劳动争议仲裁机构立案,申请劳动仲裁,如拖欠工资、社会保险、劳动关系等内容占比31.3%(见表90)。

表90 女家政服务员维护就业权益的形式

单位:人,%

诉求单位		诉求工会		诉求妇联		诉求行政		诉求法院		诉求仲裁		其他形式	
人数	占比	人数	占比	人数	占比	人数	占比	人数	占比	人数	占比	人数	占比
20	41.7	11	22.9	21	43.8	10	20.8	2	4.2	15	31.3	0	0

三 杭州不同妇女群体就业存在的问题

1. 妇女就业机会不充分

不同妇女群体就业渠道存在障碍。本次调查显示,城市妇女通过职业中介组织或机构获取就业机会的比例偏低,只占2.4%;农村妇女基本上不通过网络人才招聘会、职业中介组织或机构获取就业机会,电视新闻媒体、报纸杂志等印刷媒介也没有在促进农村妇女就业中发挥作用；女大学生通过电视新闻媒体、职业中介组织或机构获取就业机会的比例都只占1.4%，即使是行业就业指导中心，也只占5.6%；女外来务工员基本上不通过当地街道或社区就业服务机构、职业中介组织或机构获取就业机会，电视新闻媒体、行业就业指导中心也没有很好地发挥作用；女家政服务员基本上不通过网络人才招聘会、报纸杂志等纸质媒介以及猎头服务公司获取就业机会。

不同妇女群体公共就业服务程度较低。本次调查显示，城市妇女接受法律政策咨询的比例只占1.4%、一对一职业指导只占1.9%、创业咨询与业务只占1.0%，公共就业服务程度较低；女大学生接受职业培训与职业技能鉴定的比例偏低，只占2.8%，就业登记和失业管理也只占2.8%；对于农村妇女、女外来务工员、女家政服务员，基本没有提供一对一职业指导、创业咨询与业务、就业登记和失业管理等公共服务或提供比例较低，更谈不上档案管理和人力资源社会保障事务代理，以及进行职业培训与职业技能鉴定。这说明公共服务均等化还存在很大的差距，特别是对农村妇女、女外来务工员、女家政服务员提供公共服务的能力欠缺，就业机会平等特别是促进妇女就业的各项政策尚未落实。

不同妇女群体就业援助尚未到位。本次调查显示，城市妇女享有社会保险关系接续援助占比6.2%、劳动保障事务代理援助占比5.7%、生活保障援助占比2.4%，就业援助比例偏低；农村妇女享有社会保险关系接续援助、生活保障援助、低保就业群体援助与城镇化进程需求存在较大差距；女大学生劳动保障事务代理援助、生活保障援助、职业技能培训援助尚未完善；女外来务工员基本未享有零就业家庭就业援助，职业技能培训援助比例偏低；女家政服务员基本未享有生活保障援助，职业指导援助非常欠缺。这些都严重影响了妇女就业的稳定。

2. 妇女就业收入偏低

不同妇女群体工资水平偏低，月收入基本上以2000~4000元为主。本次调查显示，城市妇女月收入为2000~4000元占比49.0%；农村妇女月收入为2000~4000元占比42.4%；女大学生月收入为2000~4000元占比45.1%；女外来务工员月收入为2000~4000元占比56.8%；女家政服务员月收入为

2000～4000元占比79.2%。

不同妇女群体工资存在较大差异。本次调查显示，城市妇女月收入为4000～6000元占比22.9%；农村妇女月收入为4000～6000元占比10.5%；女大学生月收入为4000～6000元占比12.7%；女外来务工员月收入为4000～6000元占比2.3%；女家政服务员月收入为4000～6000元占比2.1%。这说明城乡差异带来的外来务工人员工资偏低，女大学生人力资本流失严重，需要建立平等合理的妇女工资收入制度，对从事相同工作、付出等量劳动、取得相同劳绩的妇女，用人单位要支付同等劳动报酬。

不同妇女群体工资标准未按规定执行。本次调查显示，城市妇女月收入低于当地最低工资标准占比6.7%；农村妇女月收入低于当地最低工资标准占比11.9%；女大学生月收入低于当地最低工资标准占比9.9%；女外来务工员月收入低于当地最低工资标准占比31.8%；女家政服务员月收入低于当地最低工资标准占比8.3%。这说明企业或单位没有按照法律规定支付工资不得低于当地最低工资标准，在劳动关系转换的基本程序、多渠道筹集经济补偿金、规范有序地做好劳动关系转换工作等方面有待完善。

不同妇女群体同工不同酬、工资拖欠现象依然存在。本次调查显示，城市妇女同工同酬占比54.3%、工资拖欠占比9.5%；农村妇女同工同酬占比49.5%、工资拖欠占比3.3%；女大学生同工同酬占比42.3%、工资拖欠占比14.1%；女外来务工员同工同酬占比25.0%、工资拖欠占比27.3%；女家政服务员同工同酬占比33.3%、工资拖欠占比47.9%。这说明妇女职工没有权利依法进行集体协商，工会代表与企业协商能力较弱，在工资福利待遇方面没有享有与男性平等的权利。

3. 妇女就业环境不理想

不同妇女群体劳动标准体系不健全。本次调查显示，城市妇女哺乳期未延长劳动时间或者安排夜班劳动占比25.2%；农村妇女怀孕期间进行产前检查，所需时间计入劳动时间占比20.0%；女大学生享有国家规定的哺乳时间占比22.5%；女外来务工员在孕期予以减轻劳动量或者安排其他能够适应的劳动占比15.9%；女家政服务员甚至未享有女职工生育或者流产的医疗费用以及哺乳期未延长劳动时间的待遇。这说明妇女就业没有完善工作时间、休息休假、工作环境、工作安全等特殊保护标准；一些企业的生产监管没有经常化、制度化；同时，各种就业工种准入限制没有按照女职工劳动保护法律规定执行。

不同妇女群体劳动卫生健康未能依法保护。本次调查显示，对于享有预防和制止对女职工的性骚扰保护性措施的比例，城市妇女占比21.9%，农村妇女占比10.5%，女大学生占比35.2%，女外来务工员占比29.5%，女家政服务员占比43.8%。这说明普遍缺乏安全卫生知识的宣传教育，女职工自我保护意识也比较薄弱，并且很多地方尚未将劳动关系以及与劳动关系密切相关的劳动保护、劳动安全卫生、就业培训和劳动争议、劳动监察等关系纳入调整范围，以确立妇女基本劳动制度。妇女职工的合法权益受损，加重了妇女就业的不安全感。

4. 妇女就业状况不稳定

不同妇女群体用工形式不稳定。本次调查显示，城市妇女灵活就业占比20.5%、劳务派遣占比11.9%；农村妇女灵活就业占比45.7%、劳务派遣占比15.2%；女大学生灵活就业占比15.5%、劳务派遣占比33.8%；女外来务工员灵活就业占比25.0%、劳务派遣占比18.2%；女家政服务员灵活就业占比37.5%、劳务派遣占比22.9%。妇女灵活就业、劳务派遣比例较高，加剧了妇女更换工作的频率和就业的不稳定性。城市妇女就业3次及以上占比70.0%；农村妇女就业3次及以上占比59.9%；女大学生就业3次及以上占比38.0%；女外来务工员就业3次及以上占比70.5%；女家政服务员就业3次及以上占比89.6%。妇女就业的不稳定性，严重影响了妇女自身职业的发展，同时也降低了妇女就业的质量。

不同妇女群体劳动合同不规范。本次调查显示，城市妇女没有签订劳动合同占比21.0%；农村妇女没有签订劳动合同占比52.4%；女大学生没有签订劳动合同占比42.3%；女外来务工员没有签订劳动合同占比22.7%；女家政服务员没有签订劳动合同占比62.5%。妇女没有签订劳动合同的比例较大，说明没有按照集体合同条例、劳动合同办法、企业民主管理条例，深入发展妇女劳动关系，妇女尚未获得就业保障、工资谈判、社会对话和社会保障的权利。

不同妇女群体存在非常规裁员风险。本次调查显示，城市妇女因怀孕、生育、哺乳而被辞退或解除劳动合同占比4.8%，因就业性别歧视解除劳动合同占比7.6%；农村妇女因怀孕、生育、哺乳而被辞退或解除劳动合同占比3.3%，因就业性别歧视解除劳动合同占比2.9%；女大学生因怀孕、生育、哺乳而被辞退或解除劳动合同占比4.2%，因就业性别歧视解除劳动合同占比4.2%；女外来务工员因怀孕、生育、哺乳而被辞退或解除劳动合同占比22.7%，因就业性别歧视解除劳动合同占比22.7%；女家政服务员因怀孕、生育、哺乳而被辞退或解除劳动合同占比2.1%，因就业性别歧视解除劳动合同占比为0。这说明工会在与企业签订并履行女职工权益保护专项集体合同方面比较薄弱，依法保障妇女职工知情权、参与权、表达权和监督权存在较大差距。

5. 妇女就业福利有待提高

不同妇女群体参加基本社会保险覆盖面不广。本次调查显示，农村妇女享有城镇居民养老保险占比58.6%、享有城镇居民基本医疗保险占比33.3%、参加失业保险占比32.9%；女外来务工员享有城镇居民养老保险占比59.1%、享有城镇居民基本医疗保险占比47.7%、参加失业保险占比40.9%；女家政服务员享有城镇居民养老保险占比58.3%、享有城镇居民基本医疗保险占比4.2%、参加失业保险占比33.3%。因此，需要贯彻落实《社会保险法》，制定配套法规，为妇女普遍享有生育保险、医疗保险、养老保险、失业保险和工伤保险提供法制保障。妇女基本医疗保险、城镇居民基本医疗保险和新型农村合作医疗尚未全覆盖，需要逐步提高保障水平，确保城乡妇女享有基本医疗保障。

不同妇女群体生育保险、工伤保险比例普遍偏低。本次调查显示，城市妇女实行生育保险费用社会统筹占比38.6%、享有工伤保险待遇占比25.2%；农村妇女实行生育保险费用社会统筹占比24.8%、享有工伤保险待遇占比12.4%；女大学生实行生育保险费用社会统筹占比33.8%、享有工伤保险待遇占比15.5%；女外来务工员实行生育保险费用社会统筹占比13.6%、享有工伤保险待遇占比4.5%；女家政服务员实行生育保险费用社会统筹占比20.8%、享有工伤保险待遇占比10.4%。这说明不同妇女生育保险、工伤保险等多方面出现薄弱环节，妇女社会保障服务还存在差距，需要按照妇女生理特点完善生育保障制度，进一步扩大生育保险覆盖范围，提高参保率。

不同妇女群体社会救助制度尚需完善。本次调查显示，城市妇女享有社会救助占比2.9%；农村妇女享有社会救助占比5.2%；女大学生享有社会救助占比7.0%；女外来务工员基本未享有社会救助；女家政服务员享有社会救助占比20.8%。这说明需要健全妇女在失业状况下的社会救助制度，加大对失业妇女就业援助和社会救济，特别要加大对农村妇女失业的扶持力度，保障农村妇女的资源供给，支持对农村妇女实施扶贫项目，促进不同妇女尽快就业并脱离贫困。

6. 妇女就业发展受到限制

不同妇女群体职业鉴定存在障碍。本次调查显示，城市妇女获得职业鉴定晋升途径占比19.0%；农村妇女这一比例偏低，占比6.7%；女大学生获得职业鉴定晋升途径占比26.8%；女外来务工员获得职业鉴定晋升途径占比2.3%；女家政服务员基本未获得职业鉴定晋升途径。这说明妇女职业技能鉴定尚未普及，妇女技术工人铺平从初级工、中级工、高级工到技师、高级技师的成长通道尚未形成。需要实施特别就业培训计划，开发适合妇女职业发展需要的培训项目。

不同妇女群体职业晋升存在障碍。本次调查显示，城市妇女没有获得任何职业资格证书或专业资格证书占比34.8%；农村妇女没有获得任何职业资格证书或专业资格证书占比10.0%；女大学生没有获得任何职业资格证书或专业资格证书占比29.6%；女外来务工员没有获得任何职业资格证书或专业资格证书占比65.9%；女家政服务员没有获得任何职业资格证书或专业资格证书占比41.7%。这说明广大妇女的科学文化水平和职业技能还存在很大差距，妇女技能人才的培养、评价、激励等政策需要落实，要加大对妇女的职业技能培训力度，提高初级、中级、高级技能劳动者中的女性比例。

7. 妇女就业权益有待强化

不同妇女群体经历各种就业歧视。本次调查显示，以年龄劣势等为由拒绝录用城市妇女的年龄歧视最为严重，占比37.1%；以性别婚育状况等为由拒绝录用农村妇女的性别歧视最为严重，占比33.8%；以性别婚育状况等为由拒绝录用女大学生的性别歧视最为严重，占比49.3%；以形象劣势等为由拒绝录用女外来务工员的形象歧视最为严重，占比45.5%；以性别婚育状况等为由拒绝录用女家政服务员的性别歧视最为严重，占比47.9%。

不同妇女群体经历各种职业歧视。本次调查显示，城市妇女在晋职、晋级、评定专业技术职务等方面未能实现男女平等的晋升歧视最为严重，占比

35.2%；农村妇女未实行男女同工同酬的工资歧视最为严重，占比51.4%；女大学生未实行男女同工同酬的工资歧视最为严重，占比50.7%；女外来务工员未实行生育保险或国家规定的妇女福利待遇的福利歧视最为严重，占比45.0%；女家政服务员签订劳动合同不包含妇女劳动保护内容的合同歧视最为严重，占比50.0%。

不同妇女群体维护就业权益弱化。本次调查显示，城市妇女诉求上级行政机关复议，确定工作时间、休息休假、工作环境、工作安全等劳动标准占比32.4%；农村妇女诉求劳动争议仲裁机构立案，申请劳动仲裁，如拖欠工资、社会保险、劳动关系等内容占比34.3%；女大学生诉求用人单位，执行《劳动法》《女职工劳动保护特别规定》等占比67.6%；女外来务工员诉求劳动争议仲裁机构立案，申请劳动仲裁，如拖欠工资、社会保险、劳动关系等内容占比52.3%；女家政服务员诉求劳动争议仲裁机构立案，申请劳动仲裁，如拖欠工资、社会保险、劳动关系等内容占比31.3%。这说明快速受理妇女劳动争议、经济补偿、社会保险等存在较大障碍。

四 促进妇女就业的对策建议

"十二五"时期，妇女就业形势严峻。一方面，劳动力供大于求的格局并未改变。杭州地区妇女就业压力加大，预计每年大中专毕业生就业人数在15万人左右，外来农民工15万人左右，产业结构升级失业10万人左右，城镇化农村劳动力转移就业5万人左右，城镇新增劳动力供给稳定在40万~45万人。如果经济增长速度保持在8%左右，按照"十一五"期间的就业弹性，大致每年可新增就业岗位15万个，政府部门促进就业岗位20万个左右；整个"十二五"期间，每年劳动力供大于求，缺口在5万~10万人。另一方面，劳动力供求结构发生新变化，企业"招工难"与劳动者"就业难"问题显现，女大学生就业与城市妇女下岗并存、农村妇女就业转移与新生代农民工妇女就业交织，迫使妇女就业困难，妇女失业有上升的趋势。

1. 增加就业机会，促进妇女充分就业

建立妇女平等就业制度。按照上位法和部颁规定，对妇女平等就业权立法进行延伸和细化,树立妇女就业主体地位,不仅要规范招聘录用环节不得歧视,而且要细化规定就业中介活动不得歧视,就业政策制定过程中不得歧视农村进城就业妇女,为建立市场经济条件下的平等就业权提供法律依据。

提供妇女平等就业机会。按照"基本、平等、普遍、均衡"的要求,健全市场服务制度,以方便服务对象为目标,实施就业指导、就业介绍、就业培训、社会保险、劳务派遣、档案托管、人力资源开发、劳动监督等一体化的就业服务体系,发挥"下岗职工再就业""就业援助月""春风行动""民营企业招聘周""高校毕业生就业服务月"等公共就业服务的品牌效应,保证妇女就业机会平等。

实施公共就业服务均等化。制定有利于就业机会均等、有利于消除就业性别歧视的各项政策,完善人力资源空岗报告制度、招聘广告审批制度、就业介绍许可证制度、录用登记备案制度,加大对农村妇女的扶持力度。各单位在录用职工时,除不适合妇女的工种或者岗位外,不得以性别为由拒绝录用妇女或者提高对妇女的录用标准。一是应招机会均等。凡是具有劳动权利能力和劳动行为能力的人,都应当有报名应招的机会,不应有性别等方面的限制。二是录用标准平等。对不同的劳动者制定统一、合理的录用标准,保证妇女在参与就业的起点上达到平等。

2. 实施同工同酬,促进妇女工资增长

依法推进企业工资制度改革。稳步推进妇女参与生产要素分配制度,完善劳动力市场工资指导线制度,注重妇女劳动力市场工资指导价位制度,推行企业工资支付管理办法,切实解决妇女工资偏低、工资拖欠等问题。建立行业人工成本信息指导制度,加快建立妇女工资集体协商机制,规范企业工资支付行为,继续完善企业工资指导线和工效挂钩办法,并使妇女按资本、技术、经营管理等生产要素参与同等分配,加强对企业工资分配指导和调控,逐步形成妇女按生产要素分配的收入分配体系。

全面落实男女同工同酬。企业支付给妇女职工的工资不得低于当地最低工资标准。落实妇女最低工资待遇标准,对从事相同工作、付出等量劳动、取得相同劳绩的劳动者,用人单位要支付同等劳动报酬。允许妇女工资集体协商,依据企业的生产经营规模和实际生产经营业绩，建立企业、妇女、工会劳动关系三方工资协调机制，由妇女工会代表对企业工资水平的确定、劳动条件的改善、集体福利的提高、企业精减职工等进行谈判，使劳资双方在实力上取得平衡。

3. 加强劳动保护，改善妇女就业环境

细化和延伸女职工劳动保护法律法规，加强法律法规和安全卫生知识的宣传教育及培训，提高女职工自我保护意识。健全劳动标准体系，适时修订完善工作时间、休息休假、工作环境、工作安全、女职工和未成年工特殊保护等标准；实现对企业生产监管的经常化、制度化，并且将劳动关系以及与劳动关系密切相关的劳动保护、劳动安全卫生、就业培训、劳动争议、劳动监察等关系纳入调整范围，确立妇女基本劳动制度；逐步取消各种就业工种准入限制（国家规定需持就业资格证书的工种除外），在行业定额标准出台前，妇女职工可以依法按照集体协商机制，由工会代表员工与企业协商本企业合理的工时定额标准，通过专项集体合同来保障妇女职工的合法权益。

将妇女就业环境纳入政府行政执法和劳动监察范围，建立妇女就业质量评估体系，发挥公共就业服务功能，实施对不同妇女群体就业状况进行监测，包括就业机会、社会保障、劳动收入、职业安全、就业稳定、就业能力、权益保障，对政策覆盖的广泛性、生理特征的复杂性、就业维权的重要性进行评估。对妇女就业环境实施提前干预，加强对就业市场的监督检查，增加禁止就业歧视条款的数量，明确隐性的就业歧视现象，如政策性歧视、招聘广告歧视、就业中介歧视，规定禁止用人单位在招工广告中使用排斥某一性别的表述，或是基于与工作无关的容貌或身体情况提出招工方面的特殊要求等。

4. 规范劳动合同，促进妇女就业稳定

完善妇女就业政策援助。落实积极就业政策资助、社会保险补贴、灵活就业政策、小额贷款政策、就业培训补贴、就业见习补贴、稳定就业补贴、就业介绍补贴、技能鉴定补贴、一定期限的房租补贴、最低生活保障、灵活就业补贴。完善工资保证金、欠薪应急周转金和农民工记工考勤卡"两金一卡"制度，清偿欠薪的工程总承包企业负责制、拒不支付劳动报酬的行政司法联动打击制度、政府属地管理负责制等制度。加大企业工资支付保障工作力度，开展"低收入农户奔小康工程""城镇低收入家庭增收工程"，提高妇女就业收入。

加强失业妇女就业援助。提供职业指导援助、就业信息和公益性岗位援助、职业技能培训援助、社会保险关系接续援助、劳动保障事务代理援助、生活保障援助、低保就业群体援助，落实公益性岗位政策，扶持大龄、残疾等就业困难妇女就业。认真落实有关法律规定，支持生育妇女重返工作岗位。按规定落实社会保险补贴、培训补贴、小额担保贷款贴息等就业扶持政策，帮助失业妇女创业和再就业。

5. 推行集体协商，提高妇女就业待遇

按照集体合同条例、劳动合同办法、企业民主管理条例，深入发展和谐劳动关系，对劳动关系转换的基本程序、多渠道筹集经济补偿金、规范有序地做好劳动关系转换工作等做出规定。引导妇女获得就业保障、工资谈判、社会对话和社会保障的权利。加大劳动合同、工资支付、劳动行为和社会保险等法律责任，重点解决小企业特别是农民工劳动合同签订率偏低问题，力争所有企业与职工普遍签订劳动合同，保障妇女的合法权益。

加强妇女社会保障法制建设。贯彻落实《社会保险法》，制定配套法规，为妇女普遍享有生育保险、医疗保险、养老保险、失业保险和工伤保险提供法制保障。提供妇女社会保障服务，完善生育保障制度。完善城镇职工生育保险制度，进一步扩大生育保险覆盖范围，提高参保率。以城镇居民基本医疗保险、新型农村合作医疗制度为依托，完善城乡生育保障制度，覆盖所有城乡妇女。确保城乡妇女享有基本医疗保障，继续扩大城镇职工基本医疗保险、城镇居民基本医疗保险和新型农村合作医疗覆盖面，逐步提高保障水平。

6. 强化就业能力，建立妇女晋升渠道

发展妇女教育培训事业，提高广大妇女的科学文化水平和职业技能。完善技能人才的培养、评价、激励等政策，加大对妇女的职业技能培训力度，提高初级、中级、高级技能劳动者中的女性比例。引导妇女积极参与科学研究和技术领域的发展，为她们成长创造条件。进一步完善就业技能鉴定和就业资格证书制度，为妇女技术工人铺平从初级工、中级工、高级工到技师、高级技师的成长通道。实施特别就业培训计划,大力培养妇女使其成为为经济转型升级服务的创新型高层次人才,同时鼓励技工院校、就业院校、培训学校和企业进行合作的财政、税收优惠政策,开发适合妇女职业发展需要的培训项目。贯彻"资源共享、优势互补、责任同担、利益共享"的原则,推动技工院校加快校企合作培养妇女人才工作,主动适应市场变化,拓宽妇女各类人才培养渠道。

7. 畅通司法救济,维护妇女就业权益

完善妇女平等就业法律规定,确保妇女平等获得法律救济。严格执行《劳动法》《就业促进法》《劳动合同法》《女职工劳动保护特别规定》等法律法规,保障女职工劳动权益。不断完善女职工劳动保护法律法规,加强法律法规和安全卫生知识的宣传教育及培训,提高女职工自我保护意识。规范企业用工行为,提高企业劳动合同签订率,推进已建工会的企业签订并履行女职工权益保护专项集体合同,依法保障妇女职工的知情权、参与权、表达权和监督权。

依法处理侵犯妇女就业权益案件。规范用人单位妇女权益,执行《劳动法》《女职工劳动保护特别规定》等法律法规;强化工会组织作用,进行工资水平、劳动保护谈判;发挥妇联、残联作用,遵照劳动定额标准,履行《女职工劳动保护特别规定》;劳动行政部门加强政策落实,确定工作时间、休息休假、工作环境、工作安全等劳动标准;人民法院简化诉讼程序,快速受理劳动争议诉求工资、经济补偿、社会保险等内容;强化劳动争议仲裁机构立案,申请劳动仲裁,如拖欠工资、社会保险、劳动关系等内容,保障妇女平等享有劳动权利,维护妇女劳动和社会保障权益,促进妇女平等就业和就业稳定。

禁止妇女就业歧视和职业歧视。充分发挥用人单位、行业协会、工会、妇联、残联、上级行政机关、当地人民法院、劳动争议仲裁机构等的作用,加强对妇女就业、劳动报酬、休息生育、职业培训、劳动保护、社会保障、劳动福利、劳动争议等的维护,对不同层次上雇员的性别比较为合理的企业给予奖励,对忽视女性就业稳定甚至设置障碍和歧视的企业给予惩罚。加大劳动保障监察执法力度,依法查处用人单位和职业中介机构的性别歧视行为。消除社会上实际存在的妇女等级划分,如性别歧视、年龄歧视、学历歧视、经验歧视、户籍歧视、健康歧视、地域歧视，引导供求双方调节人力资源的生产、供给和需求关系，促进妇女平等就业和职业发展。

参考文献

［1］陈月新：《欧盟国家妇女非正规就业的发展及其对我国妇女就业的启示》，《妇女研究论丛》2001年第1期。

［2］关凤利、孟宪生：《贸易自由化对发展中国家女性就业影响研究述评》，《财经科学》2006年第11期。

［3］蒋永萍：《重建妇女就业的社会支持体系》，《浙江学刊》2007年第2期。

［4］孔静珣：《美国妇女就业问题研究》，《中华女子学院山东分院学报》2010年第2期。

［5］李军峰：《就业质量的性别比较分析》，《市场与人口分析》2003年第6期。

［6］李树茁、马库斯·费尔德曼、朱楚珠：《中国农村妇女就业与生育行为比较研究》，《人口与经济》1998年第1期。

［7］潘锦棠：《经济转轨中的中国女性就业与社会保障》，《管理世界》2002年第7期。

［8］孙良媛、李琴、林相森：《城镇化进程中失地农村妇女就业及其影响因素——以广东省为基础的研究》，《管理世界》2007年第1期。

［9］孙晓梅：《90年代城市妇女就业研究热点综述》，《中国妇女报》1997年1月23日。

［10］王歌雅：《性别排挤与平等追求的博弈——以女性劳动权益保障与男性家庭责任意识为视角》，《北方法学》2011年第6期。

［11］王继承、王辉：《就业质量是当前影响劳动关系和谐的主要矛盾》，《中国经济时报》2012年11月14日。

［12］王思梅、胡新颖：《城市妇女就业动机与生育期间的就业意愿》，《浙江学刊》1997年第5期。

［13］王晓焰：《英国社会转型时期妇女就业地位边缘化的成因》，《西南民族大学学报》（人文社科版）2007年第8期。

［14］杨静：《社会转型时期美国女性就业特征与影响（1870~1920）》，《史学集刊》2012年第4期。

［15］尹小平、赵儒煜：《高龄化与日本女性就业》，《外国问题研究》1998年第3期。

［16］张丽霞：《试论我国妇女就业权的法律保护》，《河南大学学报》（社会科学版）2004年第1期。

B.3 杭州妇女就业状况与社会地位变化的关联性研究

朱 静*

摘 要： 妇女就业的状况，不但影响了她们在生产劳动中的作用与贡献，同时因为就业所带来的经济收入不同，也影响了她们在社会分配中的阶层位置。本文通过对杭州市妇女就业现状的实证研究，揭示了妇女社会地位与其就业的状况直接相关联。与1990年、2000年的数据相比，近年来杭州市就业妇女的经济地位、政治地位、教育地位、家庭婚姻地位和健康地位都有了明显的提高。但就目前而言，受经济转型不完善、市场发展不平衡的影响，杭州市妇女的再就业率降低，再就业困难；女性群体内部的社会地位因为就业的变化而发生分化，相互间的差距在不断扩大；与男性相比，男性优先享有更多的资源和机会，男女两性在各个阶层中的比例具有不同的走向。为此，需要从政策制度和个人层面为女性的充分就业提供保障，抵制和消除妇女在就业过程中受到的歧视和偏见，促使妇女的社会地位在社会职业结构中得到提升。这样，妇女就业和再就业就能获得一个良好的社会文化环境，从而最终实现杭州市妇女、经济和社会三者的和谐发展。

关键词： 妇女就业　社会地位　实证研究

---

* 朱静，博士、副教授，浙江理工大学社会工作系副主任，主要研究方向：文化社会学、社会流动和分层。

一 引言

妇女就业是社会发展的需要,也是妇女自身解放的一个必要条件。恩格斯曾指出,"妇女解放的第一个先决条件就是一切女性重新回到公共的事业中去"。① 妇女就业是妇女获得经济地位、政治地位、教育地位、婚姻家庭地位等社会地位的基本保障。在国家统计局发布的《第三期中国妇女社会地位调查主要数据报告》中,居女性社会地位衡量指标体系首位的经济指标就是就业。因此,通过研究女性的就业问题来考察女性社会地位的变化变得极具意义,不仅能反映一定时期男女平等的程度,同时也能体现社会进程中女性的发展状况,成为各个历史时期党和政府社会发展目标的重要内容、和谐社会的重要标志、"男女平权"之基石。

随着生产力水平的不断提高和科技的进步,社会生产为拥有与男子同样智力的妇女提供了越来越多的工作机会,但同时女性在劳动力市场中仍处于相对弱势的地位,男女平等就业的目标在任何一个国家都没有彻底实现。自改革开放以来,中国社会发生了深刻的变化。伴随着经济制度的转轨和传统的父系父权制家庭观念的淡化,社会的利益格局发生了巨大的调整,这些无疑对包括妇女在内的全体社会成员的观念、行为和地位产生了深刻的影响。② 妇女就业的状况,不但影响了她们在生产劳动中的作用与贡献,同时因为就业能带来经济收入,也影响了她们在社会分配中的阶层位置。

在联合国千年发展目标国际会议上,《中国实施千年发展目标进展情况报告》对中国的整体就业形势持乐观态度,但对当前女性的就业现状提出了坦率的警示。另据联合国开发计划署公布的 GDI(性别发展指数)和 GEM(性别赋权测量)排名分析,近年来中国女性的就业质量和地位等级有所下降。无疑,市场机遇打开了社会经济流动的新渠道,促使机会分布更均等,女性成

---

① 《马克思恩格斯选集》第四卷,人民出版社,1995,第72页。
② 蒋永萍:《中国性别平等状况及性别平等政策推进》,全国妇联妇女研究所(PPT),2011。

为市场中的受益群体，[1] 但这也使得女性就业对其社会地位变化的影响更需要得到广泛的关注。

国内有关社会阶层结构在转型期的研究显示，最具优势的三个阶层包括国家与社会的管理者、私营企业主和经理人员，他们都以男性为主，男性占到这三个阶层总人数的75%。中间阶层主要包括办事人员和专业技术人员，其中男女分布相对较为平均，但具体来看，中上层中男性比例较高，而中下层中女性所占的比例较高。在较低的阶层中，商业、服务业人员的男女性别分布较平均，但男性产业工人占产业工人总数的60%，而无业、半失业、失业人员中女性的比例占到70%～80%，远远高于男性。[2] 也就是说，社会阶层结构中男性的比例分配更趋向于"橄榄"型，而女性的阶层结构则更趋向于"金字塔"型，这意味着当前的职业分化和阶层分化受到了性别因素的影响，存在着明显的性别阶层分化现象。

由此可知，我国的经济转型、政治转型为女性的就业和发展提供了比以往任何时候都多的机遇，但同时这种新形势也向妇女提出了新的挑战。客观、公正地看待和评价妇女的就业现状及其对妇女社会地位的影响，是国内学术界一直没有定论的一个难题和长期研究的课题。具体而言，相关的理论和调查研究都在尝试探讨这样几个问题：市场机制导入后是否必然会引起男女性别利益的分化？在社会结构变迁中，不同女性就业群体社会地位变化的特点和趋势是什么？与10年前，甚至20年前相比，女性的社会地位是否因为就业的变化而缩小了差距或者扩大了差距？

就目前国内外的研究而言，有关妇女就业和社会地位方面的讨论呈现以下特点。首先，定量研究较少，定性研究较多；用综合性指标体系说明的较少，用单一指标考察的较多；对妇女社会地位总体及其各组成部分分别进行评价的较少，总体笼统评价的较多。其次，在对有关妇女就业所引起的社会地位变化的讨论中，对这种变化的状态进行研究的较少；孤立地考察妇女社会地位变化的较多，进行男女两性间变化比较的较少。

---

[1] 侯慧丽：《市场转型时期农村迁移女性的职业地位获得——对五城市流动人口移民社区的研究》，《市场与人口分析》2005年第1期。
[2] 蒋永萍：《中国性别平等状况及性别平等政策推进》，全国妇联妇女研究所（PPT），2011。

鉴于研究中的这些不足，全国妇联和国家统计局联合于1990年、2000年、2010年进行了三期各省市妇女社会地位的调查和研究。这项研究对男女之间在资源分配中的结构进行量化对比，对妇女社会地位进行了历史、省际和群际比较，描述和反映了当代中国妇女社会地位的变迁状况及差异变化。[①] 虽然这三期调查都涉及杭州市的情况，但没有将杭州市作为单独的研究对象，因而无法清晰地反映杭州市妇女就业状况与社会地位的变化。另外，在讨论妇女社会地位的各个评价指标时，没有单独探讨就业与社会地位之间的关系，因此需要进一步具体而深入的研究，从而提供一个城市的经验研究。

本文试图通过实证研究，对杭州市妇女就业现状进行剖析，根据不同职业、不同群体和不同时期的妇女就业状况，探讨其与女性社会地位变化之间的关系，深入细致地把握杭州市妇女总体的社会地位变化，发现女性就业中需要解决的重点问题和突出问题，为政府部门提供切实可行的策略参考，改善和优化女性就业状况，最终实现杭州市妇女、经济和社会三者的和谐发展。

二 概念、理论背景及相关议题

1. 妇女就业和社会地位的概念辨析

就业一般被界定为：具有劳动能力的人，运用生产资料从事合法社会劳动，并获得相应的劳动报酬或经营收入的经济活动。[②] 换言之，就业是劳动力资源进入职业岗位的过程，是劳动力资源与物质资源在一定工作单位、一定岗位上结合的状态。如果做进一步的分析，可以通过三个方面进行界定：①就业条件，是指年龄、性别等从业人员的基本信息；②收入条件，是指获得一定的劳动报酬或经营收入；③时间条件，即每周工作时间的长度。因此，女性就业，就是女性进入劳动力市场谋得职业并获得劳动报酬的过程。一些学者由此提出了女性就业的理想模式，这种模式突出强调女性就业的平等性、广泛性、

[①] 全国妇联妇女研究所课题组：《中国社会转型中的妇女社会地位》，中国妇女出版社，2006，第2页。
[②] 叶文振主编《女性学导论》，厦门大学出版社，2006，第201页。

安全性、系统性和认识上的一致性的统一。①

受制度、观念、习俗、传统,甚至身体条件等因素的影响,女性在就业过程中常常遭遇歧视、不平等对待。这些不仅影响到女性是否就业、在哪些领域就业、是否获得与男性同等的工资及晋升机会等,而且也衍生出了女性的社会资源占有、社会权利的实现、被社会认可的程度,以及是否获得与男性平等的权利、拥有独立的人格等问题。这必然会涉及另一个要考察的变量——妇女社会地位。

所谓社会地位,是指一个人或一个群体在社会层次结构中所处的位置。如何去认识和评估妇女这个群体的社会地位,在学术界还没有一个通用的界定,大多数研究都是从妇女人口的某个侧面进行的。概括起来主要有四种观点:作用权力说,强调妇女在社会或家庭中所起的作用、所拥有的权力以及由此所享有的威望(单艺斌,2000);资源权力说,强调妇女在社会或家庭中享有的威望以及拥有与控制资源的权力;相对位置说,强调由文化所规范了的性别关系和结构中妇女相对于男性的位置(杜芳琴,1993);此外,相对于"三权说",有学者提出妇女享有各种资源的支配权,享有在社会和家庭事务决策中的独立自主权,从而在社会其他方面受到优待或压迫等(Dixon,1978;Mason,1986)。据此可知,较一般社会群体的地位测量而言,妇女这个群体既分属于各个阶层、各个阶级,同时又因为性别的同一性而存在着某些共同的境遇与利益。因此,妇女社会地位的高低其实是一个多因素影响的结果。她们在社会关系和社会结构中占据独特的位置,同时又处在一个相对的位置上,如果没有男性做参照,就很难衡量女性社会地位的高低。

一言以蔽之,妇女的社会地位,既包括妇女在经济、政治、社会、文化及家庭生活等各方面的地位,又包括妇女所拥有的财产、权力、职务、受教育程度、履行的责任和义务、社会对妇女的主观评价和态度,以及妇女自我认知的程度等。② 为此,女性要实现与男性在社会地位上的平等,就要以政治上的依托和法律上的保障为基准,以经济上的自立为基础,以教育上的自修为前提,

---

① 林志斌:《性别与发展》,中国农业大学出版社,2001,第100~106页。
② 浙江省妇联、浙江省妇女研究会编《走向现代化的浙江妇女》,中国妇女出版社,2013,第70页。

以婚姻家庭中的支持为后盾，以体质上和心理上的健康为资本。① 依据这个理解，可以将妇女社会地位的测量按照法律地位、政治地位、经济地位、教育地位、婚姻家庭地位和健康地位六个方面进行具体划分。作为妇女社会地位考察的重要指标，妇女就业状况在一定程度上影响了其法律地位、政治地位、经济地位、教育地位、婚姻家庭地位及健康地位。为此，妇女就业就不再是简单的经济问题，实质上，它体现了一个时期男女平等的程度，反映了社会阶层结构的变化，事关改革、发展与社会稳定。

2. 妇女就业对社会地位影响的就业歧视论

在有关就业与社会地位论题的讨论中，学者们普遍认同"传统社会中妇女很少拥有自己独立的经济能力，导致她们的社会地位低下"。马克思、恩格斯从生产力和生产关系的角度解释男女地位不平等的根源。女性由于体力弱，在农业生产中无法获得与男性同样的财富，由此男性依靠体力上的优势，开始拥有私有财产，获得了家庭、社会中的较高地位，父系父权的制度通过文化得以巩固和延续。随着工业化和自动化技术的发展，女性进入职场，她们与男性之间的劳动分工仍然维持了原有的性别分工。妇女的这种从属地位加剧了她们在家庭中的从属性，而在家庭中的从属性反过来又加剧了她们在劳动力市场中的从属地位（李银河，1997）。特别是在当前全球就业难的情况下，女性在就业中受到的挑战更加严峻，性别歧视几乎存在于女性就业的各个阶段。因此，多年来大量学者从经济发展、生产方式变革的视角对就业中的性别歧视展开讨论。其中比较有影响的理论有劳动力市场歧视理论、人力资本理论以及社会性别理论。

（1）劳动力市场歧视理论，也称为雇主歧视理论。按照劳动经济学的解释，个人在劳动力市场上的价值取决于影响边际生产率的所有供给和需求因素。一旦种族、性别和宗教等与生产率无关的因素在劳动力市场上获得了正面的或负面的价值，那么歧视现象就一定会发生。② 雇主的性别偏见可能表现为对被雇用者的性别、外表、习惯等不喜欢甚至反感而不雇用这些人，或者将她们分配到一些层次较低或从属性的工作岗位上。实际上，在劳动力市场歧视理

---

① 单艺斌：《妇女社会地位评价方法研究》，东北财经大学博士学位论文，2000，第269页。
② 单艺斌：《妇女社会地位评价方法研究》，东北财经大学博士学位论文，2000，第89页。

论看来，雇主的这些雇用行为还受到就业政策、劳动力市场供求状况、就业信息提供、社会保障制度以及工会力量等社会经济条件的影响。

当出现劳动力供大于求时，雇主们在雇用时更愿意选择男性，因为他们的身体等客观条件确实要比女性强。当雇主不能完全掌握劳动力市场的信息时，有可能根据平均水平假定女性生产力低于男性，因此雇用她们的工资较低（林志斌，2001）。这相应出现了职业和收入两种歧视。雇主可能会以明确的理由对妇女进行区别对待，也可能表面持中立的态度，但在实际中却表现出对妇女的不平等对待。在一些企业，还会出现这样的情况：被雇用的大多数男性工人因偏见而不愿意与女性工人合作，从而使得雇主对女性雇员产生歧视。雇主如果雇用了女性，他们就要因此承担更多的雇用成本；如果不雇用女性，他们又要承受来自社会、法律的压力。其结果是雇主很可能减少雇用女性或降低雇用女性的工资。学者贝克尔将这种现象称为"多数人对少数人的歧视"。无论是雇主的歧视行为还是雇员的歧视行为，表面上是一种劳动力买卖行为的体现，实质上是不同所有者之间的利益对抗，这类就业中的性别歧视受劳动力市场的影响，但却很难简单地依靠市场机制来解决。

（2）人力资本理论。美国经济学家舒尔茨和贝克尔为了能更好地研究市场中劳动力本身的影响因素，在20世纪60年代提出了人力资本的概念。人力资本是相对于物质资本而言的，它由人的天赋才能与后天投资所形成的知识和技能等有机组合而成，包括教育、职业培训、健康及营养等方面的费用。单从个体劳动者来看，个体的人力资本含量越高，劳动生产率就越高，边际产品价值也就越大；反之，个体的人力资本含量越低，劳动生产率就越低，边际产品价值也就越小。由此可推断：在劳动力市场上，含有较高人力资本的劳动者显然会获得较好的工作待遇，如进入管理岗位、专业技术岗位或获得较高的收入，这就是所谓的"帕累托最优"。如此，如果妇女拥有较高的人力资本量，其社会地位自然也就较高。事实上，尽管女性也得到教育和其他花费，但这似乎在人力资本的核算中毫无地位。① 这源于男女两性在生活方式上的不同，从

---

① 全国妇联妇女研究所课题组：《中国社会转型中的妇女社会地位》，中国妇女出版社，2006，第35页。

而极大地影响了他们在人力资本上的投资。第一，男性期望不间断地工作，希望对自己进行持续性的人力资本投资，以增加工作技能，使工资率上升，并对整个生命周期产生正面的影响。而女性由于要承担家庭管理和养育孩子的责任，在劳动力市场上的就业就变成阶段性的，因此在人力资本投资上也就具有阶段性的特点。其结果是，雇主更愿意对男性劳动力进行职业技能培训或专业技术培训。第二，妇女因为怀孕、生育、照料子女等原因可能会暂时退出劳动力市场，当她们从养育孩子中获得更多的自主时间，重新回到劳动力市场后，原有的人力资本往往因"生锈"而减少甚至失去作用，这就造成男女两性在劳动生产率、职业选择、收入分配等方面存在明显的差异。第三，由于身体本身等原因，女性选择工作的范围相对狭窄，人力资本增加的途径由此受到限制，这也决定了她们大多集中在技术含量相对较低的行业或回到先前从事过的职业中，改变职业地位和经济地位的可能性小于男性。因此，在人力资本投资上形成的性别差异，造成了女性在劳动力市场上的劣势地位，从而使得她们的社会地位受到影响。

（3）社会性别理论。受法国女权主义运动的影响，社会性别理论反对以传统"生物决定论"来解释男女地位的差别，试图从制度的背景解析男女两性在劳动力市场中的差异。女性在社会地位上低于或劣于男性，不是先天或生物性遗传的原因造成的，而是后天社会文化环境因素造成的。准确地说，基于生理差别的性别分层是人类文化刺激下男女对生理因素的反应和调试（孙戎，1997）。对社会性别理论而言，男性之所以能够在劳动力市场上保持优势，甚至获得高于他们自身价值的社会认可度，是因为社会文化环境为他们做出了位置安排。同样的，女性创造的劳动生产率价值遭到贬低，发展机会明显少于男性，也是社会文化因素造成的。即便在发达国家，女性因为经济发展而获得了相对于发展中国家女性更多的就业机会，但行业隔离、职业隔离的现象也依然存在，分配的尺度向男性倾斜，社会和雇主并没有因为女性生育、哺乳等特殊情况而降低她们的工作标准，这些特殊的情况反而成为女性不被雇用或少薪的理由。社会学家帕森斯将这种文化总结为"男人挣面包，女人治理家"的核心家庭文化。

这三种理论在特定时期和特定场合下都具有一定的解释力。劳动力市场歧视理论和人力资本理论的经济学分析都是从传统的男性视野出发，在认为既定的制度安排与社会文化是合理的前提下，将就业的性别歧视和社会地位不高归因于女性自身问题的，但这无法进一步阐明女性人力资本存量低的原因，也不能解释有些人力资本存量很高的女性也得不到她们应有的工作岗位和报酬的现象。与经济学分析相比，社会性别理论透过就业性别歧视的表象，从社会深层次的文化根源中找寻女性在经济权力方面处于劣势的原因，具有较强的解释力和说服力（林志斌，2001）。文化固然在主观和客观上影响了妇女社会地位的变化，但是过于强调它的话，不但会助长女性对其社会地位的悲观心理，而且还很容易忽略文化在提高妇女社会地位方面的积极作用。更重要的是，这些理论都预设女性就业会影响她们的社会地位，使她们的社会地位发生变化，但这种变化究竟是什么、变化到哪个程度、具体影响变化的机制是什么都甚少涉及。

3. 妇女就业对社会地位获得的分层机制论

当一部分学者在女性就业的经济现象中找寻经济、文化原因时，还有这样一批学者，他们也关注社会分工，但他们不分析单一的要素，而更多地从马克思所提供的社会结构框架中找寻原因。他们通过探讨阶层分化、性别分层以及这种分层的流动机制，展开对妇女就业与社会地位关系的讨论。

其实，在经济学的二元劳动力市场理论中，有关经济市场中初级和次级劳动力的划分早就被很多学者所察觉。初级劳动力市场多指交通运输、石油化工等被大公司垄断的产业。这类市场具有就业稳定、工作条件优越、工资福利高、工作技能要求高等特点。而次级劳动力市场多为一些建立在自由竞争基础上的非耐用消费品、服务和农业生产等产业，它们往往具有就业不稳定、工作环境差、工资福利低、工作技能要求低和晋升机会少等特点。由于这两个劳动力市场的特点不同，女性在就业过程中大多会进入次级劳动力市场。一旦进入，她的就业地位就会被固定化和延续化，不仅很难获得更好的发展机会，而且这种就业位置会逐渐渗透到个体的意识中，形成一种对自身职业的认同，从而造成男女两性职业的聚集和隔离。① 这种解析框架提供了另外一种思路，通过研究隐藏在社会结构内部的关系——社会分层结构来反映人们社会地位的垂

---

① 单艺斌：《妇女社会地位评价方法研究》，东北财经大学博士学位论文，2000，第90页。

直变化情况，从而探究妇女就业对社会地位获得的影响程度和其中的变化机制。

（1）职业分层与社会地位。马克思阶级理论阐释的是最基本的社会地位表现形式。马克思主要根据对生产资料的占有来划分社会阶级——无产阶级和资产阶级。在古典社会学家韦伯眼里，地位（或者身份）不是由单一维度的衡量指标来决定的，它应该以经济、政治和社会三项标准来衡量。由此，韦伯提出了多元分层观。具体而言，个体在市场中的机会，即能够占有商品或劳务的能力是经济标准；政治标准是指个人对他人行动影响和施行控制的能力；而社会标准则是一种声望标准，取决于个体的身份、受教育水平、生活方式等内容。① 不管这三个方面的标准相互关系如何，我们都可以看到其所强调的主观社会地位评价体系是建立在以职业等为基础的客观生活方式之上的。另一位古典社会学家涂尔干干脆从职业分工的视角来讨论职业共同体分层的思想。他认为分工的最大意义并不在于如何提高劳动生产率，而在于它如何将整个社会紧密地结合起来，使社会成为可能。② 因此，社会分工是人类社会发展的必然趋势，但鉴于人的能力是有差异的，分工也就必然会出现差异，从而形成社会职业角色的适当比例。一言以蔽之，人们之所以在社会地位差异上表现为职业角色的不同，正是由于社会分工的不同。随着我国市场经济的发展，在多种资源配置方式下，社会分层的标准呈现多元化的特征，人们社会地位的获得也呈现复杂的情况。权力分配在更大的社会范围内得以实现，收入和声望的获得更多地依赖于职业能力，教育资源也越来越成为自致地位实现的必要条件。③ 以职业为基础的新的社会阶层分化机制逐渐取代了过去的以政治身份、户口身份和行政身份为依据的分化机制。④ 显然，社会分层从准身份向职业的转变，意味

---

① 陈鹏：《经典三大传统社会分层观比较——以"谁得到了什么"和"为什么得到"为分析视角》，《社会科学管理与评论》2011年第3期。
② 陈鹏：《经典三大传统社会分层观比较——以"谁得到了什么"和"为什么得到"为分析视角》，《社会科学管理与评论》2011年第3期。
③ 全国妇联妇女研究所课题组：《中国社会转型中的妇女社会地位》，中国妇女出版社，2006，第8页。
④ 全国妇联妇女研究所课题组：《中国社会转型中的妇女社会地位》，中国妇女出版社，2006，第8页。

着在社会地位获得过程中,先赋因素减少,自致因素增加,社会流动更具有开放性,社会成员地位的改变有了更多的可能性。就这点而言,市场的发展有助于减少性别不平等,因为它并没有对妇女设置专门的障碍(倪志伟,2002)。更重要的是,中国的市场转型对妇女地位获得的一个重要前提就是家庭的变迁给妇女的迁移和就业提供了一定的可能性。① 妇女可以通过自身的努力,实现充分就业,在职场上与男性一起分享社会资源,获得向上流动的机会,从而逐步提高自己的社会地位。

(2) 阶层分化与性别分层。市场经济的发展在相当大的程度上改变了社会资源的配置方式。以职业为基础的社会分层机制在社会转型过程中也因为资源分配的不平衡呈现分层的不断深化。就我国社会转型而言,学者李路路将社会人员分成权力优势阶层(包括党政机关、企事业单位负责人和中高层管理人员)、专业技术人员阶层(对其工作的支配有相对自主权)、一般管理人员或办事人员阶层(对其工作的支配有相对自主权)、体力劳动者阶层(工人或农民)和自雇佣阶层(包括个体户)等(李路路,2003);陆学艺则以职业分类为基础,根据其对组织资源、经济资源和文化资源占有的情况将当代中国社会划分出了地位高低不同的十个阶层(陆学艺,2002)。概括来看,当总的社会资源一定时,社会各群体之间的关系就会紧张,导致不平等的程度加剧。

在这个过程中,阶层分化所建构的社会地位不可避免地会与性别交织在一起。当社会资源在不同性别间的分配不平等时,性别间的不平等地位就会产生。一些学者提出男性与女性在市场化中不成比例地受益。比如,农村男性从农业中脱离出来,率先从事非农职业,女性则接替男性成为农业生产的主力。② 与此同时,女性群体自身在就业过程中也会发生分化,形成多元化的利益群体。一部分女性经过社会流动成为精英群体中的一员,拥有较高的社会地位;另一部分女性则可能因为获得资源较少,而被迫走向"边缘化"。由此,优势阶层的男女两性成员比弱势阶层的男女两性成员拥有更多的权力、声望和

---

① 侯慧丽:《市场转型时期农村迁移女性的职业地位获得——对五城市流动人口移民社区的研究》,《市场与人口分析》2005年第1期。
② 侯慧丽:《市场转型时期农村迁移女性的职业地位获得——对五城市流动人口移民社区的研究》,《市场与人口分析》2005年第1期。

财富，对于同一阶层而言，由于制度因素和非制度因素的双重作用和影响，男性始终会比女性占有更多的社会资源，这也成为国内一些学者研究职业、行业与性别隔离的主要内容。

综上所述，社会结构的分层实际上表述了社会的不平等现象。自古以来的人类社会，都存在着社会分层。学者们在关注社会分层所带来的不平等时，他们探索的核心是：①谁得到了什么（地位差异结构）；②为什么会得到（地位准入机制）。本文正是希望通过就业研究来反映女性群体得到了什么，然后思考和关注女性是如何进入这种地位差异结构中的，以便为消除地位差异提供策略。可以说，妇女社会地位的变化是社会结构变化和个人就业能动选择相互作用的结果，因此需要从女性与社会两者之间的相互关系中去考察。当然，分层结构本身的差异是难以消除的，但是，正如社会学家涂尔干所开出的良方一样，可以通过建立职业群体和职业规范体系，来解决工业社会所带来的社会失范和解组的问题，从而形成社会的有机团结，使得社会更加平等和公正。

三 数据、变量及方法

1. 指标模型

妇女社会地位作为本研究的因变量，按照前文的界定，具体表现为政治地位、法律地位、经济地位、教育地位、健康地位和婚姻家庭地位六个方面。基于法律地位是妇女就业的基本前提和保障，本文主要讨论妇女就业对其社会地位的影响，而法律的一些影响直接体现在其政治地位中。因此，在本模型中只考虑五个指标：经济地位、政治地位、教育地位、婚姻家庭地位和健康地位。单艺斌的博士论文《妇女社会地位评价方法研究》在研究了国内学者陈再华的《妇女地位综合评价指标探讨》，朱庆芳的《从指标体系看我国妇女地位》，韦惠兰、杨琰的《妇女地位评价指标体系研究》中所建构的价值指标体系和各指数的权重以后，提出了妇女社会地位总体综合评价的基本体系框架（见图1）。鉴于此模型与本文的内容较为吻合，因此本文在讨论就业对妇女社会地位的影响时，直接以此模型为基础，而不再对模型本身的建构过程进行赘述。

与就业直接相关的是妇女经济地位。在妇女经济地位的评价中，妇女的在

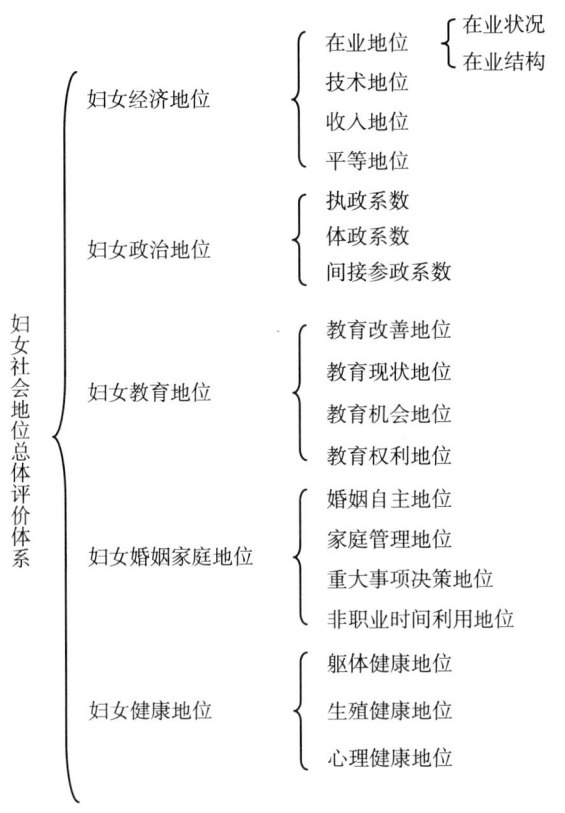

图1 妇女社会地位总体综合评价的基本体系框架

资料来源：单艺斌：《妇女社会地位评价方法研究》，东北财经大学博士学位论文，2000，第284页。

业状况和在业结构反映了妇女的在业地位。技术地位通过专业技术人员的性别比率来反映。收入地位主要通过男女收入水平的性别比率来反映。至于平等地位，则通过在有关妇女就业态度等问题上男女不同性别在认识上的差异比来体现。总体而言，职业和收入两个指标反映了就业女性的经济地位。

在妇女政治地位的评价中，妇女的执政、体政和间接参政系数考察了妇女的政治地位，而与就业相关的包括：妇女就业的法律条文，妇女人大代表、政协委员、民主党派的性别比例，以及妇女党员身份和党政机关身份的比例，这些参与政治事务的活动体现了妇女政治地位的变化。

在妇女教育地位的评价中，用教育改善地位、教育现状地位、教育机会地位和教育权利地位四个指标衡量妇女的教育地位。其中，教育现状地位的指标是两性教育地位的现实比较。文化水平成为衡量人们参与社会经济活动起点的一把标尺。与此同时，青壮年脱盲性别比和在职人员培训性别比两个指标反映了妇女教育改善地位的状况。

在妇女婚姻家庭地位的评价中，用婚姻自主地位、家庭管理地位、重大事项决策地位和非职业时间利用地位四个指标衡量妇女的婚姻家庭地位。其中，就业影响了婚姻自主地位中的初婚、再婚和决策生育大事的性别比率，至于家庭管理地位则包括财务管理性别比和家庭重大支出决策性别比，而非职业时间利用地位取决于家务劳动用时性别比、扶老携幼用时性别比、自我提高用时性别比和闲暇用时性别比。

在妇女健康地位的评价中，妇女就业的现状影响了妇女的生殖健康地位，主要反映在法律法规赋予女性的特殊法律地位，以及妇女在生育过程中或因特殊的生理现象在社会劳动中应享有的卫生保健和保护措施等。

2. 研究对象及方法

（1）本文的研究对象为杭州市就业妇女。杭州市包括市区的8个区［上城区、下城区、江干区、拱墅区、西湖区、高新（滨江）区、萧山区、余杭区］、2个县（桐庐县、淳安县）和3个县级市（建德市、富阳市、临安市）。杭州市1990年、2000年、2010年及2012年的主要人口数据见表1。到2012年末，杭州市常住人口达880.20万人，其中城镇人口为653.99万人，农村人口为226.21万人。在700.52万户籍人口中，男性人口为350.90万人，女性人口为349.62万人。杭州市共有从业人员644.44万人，第一产业的人员为70.40万人，第二产业为290.01万人，第三产业为284.03万人。① 全市就业总人口中女性从业人员约占44%，就业领域和空间在不断地拓展，科技领域的知识女性大量涌现，新兴产业的女性创业群体在不断扩大；全市企业董事会和监事会中女性所占的比例分别达到18.7%和25.4%，农村妇女则成为新农村建设的主力军。②

---

① http://www.hzstats.gov.cn/web/shownews.aspx?id=UqUHIhAFC%2BY=.
② 魏颖：《弘扬时代精神，凝聚妇女力量，为打造东方品质之城、建设幸福和谐杭州而努力奋斗——在杭州市第十五次妇女代表大会上的报告》，2013年6月9日。

表1 杭州市主要人口数据的年份比较

年份	全市常住人口（万人）	市外流入人口（万人）	女性人口（万人）	男性人口（万人）	家庭户规模（人/户）	总人口性别比（女性为100）	城镇人口（万人）	农村人口（万人）
1990	583.21	8.43	281.84	301.37	3.35	106.93	235.96	347.25
2000	687.87	66.29	333.29	354.58	2.98	106.39	403.37	284.50
2010	870.04	235.44	424.32	445.72	2.59	105.04	637.27	232.77
2012	880.20	179.68	439.30	440.90	3.19	100.36	653.99	226.21

资料来源：第四、第五、第六次杭州市人口普查数据以及《2012杭州统计年鉴》。鉴于从2001年起杭州市市区的行政管辖发生了变化，市区的统计数据开始包括萧山区和余杭区。

（2）本文所采用的数据来自2010年第三期中国妇女社会地位调查中杭州市的抽样调查。该调查由全国妇联和国家统计局联合组织，是继1990年、2000年后又一次全国范围的调查，以2010年12月1日为调查时点。浙江省杭州市作为参与调查的省市区，调查工作由浙江省妇联和浙江省统计局共同实施。调查员按照统一的方式、统一的调查问卷、统一的时间进行入户调查。调查的对象为居住在户口所在地家庭户内的18~64岁的男女两性中国公民。调查涉及9个方面的内容，具体包括经济、政治、法律权益、社会保障、婚姻家庭、生活方式、健康、教育以及认识、性别观念和态度。

杭州市的调查选取了上城区、下城区、西湖区、余杭区、淳安县、桐庐县、建德市、富阳市8个点，每个点各抽取了5个街道（乡镇），然后再具体抽取不同的社区，其中包括14个村居委会和26个社区。在社区中对家庭户随机发放592份问卷，最终回收有效问卷529份。由于富阳市的数据丢失，所以统计的有效问卷为447份。

本文在运用杭州市第三期妇女社会地位调查原始数据的基础上，辅以第六次全国人口普查杭州市的统计数据，从而弥补妇女社会地位调查中有关样本量较小的缺点。数据中所采用的行业和职业变量的分类按照第六次全国人口普查中职业和行业的分类标准。

（3）鉴于样本量本身的局限，以及在社区层面上非随机性的抽样对样本代表性的影响，本文还进行了个案研究，收集到了就业妇女的工作经历、家庭经历等更为翔实的资料，补充、丰富和深化了调查问卷资料。本文的个案研究包括文献个案和访谈个案，总共11个个案。她们的行业分布广泛，比较典型，具有很好的代表性。但是受时间、精力所限，我们无法与这些个案建立长期密切的联系，以得到更多、更真实的资料。

四　不同阶层就业妇女的社会地位现状及其变化

妇女参加工作，不仅为她们在经济上赢得了独立，而且在社会上赢得了威望，因此就业是妇女社会地位提升的一项指标。我国政治、经济的转型大大地改变了妇女的生活，妇女就业是受其影响最突出的部分之一。因此，本文从经济、政治、教育、婚姻家庭和健康五个方面的地位变化来考察杭州市妇女的就业现状，并由此展开对妇女社会地位的综合考量。

1. 就业妇女的经济地位

经济地位为衡量和评价妇女的社会地位提供了重要的物质基础，因此它是妇女社会地位的核心，主要表现为职业的性别变化和收入的分配变化。

（1）以职业为基础的社会阶层的性别变化

杭州市2010年的经济活动人口为51.11万人，其中就业人口为49.44万人，失业人口为1.67万人。① 将妇女社会地位的调查数据按照"六普"提供的6大职业分类、61个小类进行归类，可以得到杭州市不同职业的性别结构比较（见表2）。从表2可以看出，就业女性在一些专业技术类职业中的比例有了很大的提高，特别是城镇就业女性，专业技术人员的培养效果很明显。从表2也不难看出，女性就业者仍较多地聚集在低层次的职业上。与男性相比，国家机关、党群组织、企业、事业单位负责人的比例仍偏小，办事人员和有关人员，生产、运输设备操作人员及有关人员的比例也偏小，但从事商业、服务业人员的比例明显高于男性。更重要的是，城镇就业女性和农村就业女性相比，在国家机关、党群组织、企业、事业单位负责人以及专业技术人员方面的差别特别大。

---

① 数据来自全国"六普"的人口调查。

表2 2010年杭州市不同职业的性别结构

单位：%

职业分类	合计		城镇		农村	
	男	女	男	女	男	女
国家机关、党群组织、企业、事业单位负责人	2.68	1.12	2.23	1.12	0.45	0
专业技术人员	6.71	10.74	6.26	10.07	0.45	0.67
办事人员和有关人员	5.81	4.48	4.47	4.03	1.34	0.45
商业、服务业人员	9.17	18.79	6.93	13.20	2.24	5.59
农、林、牧、渔、水利业生产人员	4.03	6.71	0.45	0.45	3.58	6.26
生产、运输设备操作人员及有关人员	15.88	11.41	9.17	6.49	6.71	4.92
不便分类的其他从业人员	1.56	0.89	1.34	0.67	0.22	0.22
合　计	45.84	54.14	30.85	36.03	14.99	18.11

资料来源：根据2010年第三期中国妇女社会地位调查中杭州的抽样调查数据整理。

据此，可以肯定的是：职业结构的"趋高级化"在一定程度上带动了女性职业层次的提高和职业结构的改善，但是受非农转移女性滞后、下岗等因素的影响，较多的女性还是聚集或滞留在较低层次的职业中。

张某，55岁。1977年高中毕业后参加工作，就职于临平的一家服装厂，担任打样工，1997年跳槽到一家医药公司。但是，在即将退休时，2005年4月末的一天，她当时正在工作，突然一位女同事慌慌张张地跑了进来，大声喊道："不好啦！不好啦！我们医药公司要改制裁员了，我们都要下岗了。"当时几个同事谁也没有搭理她，都认为她是在开玩笑，认为改制裁员简直是天方夜谭。谁都知道这家医药公司是临平响当当的国有企业，国有企业是国家经营的，怎么可能会裁员？简直是笑话。下午2点，医药公司突然临时决定召开职工大会。听到通知以后，她的脑子一片空白，她想，完了，估计不是什么好事！说不定，还真是……她再也不敢往下猜疑了。会上，领导非常严肃地说："我很对不起大家，市场经济放开后，医药行业越来越难做，我们奋斗多年的医药公司就要改制了。这不是传言，是千真万确的。请大家一定要理解，理解政府，理解公司。"……2005年5月，她光荣地下岗了。从此，她成了下岗失业大军中的一员。

（文献个案，02）

秀花阿姨，55周岁。（你觉得你的性别有没有让你在找工作中有点优势？）没有，我现在是下岗再就业。以前是国企，工作是统一分配的，不像你们现在这样，有面试什么的。我开始是做出纳工作的，本来领导想培养我往会计方向发展，但是我和下乡知青谈恋爱以后是要嫁到省外的，所以在工作上就没有更多的发展机会了。那时候自己家开了个小卖部。在国企最大的好处就是福利好，国家规定的福利和保险全都有，当时儿子上学没交过一分钱学费，那会儿公交车也全是免费的。但是国企最大的不好之处就是限制太多，很多人有力气也不能自己干，否则就违反国企的规定了。后来遇上国企改革，很多工人被迫下岗，我也是其中一员。当时狠心签了买断工龄的协议，虽然知道不值得，但是当时家里唯一的儿子要高考，儿子打篮球受伤休过一年学，怕万一儿子高考没考上，家里又没钱，到时候会比较困难，因此就签了协议一次性拿了10万元。后来儿子高考没考好，最终上了高职。儿子开学去给他打扫寝室卫生的时候，当时的宿管阿姨就提议我来学校工作，一方面可以照顾儿子，另一方面也可以有活干。现在想想，那时候应该去做月嫂，月嫂收入比宿管阿姨要高很多，当时只想着自己是下岗再就业的，有份工作已经很不错了，所以也没花心思在个人的职业选择上。

（访谈个案，07）

像这样的女性还有很多，她们在下岗再就业过程中，多从事一些较低层次的职业。

从行业构成来看，2010年抽样数据中女性更多集中在进入门槛、技术含量和收入水平均偏低的行业就业，如制造业中的纺织生产、服务业中的家政等，还有就是大量的就业女性从事批发和零售业、住宿和餐饮业的工作（见表3）。将2010年的抽样数据与2008年妇女就业行业分布数据进行比较，可以看出，2008年杭州女性在制造业中的就业比例最高。[1]受金融危机的影响，制造业就业率下降趋势明显，但是就业女性的比例在制造业中仍然是最高的。在零售业中，特别是小批量零售的女性销售从业者的比例呈上升趋势。2010

---

[1] 游钧：《2008~2009年：中国就业报告》，中国劳动社会保障出版社，2010，第149页。

年有六成以上女性集中在农、林、牧、渔、水利业，批发和零售业，以及住宿和餐饮业等第三产业，比男性的比例高。男女在上述行业就业的差距既充分反映了杭州女性就业领域的行业聚集情况，又反映了女性就业质量偏低的特征。

表3 2008年、2009年杭州妇女就业行业和2010年的行业抽样调查

单位：%

行业分类	2008年1~3月 女	2009年1~3月 女	2010年抽样 男	2010年抽样 女
农、林、牧、渔、水利业	4.49	0.16	7.47	13.20
采矿业	0	0	0.45	0
制造业	37.03	24.12	9.84	21.90
电力燃气业	0.69	0.26	2.57	2.10
建筑业	2.73	3.75	3.67	1.24
交通运输、仓储和邮政业	2.49	1.36	4.35	4.96
信息传输、计算机服务和软件业	3.44	0.87	3.79	5.37
批发和零售业	11.46	16.10	26.85	13.22
住宿和餐饮业	4.29	11.24	17.90	4.13
金融业	0.27	0.49	1.26	2.07
房地产业	1.06	1.40	0.89	0.83
租赁和商务服务业	0.75	1.66	0.45	1.65
科学研究、技术服务和地质勘查业	2.22	0.43	0.77	1.65
水利、环境和公共设施管理业	0.57	1.18	0.89	0.41
居民服务和其他服务业	7.82	10.42	1.57	4.96
教育业	0.57	0.66	2.46	5.37
卫生、社会保障和社会福利业	1.04	1.74	1.67	4.55
文体娱乐业	0.21	0.52	0.89	0.82
公共管理和社会组织	0	0	4.92	4.96
其他行业	18.70	23.48	7.34	6.61
合计	100	100	100	100

资料来源：①游钧：《2008~2009年：中国就业报告》，中国劳动社会保障出版社，2010，第149页；②根据2010年第三期中国妇女社会地位调查中杭州的抽样调查数据整理。

张某的丈夫于1998年开始在新大地租铺面卖男装，但是新大地铺面多，卖男装的摊位也很多，竞争激烈，生意也逐年难做。有一天吃晚饭像往常一样聊天时丈夫说："咱们接下去该怎么办呢？店里生意不好，主要是没什么特色，大家卖的都是差不多的服装，没什么竞争力，要是有点特色就好了。"这

句话提醒了她，她灵机一动说："我以前在服装厂干过，做服装我在行啊，裁剪、缝纫、熨烫，以前不都是老本行吗？临平好像缺做棉毛衫和棉毛裤加工的，为什么我们不开一家这样的特色服装加工坊？"丈夫听了觉得可行，一拍即合："好，那我们就干这行试试。"……后来发现，由于加工坊刚开张，居民们对她的手艺还不了解，再加上加工坊不能盲目加工成衣出售，而需要根据客户需求为其量身定做，另外，新大地附近住的都是居民，居民日常的棉毛衫和棉毛裤都需要加工制作。为此，张某通过对市场的分析和自己经营的经验，决定关闭其他业务，集中力量经营服装加工。

（文献个案，02）

通过这个个案可以看出，再创业者多集中在服务性或加工性行业。在访谈中，还有人提及"厂里一般都招年纪轻的，厂里工资高，但一般要35岁以下的，35岁以上的就不要了"。劳动密集型企业给年轻的妇女提供了就业机会，她们大量进入制造业工厂从事流水线工作。而在教育等行业，更是女性居多。

郑某，教师。相比男性，女性做这个工作会让领导和家长都放心，因为女老师更细心一些。我们学校只有一个男的，其他都是女的，但是男老师的地位现在很高，参加什么活动都会想到男老师，男老师的机会反而会比女老师多一些。

（访谈个案，08）

（2）以收入为基础的分配机制的性别变化

收入的分配机制是另一个衡量就业女性经济地位的指标，它也是劳动力市场中衡量职业地位的另一个重要指标。在居民收入不平等的测量中，一般都是采用基尼系数和五等分的分析方法；而在衡量性别收入时，多采用女性收入占男性收入的比例来进行。① 为此，本文通过五等分法和对不同特征男女两性收入均值的相关分析来揭示杭州男女两性收入差距的现状（见表4）。

---

① 全国妇联妇女研究所课题组：《中国社会转型中的妇女社会地位》，中国妇女出版社，2006，第170页。

表4　五等分个人收入分组中的性别分布

单位：%

年收入分组	男	女	总计	各组占总收入的份额
1万元以下	27.19	72.81	100	33.32
	9.40	23.94	20	
1万~3万元	51.10	48.89	100	30.22
	15.44	14.77	20	
3万~5万元	52.44	47.56	100	18.34
	9.62	8.72	20	
5万~10万元	57.41	42.59	100	12.08
	6.94	5.15	20	
10万元及以上	74.07	25.93	100	6.04
	4.46	1.56	20	
合　计	45.86	54.14	100	100

资料来源：根据2010年第三期中国妇女社会地位调查中杭州的抽样调查数据整理。

从表4可以看出，杭州女性的收入发生了较为明显的变化，相比以前有所提高。在年收入为1万~3万元和3万~5万元的分组中，女性的年收入与男性的年收入基本持平。同样可以观察到，女性的年收入仍多集中在1万元以下和1万~3万元，占到总比例的38.71%，特别是年收入为1万元以下的比例，女性比男性高出14.54个百分点；而年收入为10万元及以上的比例，男性比女性要高出2.90个百分点。据此，可以得出，在市场转型后，女性只要充分就业，就能在收入上有明显的提高。但和男性相比是有差距的，而且即便是同一个行业，男性和女性的工资还是会有一些不同的。

我不满意的！相比其他行业，我的付出与收获完全不成正比。（如果你是男性，会不会更好找工作？）如果我是男的，绝对会很好找工作，而且收入还高！

（访谈个案，08）

如果自己是男性，也就不会做这个工作了，肯定会学一门技术，就像我老公一样开车，他一个月也有3000~4000元。至于上保险，像我们公司现在是承包了，也没给我们上保险，只有一个月2000元左右的工资。说起来，我们没有什么文化，自己就这么一点本事，如果自己读了大学，那么这样的工资水

平肯定是不理想的。

（访谈个案，05）

因此，包括职业/行业结构、就业类型在内的就业结构是导致性别收入存在差异的重要原因。就目前杭州女性的就业状况而言，女性的经济地位有所提升，因为她们的收入有了很大的提高，但是和男性相比，无论哪类职业和行业，女性的收入都相对低于男性。

2. 就业妇女的政治地位

政治参与是妇女的一项重要政治权益，也是妇女自身解放的一个重要途径。它主要通过妇女的参政议政表现出来，而就业刚好为妇女的参政议政提供了一个重要的平台。

（1）在有关妇女就业的法律法规中，杭州市（县）各级政府认真执行和贯彻国家的各项妇女劳动保护条例，维护女职工的合法权益，相关部门和组织都对妇女在工作中遇到的问题给予了专门的关注。

"十一五"以来，杭州市委、市政府在宣传贯彻《劳动合同法》《劳动合同法实施条例》《劳动保障监察条例》等法律法规的基础上，全面实施《杭州市妇女发展规划（2006~2010年）》，强化女职工劳动保护意识。在"十二五"计划实施中，根据调研情况，出台了专门的《杭州市女职工劳动保护办法》，在建立工会的企业中实现女职工权益保护专项集体合同签订，确保女职工的特殊利益不受侵害，降低女职工职业病的发病率，并依法严肃查处侵犯女职工合法权益的违法违规行为。[①]《杭州市"十二五"妇女发展规划（2011~2015年）》在此基础上进一步明确了要配备1名以上的女干部在市和区县（市）党委、人大、政府、政协的领导班子中，至少配备1名女干部在各乡镇（街道）党政领导班子中，村（社区）"两委"班子中至少有1名女性。每年举办一期处级中青年女干部培训班，五年内对全市县（局）级女干部和女后备干部普遍进行一次轮训。市、县两级举办的领导干部进修班、中青班等主体班次中，女干部比例一般不小于

---

① 杭州市人民政府妇女儿童工作委员会办公室：《杭州市"十二五"妇女发展规划（2011~2015年）》，2011年9月。

20%。重视选派机关女干部到重点工程、项目代办、乡镇（街道）、基层企事业单位挂职锻炼。此外，积极探索在企业董事会、监事会等决策层发挥女职工民主参与的新形式，拓宽妇联组织参与决策和社会事务管理的渠道。①

区县各级政府、各级组织在此基础上根据各自的具体情况，出台了相关的女性就业的专项内容。如萧山区在《关于进一步加强就业再就业工作的实施意见》和12个配套文件中，构建了区、乡镇（街道）、村（社区）三级就业服务体系。由此，女性在一定程度上获得了充分就业的制度保障。

在萧山区潘水社区一个狭小的车库里，10多名妇女围在一张圆桌前，飞快地穿针引线，在服饰上绣出一朵朵花。当地劳动保障所将"女红"等手工活纳入再就业计划，如今已为200多名妇女找到就业新渠道。

（文献个案，09）

罗某曾经是岗位能手，在企业转制中成为社会弱势就业群体——"4050人员"中的一员。"当时，想死的心都有了。原来每天想的是怎么多干点，现在却成了失业人员。觉得自己像是被社会淘汰了。"回忆起刚失业时的心情，罗某深有感触地说。为了贴补家用，她想到了重新创业或就业，做起了炸臭豆腐的工作。冬天，寒冷的风吹得她手都开裂了，不过，这些苦，套用她自己的话来说都能忍受，最不能让她忍受的是众人异样的眼光，一些认识她的人还会向她投来同情的眼光，这让她自尊心受到了极大的伤害，特别是城管的不定期出现，更让她觉得自己像是一个不务正业的人。在一筹莫展之际，她打听到了针对"4050人员"的一些就业优惠政策。于是，她前往所在地社区，在相关工作人员的帮助下，很快领到了就业援助证，并享受到了就业援助的一系列优惠政策。如今，她在一家客运中转站从事保洁工作。每天提前上班，把保洁工作做得井井有条，得到了单位领导的肯定。业余时间，她也会邀上几个好友一起叙旧。每年的年末，她还会受邀参加劳模工作座谈会，参加原单位及工会组织开展的各类劳模疗、休养等活动。

（文献个案，01）

---

① 杭州市人民政府妇女儿童工作委员会办公室：《杭州市"十二五"妇女发展规划（2011~2015年）》，2011年9月。

此外，各级领导还会不定期地组织各种活动。例如，2013年2月28日上午，由杭州市人民政府妇女儿童工作委员会主办的杭州市2013年"经济发展与流动留守妇女发展"关爱行动暨民营企业协会"关注民生促就业、服务民企促发展"第十一次就业再就业专场招聘会在吴山广场举行。杭州家乐福超市有限公司、天工艺苑股份有限公司、杭州湖光饭店等近百家用人单位设台招聘，提供仓库保管员、餐厅服务员、营业员、保安、财务、文员、收银员、缝纫工、钟点工、驾驶员、前台接待、客服、维修工、接线员等60多个工种，近3000个工作岗位。①

(2) 在政策的扶持中，就业妇女有意识地参政议政，杭州市政府中担任公职的妇女人数有所增加。

杭州市有1~2个区县（市）党政领导班子配备了正职女干部；各区县（市）有15%的乡镇（街道）党政领导班子配备了正职女干部；市和区县（市）党委、政府工作部门有一半以上的领导班子配备了1名以上的女干部，10%以上的领导班子配备了正职以上的女干部。如此一来，干部队伍中女性干部所占的比例逐年上升，市直部门中45岁以下的局级女干部、35岁以下的处级女干部在同级干部中的数量逐步增加。其中，担任正职的女性比例逐年提高。仅2006~2007年举办的中青年干部培训班就培训女干部40名，占培训干部总数的20%以上；选送有培养前途的18名年轻女干部到国外攻读MPA学位，占总数的33.96%；选派72名中青年女干部到市重点工程一线锻炼，占总数的24%；在市级机关的领导班子调整中，提拔副局级女干部25名，占总数的14.4%；市管局级女后备干部占总数的26.5%。②

从2005年到2007年的数据可以清楚地看出女性参政的趋势（见表5），市人大代表，市政协委员，区、县（市）级人大代表以及区、县（市）级政协委员中的女性比例基本在逐年提高。单就市政协委员数而言，2005年女性占到总数的28.5%；到2007年，女性已占到总数的31.5%。2013年，杭州市级女性党代表、人大代表、政协委员的比例分别为30.6%、28.5%、32.5%，

---

① 《杭州为流动留守妇女就业搭建平台》，"中国杭州"政府门户网站，2013年2月28日，http://www.hangzhou.gov.cn/main/zwdt/bzbd/szcf/T433570.shtml。
② 杭州市人民政府妇女儿童工作委员会办公室：《杭州市"十一五"妇女发展规划中期监测评估报告》，2007。

女性进村（社区）"两委"的比例达到100%，村民代表中女性比例超过1/3；一大批德才兼备的优秀女性走上领导岗位，全市市管女领导干部为189人，占市管领导干部总数的17.3%，市本级和区县（市）党政部门领导班子配备女干部的比例分别达到59.4%和66.3%。①

表5　2005~2007年男性与女性参政的情况

单位：人

干部类别	2005年		2006年		2007年	
	女	男	女	男	女	男
市人大代表	145	339	145	344	132	378
市政协委员	136	342	138	340	155	337
区、县(市)级人大代表	678	2337	700	2373	709	2357
区、县(市)级政协委员	576	1586	712	1702	752	1690

资料来源：杭州市人民政府妇女儿童工作委员会办公室：《杭州市"十一五"妇女发展规划中期监测评估报告》，2007。

从政治面貌也可以清晰地看到就业妇女参政议政的意向。在2010年妇女社会地位的抽样调查中，杭州的调查数据显示，女性团员和党员占总人数的11.41%，城镇女性团员和党员占城镇总人数的14.53%（见表6）。很多女性在创业过程中除了追求利润以外，还积极地投身政治活动，希望以其自身的影响来为女性寻求平等的政治地位。

表6　2010年社会地位抽样调查的政治面貌统计

单位：人

政治面貌	城 镇			农 村		
	合计	男	女	合计	男	女
共青团员	19	8	11	9	3	6
共产党员	72	40	32	14	12	2
民主党派	1	0	1	0	0	0
群　众	204	88	116	128	54	74
合　计	296	136	160	151	69	82

资料来源：2010年第三期中国妇女社会地位调查中杭州的抽样调查数据。

---

① 魏颖：《弘扬时代精神，凝聚妇女力量，为打造东方品质之城、建设幸福和谐杭州而努力奋斗——在杭州市第十五次妇女代表大会上的报告》，2013年6月9日。

经过20余年的发展,某集团目前拥有员工3000余名,办公经营场地5000余平方米。它是全国家政服务业协会副会长单位、杭州市家政服务业协会会长单位,是中国商业服务名牌企业、全国民营企业政治思想工作先进单位、浙江省首届诚信示范企业、浙江省安置下岗职工再就业突出贡献企业、浙江省著名商标、浙江省知名商号、杭州市时代风帆企业。而它的创业者本人也先后获得了"全国三八红旗手""全国巾帼建功标兵""全国青年兴业带头人""全国杰出创业女性""浙江省十大优秀青年""浙江省劳动模范""杭州市优秀共产党员""首届浙江商人十大风云人物提名奖""杭州市优秀社会主义建设者"等称号。集团的事迹被浙江卫视的"财富人生"、中央一台的"创业"、中央二台的"劳动与就业"等栏目播放,在杭各大新闻单位数百次地对它进行报道。在同行业中,它是当之无愧的排头兵。

(文献个案,03)

这些年,张某获得了很多荣誉,先后被评为"临安市茶叶营销大户""临安市劳动模范""杭州市十佳农村兴业带头人"等,还成为浙江省第十二次妇女代表大会代表。她用辛劳的汗水和聪明的头脑经营着她的事业和人生,同时也带领和鼓舞着越来越多的农村妇女走上了创业之路。

(文献个案,04)

虽然女性代表的比例有了很大的提高,但和男性相比,还是有一些差距的。杭州市女人大代表的比例在2005年占到29.96%,到了2007年反而降到了25.88%。而且男性的基数大于女性。特别是基层的村委会成员中女性比例过低,仅为12.6%,全市村民代表中女性比例也仅为13.1%,基层妇女参与自治管理的程度偏低。① 在2010年妇女社会地位的抽样调查中,农村女性团员和党员人数占农村妇女总人数的比例为9.76%;而城镇女性团员和党员的人数占城镇妇女总人数的比例为26.88%。与女性相比,农村男性团员和党员的人数占农村男性总人数的比例达21.74%,比农村女性的比例高出11.98

---

① 杭州市人民政府妇女儿童工作委员会办公室:《杭州市"十二五"妇女发展规划(2011~2015年)》,2011年9月。

个百分点。

至于具体参政议政内容的调查,男性趋向于专业、行业协会本身,而女性由于其自身的特点,更多地参与社会公益组织、社区管理组织(见表7)。对于目前各级领导岗位上女性少于男性的原因,男性和女性的看法基本一致。排在前三位的是:女性家务负担过重;社会对女性有偏见;对女性培养力度不够。其中,男性认同"女性家务负担过重"这一观点的占55.61%,而女性认同的占到65.7%。

表7 2010年男性与女性参政议政的意向

单位:人

参政议政意向	男	女
是否参加过专业、行业协会	8	4
是否参加过联谊组织	6	5
是否参加过社会公益组织	5	9
是否参加过社区管理组织	3	11
是否参加过民间自助组织	1	3

资料来源:根据2010年第三期中国妇女社会地位调查中杭州的抽样调查数据整理。

由此可知,杭州市政府尽可能地为妇女在就业中提供参政议政的机会,但由于传统的观念、文化,特别是女性在家庭中要承担一定的职责,所以相对而言,女性参政议政的比例还不高,而且女性更多地关注与日常生活、家庭事务相关的一些组织和活动。

3. 就业妇女的教育地位

妇女受教育的状况首先决定了妇女自身的素质,进而关系到她们在社会生产和经济发展中所起的作用。因此,妇女是否受教育以及受教育的程度,不仅决定了女性在社会中所处的地位,而且影响了其未来的发展,以及能否流动到较高的社会阶层中。据此,就业妇女的教育地位不仅反映了就业妇女的社会地位,同时也影响和制约了妇女社会地位指标体系中的其他指标。

(1)受教育人数增加,获得高等教育学位、专业教育学位的人数增多。杭州市妇女接受各类教育的数量和层次普遍提高,普通高校在校本科生中女生占51.5%,在校研究生中女生占44.0%,各类女性专业技术人员近7万人,占专业技术人员的半数以上。① 2010年杭州市从业人员受教育程度的调查数据显示，女性从业人员的受教育程度主要集中在初中阶段，占女性总人数的28.93%；其次则集中在大学专科和大学本科阶段，大学专科女性占女性总人数的10.74%，大学本科女性占到14.88%（见表8）。由此可知，女性就业人员中呈现学历的两极分化：低学历就业和高学历就业。与农村女性相比，城镇女性就业时的学历明显高于农村女性，农村女性的学历则更多地集中在不识字或识字很少、小学及初中。

表8　2010年杭州市从业人员受教育程度

单位：人

受教育程度	城镇			农村		
	合计	男	女	合计	男	女
不识字或识字很少	11	2	9	32	6	26
小　学	18	7	11	35	14	21
初　中	83	35(3)	48(2)	54	32	22
高　中	53	30(3)	23	22	13(1)	9
中专/中技	14	5(2)	9	3	3	0
大学专科	54	29(16)	25(16)	3	2	1(1)
大学本科	58	25(9)	33(14)	3	0	3(1)
研究生	4	2(2)	2	0	0	0
其　他	0	0	0	0	0	0

资料来源：根据2010年第三期中国妇女社会地位调查中杭州的抽样调查数据整理。表格括号内的数字表示此学历是工作以后通过再学习获得的。

王某，初中文化，一开始在临平给年纪大些的叔叔阿姨看店。后来到杭州打工。（您觉得自己掌握的知识在找工作时够用吗？）我并没有要求自己找那么好的工作，最多就是找比如保洁、服务员这样的工作，不要求那么高的话，这点知识肯定是可以的。如果要找好一点的工作，比如主管、领班之类的，这点知识肯定是不够的，因为要去面对领导，跟领导打交道。所以，一旦我们领

---

① 魏颖：《弘扬时代精神，凝聚妇女力量，为打造东方品质之城、建设幸福和谐杭州而努力奋斗——在杭州市第十五次妇女代表大会上的报告》，2013年6月9日。

导要求我去接待一下客人,我一般都会拒绝的,因为我不知道如何跟别人交流。

(访谈个案,05)

在低学历和高学历两档上,男性与女性在数量上基本持平,甚至大学本科学历的女性所占的比例还要略微高于男性所占的比例。但是男性就业者的学历主要集中在高中阶段,平均学历要高于女性就业者。

(2)再培训的数量逐渐增加和内容不断丰富,也因此成为下岗女工、工作技能较低的人获得就业机会的渠道。从表8还可以看到,很多女性在就业过程中进行了再学习。在大学专科学历中,有64.0%的城镇女性是在工作以后获得学历的;而在大学本科学历中,有42.4%的城镇女性是工作以后获得学历的。与男性相比,女性工作后获得大学专科学历的比例要高出8.8个百分点,而大学本科的比例则要高出6.4个百分点。这说明在就业过程中,女性和男性基本上获得了相等的教育地位,但同时也说明,在工作中,女性的学历只有高于男性,才能获得与男性基本相等的职业或工作岗位,这反而印证了男性与女性在就业过程中的不平等。

在被精减的职工中女性往往占大多数,女性下岗已成为主要的社会问题。她们缺少一技之长,再就业也极为困难,再培训给了她们机会。

秀花阿姨,高中文化水平。那时候刚实行高考,5毛钱做一张照片就去考试了。我妈以前老说丫头片子读书有什么用啊?所以我没读什么书,就到国企上班了。后来在学校当宿舍阿姨,这个工作对学历没有要求。但是,这两年改革了(当宿舍阿姨也有学历的要求)。本科毕业的能多拿200元,大专毕业的多拿150元,中专毕业的则多拿100元。

正式工作开始前需要培训。在学校食堂3楼,培训了20多天。那个阶段真充实,刚培训完就把我们叫到别处打扫卫生,连续干了10多天活。那时候考试可严了,消防题有100多道!都要背下来。我们作为宿管员要学会如何去管理和服务,像妈妈管理小孩子一样去管理学生。管理时需要严肃,服务时需要微笑。当然(后来阿姨补充道),通过培训,自身的工作能力得以提升,工作起来得心应手，心情也变得愉悦了。在工作中遇到的都是朝气蓬勃的学生，自己也跟着开心起来。

（访谈个案，07）

当然，对于创业女性和刚毕业的大学女生而言，接受再培训是很有必要的。

这也许是张某能成为临安茶叶行业翘楚的秘诀吧。她时刻不忘提升自己，三年间她先后参加了无性系良种茶园栽培管理、无公害茶叶栽培和管理、名优茶制作、茶叶销售、茶叶新产品推介等科技知识与技能的培训，累计达26期。通过一系列的学习，她不仅取得了农民技术员绿色资格证书，并被评为临安市农业科技示范户，而且还成为杭州市首批农产品经纪人。

（文献个案，04）

陶某说创业初忙的是体力活，现在忙的是脑力活。公司现在进入了再创业阶段，提供的已不是单一的家政服务，而是多元化的服务，要统筹的事情也就更多。为此，她工作就算再忙，也要抽出时间来"充电"。她基本上每个月都会参加一些培训，并请管理咨询老师来给员工上课。

（文献个案，03）

在工作中接受过上岗培训，后来又有很多再培训。（感觉如何？）还是挺受用的。我也希望能多出去参加培训，多看看。有很多观摩培训，也有有关幼儿园上课方面的培训，都还是比较好的。因为我们这里只有一个男老师，他平时参加培训的机会肯定更多一点。

（访谈个案，08）

解读这几个个案，可以了解到女性在就业过程中，无论是从外在环境还是自身来说，都希望通过参加培训或进修获得更好的就业机会或就业岗位。只不过在女性群体内部会出现不同的目的，更多的女性重视当前的实用技能，而比较少的女性更注重远期的综合发展。

4. 就业妇女的婚姻家庭地位

随着妇女就业数量的增加和受教育水平的普遍提高,职业妇女在婚姻家庭中的地位和角色都发生了巨大的变化。妇女的经济独立使她们逐渐摆脱了婚姻是生活的依靠的想法,这样一来,传统婚姻和家庭所提供的经济依赖功能越来越缺乏吸引力,妇女完全可以通过工作来养活自己甚至家人。由此,妇女的婚姻家庭地位变化主要表现为妇女的婚姻决策权、生育自主权以及家庭责任承担等。

(1)妇女在婚姻态度和生育年龄方面的转变。一方面,接受高等教育的女性人数不断增加,特别是在高学历中女性所占比例基本和男性持平,这使她们的结婚年龄相对推迟;另一方面,接受过高等教育的女性为了事业或者个人的自由而推迟结婚年龄。对于就业女性来说,怀孕和生产会中断她们的工作,特别是抚养孩子的任务可能会影响她们事业的发展,甚至迫使她们重新回到家庭,成为家庭妇女。为了能使就业与家庭照顾取得平衡,越来越多的妇女选择不结婚,或者推迟生育年龄,或者在生育孩子方面选择生育更少的孩子,有些女性甚至选择不生育。

王某,24岁结婚,以前24岁结婚还算比较晚的。因为要工作,所以耽误了结婚。不过生孩子还不算晚,24岁那年的正月结婚,结婚当年冬天就生孩子了。孩子今年15岁了。

那时候生大女儿,就不去上班了。第二个孩子是在这里上班的时候生的,正赶上放暑假,就回老家了。等开学时又来上班了,孩子就放在老家由家里的婶婶照看。(那段时间会经常和孩子沟通吗?)(摇头)几个孩子跟我一点儿都不亲。可能和我的脾气不太好有关,我说话就是大喊大叫的那种,小孩子一般都不喜欢,我平时打电话回去,大女儿到现在一直都不肯接我的电话。她现在经常在我妈妈家,我妈妈家附近有个初中。我们为了挣点钱出来打工,但是这对孩子来说是不好的。我明年准备把孩子接过来,在这边上学。农村有个风俗,生了男孩,就顾不上大女儿了。那时她也没几岁,但她心里有这个阴影。从小到现在,其实我都没怎么抱过她。

(访谈个案,05)

对于农村女性而言,一方面要就业,另一方面要生育孩子,特别是生男孩传宗接代的传统文化观念,常常使得女性无法兼顾孩子和工作,孩子往往成为留守儿童,与母亲(包括父亲)的感情不深,这使孩子的个性发展存在一些遗憾或偏差。在这方面,城镇女性比农村女性略好一些。

陶某说公司现在要统筹的事情太多。为此,她也失去了很多普通女性所应得到的乐趣,比如逛街、看电影。谈及儿子,她有些面露愧色。她说:"我爱他,却没办法像普通母亲一样来体现自己的爱,站在他面前,我心里想的还是工作。女性要成就一番事业,往往因身兼妻子与母亲的职责而更难。"

(文献个案,03)

柳某,房地产商。我工作忙起来的时候,照顾孩子的时间非常有限。我家人,特别是我婆婆,人特别好。她常来帮我带孩子,尤其是儿子生病的时候,她会马上来接走孩子,然后对我说,你安心工作,我会把孩子照顾好的。我出差时,她也会把孩子接走,等我出差回来,她又会把孩子送回来,让我和孩子能有时间待在一起。

(文献个案,10)

(2)在家庭事务决策和承担家务劳动方面,杭州市的就业女性与男性承担共同的责任,女性拥有和男性一样的话语权。

幸福的婚姻、和谐的家庭是张某最好的后备力量。她有一个儿子,今年21岁,在读大学,一家人生活得很和睦。婆婆今年80多岁了,两人相处得非常融洽,有时候生意比较忙,晚上回家婆婆还主动做夜宵给她吃。谈到老公,她脸上洋溢着幸福的笑容,看得出来,她很幸福。问到当初是她来组织合作社而不是老公来组织,老公心里会不会有想法时,她笑着说,老公很开明,认为夫妻只要心往一处想,至于主内还是主外只是分工不同而已。自己性格外向,善于和别人打交道,而老公的性格比较内向,所以一般是老公来把关茶叶的品质,包括管理、采摘和制作,而自己则管理茶叶的销售等外部事务。也许正是因为出身于茶叶世家,所以对于茶叶,老公有不一样的见解,当然对于茶叶的品质也就有不一样的要求。

(文献个案,04)

（王某）平时在家里，我们夫妻两个比较合得来，两人年龄相仿，有共同语言。（家里谁挣钱多一些？）丈夫挣钱多一些，但我们家没有那个谁挣钱多就听谁的观念（哈哈笑）。家里的钱都放在那里，两个人谁要用就随便拿。家务也是我们两个人都干，谁有空谁就干。反正我们家也没有什么家务，也就是洗洗衣服什么的。

（访谈个案，05）

平时家里的事情谁说得有道理就听谁的。家里的财政大权掌握在我手里，因为生活琐事都是我去管理。至于家务，平时我有事就我老公干。我也不会因为工作而减少做家务的时间。

（访谈个案，06）

在有关女性参政议政的调查数据中，男性和女性都认为女性的家务负担是最影响女性参与政治的因素。但从实际的案例中可以看到，目前杭州市的家庭中，女性在家庭事务决策和承担家务方面基本和男性一样，对一些创业女性而言，可能男性承担的家庭事务要多于女性。

5. 就业妇女的健康地位

社会地位与健康水平密切相关。两性社会地位的不平等是造成两性健康水平高低的根本原因。妇女在就业方面占有的社会资源不足或地位低下，很容易影响到她们生产和消费健康的能力及其健康社会保障的情况。① 因此，需要关注就业妇女的健康状况。健康状况主要包括是否拥有基本医疗保障、工作环境质量的影响等。

（1）基本医疗保障待遇。杭州市城乡男女两性享受基本医疗保障统计数据显示，杭州市城乡男女两性拥有基本医疗保障的比例均比较高。两性之间、城乡之间不存在基本医疗保障覆盖率的显著差异，但在享受医保种类和待遇上存在显著的差异。城镇女性享受职工基本医疗保险的比例较高，占城镇女性总数的65.00%，其次是享受城镇居民医疗保险的比例。与城镇男性相比，公费

---

① 浙江省妇联、浙江省妇女研究会：《走向现代化的浙江妇女》，中国妇女出版社，2013，第16页。

医疗/劳保医疗中，城镇女性所占的比例比较低，这从一个侧面反映出，女性就业的工作单位多为企事业单位，在政府等管理部门工作的较少，为此享受的医保福利相对低（见表9）。

表9 杭州市城乡男女两性享受基本医疗保障的情况

单位：人，%

城乡	性别	指标	城镇职工基本医疗保险	公费医疗/劳保医疗	城镇居民医疗保险	新型农村合作医疗	农民工综合保险	其他社会医疗保险	不适用	总计
城镇	男	人数	77	17	16	11	0	6	8	135
		比例	57.04	12.59	11.85	8.15	0	4.44	5.93	100
	女	人数	104	8	36	5	0	3	4	160
		比例	65.00	5.00	22.50	3.13	0	1.88	2.50	100
农村	男	人数	8	1	1	46	3	0	11	70
		比例	11.43	1.43	1.43	65.71	4.29	0	15.71	100
	女	人数	10	0	1	67	0	0	4	82
		比例	12.20	0	1.22	81.71	0	0	4.88	100

资料来源：根据2010年第三期中国妇女社会地位调查中杭州的抽样调查数据整理。

农村女性是城镇男性、城镇女性、农村男性和农村女性四类群体中医疗保障待遇最低的。新型农村合作医疗是农村女性能够享受的最主要的医疗保障待遇。在表9中，农村女性享受新型农村合作医疗保障的比例较高，占农村就业女性总数的81.71%。在就业过程中，农村女性大量进城务工，其间如果得了大病或急性病，去城市大型医院就医也无法享受到新型农村合作医疗的优惠。因为参加新型农村合作医疗的农民需要在定点市县、乡镇的医院就医和报销。[①] 因此，杭州市的务工女性，特别是女性流动人口在医保方面仍然面临低收入、低保障的制约。

两年一次体检，学校组织的，好像是总务处那边掏钱。在生孩子的时候，

---

① 浙江省妇联、浙江省妇女研究会：《走向现代化的浙江妇女》，中国妇女出版社，2013，第38页。

单位工资照发,有产假,也给报销了生育费用。没有换岗位。

(访谈个案,06)

至于体检,单位也没有那个条件。对于我们这些没缴纳保险的,单位肯定不会给我们做体检,要体检就得自费到医院去。一般情况下,自己感觉不舒服了就去检查一下。(生孩子的时候有没有卫生、生育方面的补贴?)没有的,生孩子的事单位又不管。(生孩子的时候单位会不会给换岗位?)不会。

(访谈个案,05)

正如访谈中所述,农村女性一旦在保险金方面缴纳不够,就很难享受所在务工城市的基本医疗保障,若返回原地定期体检等,又是不太现实的行为。

(2)杭州女性工作环境的质量不存在性别差异。根据工作/劳动环境中的不利健康因素(见表10)的统计,杭州城镇女性和农村女性都认为不利因素的排序是:过量负重、噪声、烟尘/粉尘①、化学毒物(含农药)。虽然城镇男性将烟尘排在首位,农村男性将噪声排在首位,但总体来看,在女性的工作/劳动环境中,没有噪声、烟尘、化学毒物、过量负重这4个不利健康因素存在的城镇女性占到48.03%,农村女性占到46.34%(见表11)。近七成女性日常工作/劳动环境是安全的,还有三成多女性健康遭受各种环境污染不同程度的侵害。如制造业,过去纺织车间对女性的健康有一定程度的伤害,随着技术的进步,女性的工作环境有了很大的改观。

表10 工作/劳动环境中的不利健康因素

单位:%

城乡	性别	首要因素	次要因素
城镇	男	烟尘(17.03)	噪声(14.07)
	女	过量负重(9.30)	噪声(7.50)
农村	男	噪声(25.71)	烟尘(25.71)
	女	过量负重(14.63)	噪声(13.41)

资料来源:根据2010年第三期中国妇女社会地位调查中杭州的抽样调查数据整理。

---

① 据气象统计,2003年杭州的雾霾天气超标,导致选择烟尘/粉尘选项的比例升高,但是这不存在性别上的差异。

表 11 男女两性的工作/劳动环境

单位：%

性别	总体			城镇			农村		
	没有不利因素	有1种	有2种及以上	没有不利因素	有1种	有2种及以上	没有不利因素	有1种	有2种及以上
男	47.31	15.12	16.10	48.27	16.30	11.85	45.71	12.86	24.29
女	47.93	13.64	7.02	48.03	11.25	4.38	46.34	18.29	12.20

资料来源：根据2010年第三期中国妇女社会地位调查中杭州的抽样调查数据整理。

（过去）车间的工作环境很差，夏天基本上都在35℃以上，每天都要在20多米长的机台前来回走动，8小时一班只能站不能坐。很多本地姑娘都吃不了这个苦，干些日子就不干了，但我一坚持就是17年。头一个月，也跟着师傅学刮回丝、倒毛丝、落丝等基本技能，每天连续工作8小时，左手拇指和食指被纤维丝割破多次，用橡皮胶粘着，不吭一声，继续练习。当时每季度都有操作技能比赛，我的技能是新人里最好的。后来，我在全市的比赛中得了第一名，是厂里牵伸技能最娴熟的员工。2000年怀孕时，还是做三班倒的活，一天站8小时。

（文献个案，11）

总体而言，在城镇，女性的工作/劳动环境和男性差不多，城镇工作/劳动环境较农村更安全。医保条件、工作/劳动环境在两性之间不存在明显的差异。

五 妇女就业对社会地位影响的结论与讨论

简单用提高或下降很难确切地反映改革对中国妇女社会地位产生的影响，最为贴切的字眼是"变化"。杭州市的就业妇女自身相比整体进步了，与男性的状况相比或与男性的进步相比，在有些方面缩小了差距，而在另一些方面却加大了差距。受经济转型不完善、市场发展不平衡的影响，不同地域之间、城乡之间、群体之间妇女社会地位的提高处于不平衡的状态。虽然在改革中利益格局受到政府一定程度的宏观调整，但在某些方面和一定程度上却拉大了不同阶层女性群体之间和男女两性之间发展的差距。同一阶层内部存在着性别差序,即男性优先享有更多资源和机会,资源越少,女性所占的份额越少;不同阶层的性别之间有着性别差异,社会阶层越低,获得的资源越少,女性获得的资源最少。

1. 基本结论

(1) 女性的在业率降低,再就业困难,其社会地位在相当大的程度上与其就业的状况直接相关联。杭州市女性的在业率在2008~2009年出现了较大的波动,再就业相对困难。由于杭州女性多集中在制造业、批发零售业、服务性行业,因此当经济贸易受到影响时,这些行业首先受到冲击,女性的在业状况也就受到不同程度的影响,导致女性的经济地位出现两极化的趋势。一方面,在简单服务性行业就业的女性收入较低,即便她们经过专业化的再培训,所从事的行业和职业决定了她们收入的最高值;另一方面,居民服务、卫生社保、文体娱乐、公共管理和社会组织等行业中的高层管理者,甚至创业女性,收入较高。这种分化与杭州女性所受教育的两极化趋势有非常密切的关系。与男性相比,杭州女性在低学历和高学历就业方面基本持平,甚至女性的大学本科学历所占的比例还要略微高于男性所占的比例。当然,在业状况会影响女性的婚姻态度、生育时间和参与家务劳动的时间等,但从杭州女性的样本来看,杭州女性的家庭婚姻地位普遍较高,并没有因为在业率而受到非常显著的影响。

(2) 在社会转型中,就业女性的社会地位与过去相比有了很大变化,其中女性群体内部的社会地位因为就业的变化发生分化,相互间的差距在扩大。国企女工是原体制下享有利益优势的女性群体,由于她们长期受"铁饭碗"的保护,与城市女性中的干部、知识分子等女性群体相比,其自身地位的变迁与体制变迁、国企改革成败密切相关。国企女工因企业转型而下岗以后,面临着再就业的困境。她们中的大部分在再就业的过程中,大多从事相对简单、收入较低的工作,只有少部分通过再培训或再学习,自行创业或进入相对复杂、收入较高的行业。农村女性是改革开放以来分化最显著的利益群体。[①] 有过流动经历的或正处于流动状态的农村女性,通过职业流动,努力改变自身的命运,获得机会和资源,但她们在职业流动中仍然处于社会结构的最底层。她们

---

① 全国妇联妇女研究所课题组:《社会转型中的妇女社会地位》,中国妇女出版社,2006,第13页。

受教育的程度决定了其职业流动的水平和能力。由于她们的职业多处于社会结构的最底层,相应的,其所享受的医疗保障等方面的服务较其他女性群体而言也是最底层的。随着经济的发展,市场转型为资源获得与职业流动提供了新机会,女性精英因此在工作中具有更好的稳定性。但由于女企业家和女性高层管理者的来源与构成更特别,她们这个群体在来源、构成、地位获取方式上虽然具有经济精英群体的一般特点和规律,但同时也具有自身的特殊性。[1] 在经济地位上的突出变化,使得她们在参政议政方面有了更强的意识,从而维护了女企业家群体或女性群体的利益。

(3) 在等级化的社会阶层结构中,男女两性在各个阶层中的比例具有不同的走向。作为女性,相对于处于同一境况中的国企男性,她们要承担包括传统性别规范回归在内的文化振荡的冲击,[2] 因而容易出现地位区隔的现象。鉴于她们比男性更难找到再就业的机会,因此往往处于社会阶层结构的中下层。女性精英的比例虽然在增加,但与男性精英群体的大起大落相比,女性精英内部更为复杂,她们拥有较多的社会资源却难以获得普遍的社会认同。[3] 对于农村女性来说,她们即使获得与农村男性相同的职业流动机会,但她们真实的流动情况远不能与农村男性相比,所享受的福利待遇也是最差的。此外,在女大学生身上也表现出了男女较大的性别差异。女大学生虽然接受了和男大学生同样的教育,但在找工作的过程中,往往会因为性别所引发的婚姻、生育等问题而被一些职业或行业拒之门外。在职业流动中,她们的流动性远远低于男性,因此常常被固定在社会阶层结构的中层位置而很少发生变动。

2. 对策建议

党的十八大提出了全面建成小康社会的宏伟目标,并首次将男女平等基本国策写入党代会报告;以习近平同志为总书记的新一代中央领导集体描绘了实现中华民族伟大复兴的"中国梦";杭州市第十一次党代会确定了"打造东方品质之城、建设幸福和谐杭州"的奋斗目标,明确了建设学习型城市、创新型城市、生态型城市和安居乐业示范区、城乡统筹示范区、人文法治示范区

---

[1] 全国妇联妇女研究所课题组:《社会转型中的妇女社会地位》,中国妇女出版社,2006,第481页。
[2] 全国妇联妇女研究所课题组:《社会转型中的妇女社会地位》,中国妇女出版社,2006,第13页。
[3] 全国妇联妇女研究所课题组:《社会转型中的妇女社会地位》,中国妇女出版社,2006,第14页。

"三城三区"的主要任务,这些都为新时期杭州市的妇女事业发展指明了前进的方向。① 因此,实现妇女对经济资源和机会的平等享有,消除劳动力市场上基于职业、行业和就业方式的性别隔离,促进男女两性劳动价值的平等,成为杭州市政府、杭州市妇联等组织机构切实提高妇女社会地位的目标。

(1) 杭州市政府需全面贯彻落实男女平等的基本国策,将妇女创业与就业工作纳入市政府经济发展规划,制定切实可行的有利于消除就业性别歧视、有利于女性获得平等就业机会、有利于妇女发展与社会经济发展相协调的配套法规和相关政策。在规范单位的用人行为,保护女性的就业权益,以及禁止在职业安全、职位评价和职业晋升等工作过程中出现性别歧视方面,要使法律规定更具可操作性,让女性自身能够用法律武器很好地保护自己。在问题反映方面,要建立畅通的反映渠道,特别是妇联组织应加大服务力度,市人大、市政协则应着力于加强监督职能。

(2) 加强杭州市政府对劳动就业的宏观调控。以结构调整为重点,着力发展杭州的第三产业,扶持民营中小企业,鼓励女性创业,开展"姐妹就业创业促进行动",定期召开女性创业圆桌会议。在扶植非正规就业组织和开发社区公益性劳动岗位之外,政府要充分发挥宏观经济政策对就业的协调作用。推广妇女小额担保贷款,逐步扩大政策覆盖面,优化妇女创业融资环境;切实发挥妇女创业导师团、女大学生就业见习(实训)基地的作用,通过技术创新、管理创新、市场创新和营销模式创新做大做优企业;培育新型女农民,扶持发展农村女能人经济,支持农家女能手发展现代农业;对贫困妇女进行"一对一"帮扶,逐步建立帮扶长效机制。在大力发展资本密集型、技术密集型的高新技术产业的同时,必须重视发展"低投入、高就业"的劳动密集型企业,尽管它们技术含量低、规模小、效益低,却是吸纳劳动力的主渠道。为此,女性参与较多的家务劳动市场需要建立健全的规范服务机制。这样,一方面,妇女的家务负担可以得到减轻,从而缓解职业女性的双重角色冲突;另一方面,家务劳动本身的价值可以得到体现,从而为生存技能不高的女性提供更

---

① 魏颖:《弘扬时代精神,凝聚妇女力量,为打造东方品质之城、建设幸福和谐杭州而努力奋斗——在杭州市第十五次妇女代表大会上的报告》,2013年6月9日。

多的岗位进行充分就业。

（3）健全现有的社会保障制度，以适应多元化、多层次的就业市场形态。杭州市政府要通过各种渠道筹集社会资源为女性提供教育补贴，建立健全女性生育社会补偿的生育保险制度，逐步将在非公有制部门、非正规部门就业的妇女、农村务农妇女和家庭妇女纳入保险的范围，提高不同就业形态女性享有社会保障的程度。第一，女性的基础教育在被巩固的同时，要将其与职业教育结合起来，发挥职业教育、成人教育与基础教育之间的互补作用。加强实用技能的培训，如开展"双学双比""巾帼建功"等竞赛活动，创办"妇字号"农业龙头企业等，实施妇女素质培训和劳动力转移工程。第二，要保证妇女有和男性一样平等的机会接受在职培训，创新在职培训的方式，从而提高在职女性的岗位技能与业务素质，使她们在职业岗位上向更专业化、更高层次发展，甚至还可以鼓励成立一些妇女职业培训机构，专为女性就业服务，根据女性自身的特点设计课程，对女性进行系统培训。第三，完善保护农村妇女土地承包权益的相关规定，对农村土地承包、土地征用补偿分配中有关妇女权益的落实情况进行定期检查和指导。

除此以外，从妇女个体层面来看，女性要提高社会地位，还需要加强自身素质建设，加强自身管理和规划，这样才能充分就业。首先，要提升人力资本。杭州市的就业女性需要坚持不断地学习、实践，从而增加个体所拥有的人力资本，为自己的职业生涯发展奠定基础。杭州市各大高校在毕业生就业时都会进行职业生涯的规划和讨论，女大学生可以利用这个平台，对自己进行合理规划。女性在充分考虑自身能力、个人素质等因素后，要重点培养自己对所从事职业的兴趣，参加一些诸如"职场女性的情绪管理""女性的自我成长"等培训，尽快融入单位组织文化中。农村女性尤其需要参与一些村委会或妇联组织不定期举办的各种妇女培训班。其次，要加强自我事务、职业生涯和家庭生活的管理。职业女性应该学会从时间上科学地安排社会工作和家务劳动，从心理上学会放松和调节自己，从观念上不断解放自己，使自己具有开阔的视野、较强的解决问题的能力、较融洽的人际关系和较好的心理素质。[①] 为此，就业

[①] 叶文振主编《女性学导论》，厦门大学出版社，2006，第254页。

女性可以多参加一些正式或非正式的交流会，以交流共享彼此的经验。

为此，需要从政策制度和个人层面为女性的充分就业提供保障，抵制和消除妇女在就业过程中受到的歧视和偏见，促使妇女的社会地位在社会职业结构中得到提升。这样妇女就业和再就业就能获得一个良好的社会文化环境，从而使她们的经济地位、政治地位、婚姻家庭地位、教育地位及健康地位都有大幅度的提升。

参考文献

[1] 柴英、徐燕萍、谭再琼：《宁波妇女社会地位调查分析》，《宁波经济（三江论坛）》2005 年第 4 期。

[2] 陈鹏：《经典三大传统社会分层观比较——以"谁得到了什么"和"为什么得到"为分析视角》，《社会科学管理与评论》2011 年第 3 期。

[3] 单艺斌：《妇女社会地位评价方法研究》，东北财经大学博士学位论文，2000。

[4] 第二期中国妇女社会地位调查课题组：《第二期中国妇女社会地位调查主要数据报告》，《妇女研究论丛》2001 年第 5 期。

[5] 第三期中国妇女社会地位调查课题组：《第三期中国妇女社会地位调查主要数据报告》，《妇女研究论丛》2011 年第 6 期。

[6] 丁娟、李文：《关于妇女社会地位认知与态度基本状况的分析与思考》，《山东女子学院学报》2012 年第 6 期。

[7] 杜芳琴：《中国妇女与发展——地位、健康、就业》，河南人民出版社，1993。

[8] 高雪玉：《浙江妇女社会性别观念状况的比较分析》，《宁波大学学报》（人文科学版）2004 年第 5 期。

[9] 郭秀云：《女性就业对平等地位获得的影响》，《宁夏社会科学》2005 年第 4 期。

[10] 侯慧丽：《市场转型时期农村迁移女性的职业地位获得——对五城市流动人口移民社区的研究》，《市场与人口分析》2005 年第 1 期。

[11] 《家庭、私有制和国家的起源》，转自《马克思恩格斯选集》第四卷，人民出版社，1995。

[12] 蒋永萍、和建花等：《认识和诠释新时期中国妇女的社会地位——"第三期中国妇女社会地位调查研讨会"综述》，《妇女研究论丛》2012 年第 3 期。

[13] 蒋永萍：《中国性别平等状况及性别平等政策推进》，全国妇联妇女研究所（PPT），2011。

[14] 李路路：《再生产的延续：制度转型与城市社会分层结构》，中国人民大学出版

社，2003。
[15] 李银河：《女性权利的崛起》，中国社会科学出版社，1997。
[16] 林志斌：《性别与发展》，中国农业大学出版社，2001。
[17] 陆林、钱钟：《从女性就业难论当代妇女地位的提升》，《苏州大学学报》（哲学社会科学版）2007年第3期。
[18] 陆学艺：《当代中国社会阶层研究报告》，社会科学文献出版社，2002。
[19] 倪志伟：《市场转型理论：国家社会主义由再分配到市场》，载边燕杰主编《市场转型与社会分层——美国社会学者分析中国》，上海三联书店，2002。
[20] 全国妇联妇女地位调查课题组：《妇女地位：进步还是倒退？——第二期中国妇女社会地位调查研讨会主要观点综述》，《妇女研究论丛》2002年第6期。
[21] 全国妇联妇女研究所课题组：《中国社会转型中的妇女社会地位》，中国妇女出版社，2006。
[22] 全国妇联女性高层人才成长状况研究与政策推动项目课题组：《科技领域女性高层人才成长状况与发展对策——基于五省市定性调查研究报告》，《妇女研究论丛》2011年第5期。
[23] 孙戎：《妇女地位变迁研究的理论思路》，《妇女研究论丛》1997年第4期。
[24] 王宇英：《当代中国女性问题述略》，《首都师范大学学报》（社会科学版）2004年增刊。
[25] 魏颖：《弘扬时代精神，凝聚妇女力量，为打造东方品质之城、建设幸福和谐杭州而努力奋斗——在杭州市第十五次妇女代表大会上的报告》，2013年6月9日。
[26] 吴帆：《我国妇女发展状况评估——基于家庭领域性别平等指标体系》，《社会》2007年第3期。
[27] 武友政：《我国妇女就业政策的结构及其扩展》，《重庆社会科学》2009年第12期。
[28] 杨华：《战后美国妇女就业状况及其社会地位的变化》，苏州大学硕士学位论文，2010。
[29] 叶文振主编《女性学导论》，厦门大学出版社，2006。
[30] 游钧：《2008~2009年中国就业报告》，中国劳动社会保障出版社，2010。
[31] 浙江省妇联、浙江省妇女研究会编《走向现代化的浙江妇女》，中国妇女出版社，2013。
[32] 中国性别平等与妇女发展指标研究与应用课题组：《中国性别平等与妇女发展评估报告（1995~2005）》，《妇女研究论丛》2006年第2期。
[33] Dixon, Butch B., *Rural Woman at Work Strategies for Development in South Asia Baltimore*, Johns Hopkins University Press, 1978.
[34] Mason, Karen, O., "The Status of Women: Conceptual and Methodological Issue", *Demographic Social Force*, 1986 (2).

B.4 影响杭州妇女就业的要素分析

聂爱情*

摘　要： 为分析影响杭州妇女就业的因素，本文采用文献法、访谈法、问卷法等方法展开研究，在对杭州市已就业妇女和杭州市在读大学生调研的基础上，分析了目前影响其就业的主要因素。结果显示，影响在职女性就业的主要因素依次为受教育程度、是否拥有技术和能力、家人支持和鼓励、健康状况、之前的工作年限、社交能力、对相关行业了解的程度；影响女大学生就业的主要因素依次为受教育程度、是否拥有技术和能力、人脉、社交能力、对相关行业了解的程度、之前的工作年限、家庭经济收入等。在此基础上提出了提高杭州妇女就业率和就业质量的对策建议。

关键词： 杭州　妇女　就业　影响要素

一　前言

1. 研究意义

就业是成年个体的一项基本权利（妇女也不例外），是每个个体参与社会活动的基本方式之一。随着社会城市化（即都市化）、工业化、现代化以及科学技术的快速发展，社会对劳动力的需求增加（包括对妇女劳动力的需求增

---

* 聂爱情，浙江大学心理与行为科学系副教授、硕士生导师。

加），女性的受教育水平不断提高，她们的就业意识也不断增强。同时，女性自身处境也发生了较大的变化，如日益下降的生育率、日益缩短的生育期，以及家庭现代化、家务劳动社会化等各种因素的影响。20世纪80年代，全世界范围内，妇女就业人数占劳动力总数的1/3强；进入21世纪，妇女就业已是非常普遍的现象。但大约占半数的妇女主要从事农业生产，其他一些从业妇女主要集中在纺织、卫生、商业、教育、社会服务等领域，也有部分跻身于曾经由男性占主导地位的新兴工作领域。据预测，妇女就业人数仍将持续增长。

大量妇女涌入劳动力市场，这在全世界范围内对推动经济发展产生了非常重要的影响，尽管如此，她们在就业方面仍处于不利地位。例如，她们的就业机会相对较少，可供她们选择的职业种类相对有限，有些国家甚至明确做出法律规定不允许妇女参加某些职业，等等。在进修、接受职业培训等方面，妇女并不能得到与男性均等的机会，也得不到技术、专业和行政职业等方面的培训和提高，因而她们很难晋升到管理等岗位，最高一级的决策岗位对她们来讲更是难上加难。大多数妇女仍局限在收入低且技术程度也低的职业岗位。在很多国家和地区，妇女的平均收入仅为男性的一半。

近年来，随着社会的不断进步与发展，我国妇女的就业空间逐步扩大，尤其是改革开放以来，妇女就业人数显著增加，就业比重也呈现不断上升的趋势。20世纪50年代，我国的女职工约为213.2万人，大概占当时所有职工总数的11.7%；2009年，妇女就业人数占全社会总就业人数的比重高达46%，已明显高于《中国妇女发展纲要（2001~2010年）》中确定的到2010年达到40%的目标。

近年来，我国妇女的受教育程度普遍提高，她们的就业自主性也明显增强，其主要表现是妇女的就业层次明显提高、就业结构不断调整。由2010年行业从业人数统计数据可以看出，我国的妇女职业发展结构呈逐步上升态势，第一产业和第二产业中的女性就业人数相对减少，包含信息业、金融业及社会福利业等领域在内的第三产业中的女性就业人数则逐渐增加。可见，第三产业逐步成为吸纳女性劳动力的重要渠道。从行业分布角度看，妇女在教育、卫生、社会服务、住宿、餐饮等领域的工作人数比例远远超过男性。同时，越来越多的妇女进入软件、通信、计算机、金融等高新技术行业，成为促进这些行业发展的必不可少的力量。据统计，2010年国民经济六大行业（通信、金融、计算机、社会保障、教育、卫生）中，城镇单位的妇女就业人数达1941.7万人，比2005年增长了11.1%。其中，社会保障、卫生行业中的妇女就业比重最高（达到59.6%）。但包括杭州市在内，我国目前的妇女就业也存在一系列共性问题。

（1）就业人数呈总体下降趋势。为了追求效益，企业开始解决冗员问题，首要的就是裁减女性职工。20世纪末以来，以市场经济体制为导向的经济体制改革使我国企业各部门的劳动用工行为发生了巨大的变化。相关资料显示，1998~2000年，我国国有企业的下岗职工人数累计达2300万人，其中下岗女性职工占60%。由此可见，妇女就业的受损比例远远高于男性。

（2）就业结构不合理。在内地，我国妇女的就业产业结构表现为从事第二产业和第三产业的妇女很少，从事第一产业的女性则太多。从就业岗位的分布格局来看，妇女大多从事的职业类别为"餐饮娱乐服务""卫生护理""商品采购及销售"等，这些工种的技术含量相对不高，非常不利于女性获取较多的培训机会（贺金莲，2007）。

（3）在政治和经济领域处于次要地位。在从事政府工作的人员中，女性参政人员的比例也较低，她们大多集中在中低管理层级中，且任副职较多。在企业中，大多女性从事基层工作，很少占据绝对的领导岗位，即使有些女性任职于领导层，但她们很少有最终决策权。这些情形很容易造成女性的经济收入低、参与程度低、成就事业的动力减弱以及职位提升概率降低等问题。

（4）同工不同酬现象严重。在劳动领域中，就工资收入等指标而言，尽管我国是男女两性差距比较小的国家之一，但客观地说，我国依然并非所有女性都能享受到同工同酬的待遇。

2. 计量经济模型及其相关研究

从目前的文献看，有关妇女就业问题的影响要素主要来自社会性因素（宏观因素）和个体性因素（微观因素）两个层面。

（1）社会性因素（宏观因素）

国外相关研究表明，人口、社会经济、经济变量、人力资本投入、地域特点和生育特征对劳动力市场的妇女数量增减具有调节作用。如Shah等

（1976）分析了在巴基斯坦的几个省选择的关于妇女劳动力投入（Labor Force Participation，LFP）的人口和社会经济方面的因素。他们发现，劳动力的投入与妇女比例和核心家庭类型是反相关的。Aly 和 Quisi（1996）调查了影响妇女劳动力市场投入决定的社会经济因素。他们发现，女性工资率和受教育程度与 LFP 率呈正相关，但婚姻状况、子女数和年龄与 LFP 率是负相关的。Elisa Birch（2002）使用横截面数据估计了澳大利亚的妇女劳动力供给，她发现妇女劳动力供给的主要决定因素与文献中关于国际上的妇女劳动力供给的影响因素是相似的，包括经济变量、人力资本投入、地域特点和生育特征等。我国的相关研究也发现了类似结果。如我国学者郝冉（2009）采用实证方法分析了整体就业形势、经济发展、受教育程度、消费者价格指数、婚姻状况以及工会等权益保障机构对妇女就业的影响。艾佳和王毅达（2005）以浙江省为例做了类似的实证分析。石智雷和徐映梅（2010）分析了人口流动对女性就业的调节。王小波（2004）认为，我国现有的女性就业水平、市场化与全球化进程以及劳动力市场供求与市场分割的现状构成了影响我国女性就业参与的宏观因素。

基于上述研究，社会性影响要素主要可概括为以下几点。

就业竞争形势。劳动力市场上呈现失业率逐年升高、劳动力供过于求的现状。就业竞争激烈、整体就业形势严峻必然会限制女性就业。

宏观经济状况。随着经济的发展，各行各业对劳动力的需求增加，从而提供了更多的就业岗位，进而为女性增加了就业的可能。同时，逐渐提高的工资福利等劳动待遇也吸引女性参加工作。

女性权益保障。即法律法规以及工会、妇联等女性权益保障组织的作用。相对于男性，女性无法长时间从事高强度的工作，而且需要生育假期，致使一些单位不乐意招收女性员工，劳动力市场上存在性别歧视现象。目前，各国均有明确的法律法规以防止性别歧视现象，我国也有相关条款出台，并有工会、妇联等女性权益保障组织保护女性的权益，保障女性和男性享有平等的就业机会。

（2）个体性因素（微观因素）

这些因素主要是家庭因素，包括家庭收入、年龄、教育和生育情况等。如

Myat Mon（2000）试图研究城市中主要决定妇女 LFP 的因素以及这些因素是如何与妇女 LFP 相关的。该研究发现，受教育情况对 Burmese 城市的女性进入劳动力市场的影响不是很显著，而婚姻状况和丈夫的收入是重要的影响因素。Malik 等（1994）发现，妇女的受教育情况、年龄以及依赖者的数目对市场时间的影响不是很明显，女性的工资率和预测的男性工资对女性劳动力的投入有明显正向的影响。Arthurvan Soest 和 Xiaodong Gong（2000）调查墨西哥城已婚妇女劳动力情况的结果显示，其他成人妇女劳动力的出现降低了孩子对于母亲劳动力的负面影响。Wong 和 Levine（1992）的研究发现，"母亲"替代者的出现显著地增加了那些刚生完孩子的妇女劳动力的投入，并建立了精减形式的关于妇女劳动力投入和生育的方程式。这些发现不仅仅限于发展中国家。在美国，Tienda 和 Glass（1985）用一个类似的模型发现，其他成人的出现增加了那些作为家庭首脑的母亲进入劳动力市场的概率。在我国，艾佳和王毅达（2005）根据 2003 年对 1000 名已婚妇女（年龄范围从 18 岁到 61 岁）进行社会调查得到的数据，通过实证研究发现浙江省女性就业的影响因素为年龄、受教育程度、在家中的地位、婚姻状况等，但家庭中孩子的存在对女性进入劳动力市场的决定因素并不显著。邵建平、范雯（2007）通过对甘肃省女性的就业状况与影响就业的关键因素——年龄、受教育程度之间的相关性进行分析，描述了女性就业影响因素的相关性特征。陈斯祁（2001）分析了心理因素在女性就业中的作用。徐苇、吕伶、胡晨和华桦（2007）同样分析了心理因素对就业和再就业的影响。

基于上述研究，个体性影响要素主要可概括为以下几点。

养家糊口的压力。经济发展的同时，各种生活必需品的价格也在不断地上涨，家庭生活负担相应加重。对部分家庭来说，养家糊口的压力促使女性放弃主妇角色，参与工作以增加家庭收入。

婚姻状况。对于婚姻状况不同的女性，就业的积极性和必要性也不同。单身女性要维持生活，需要参与工作；已婚女性可能将丈夫的收入作为家庭收入的主要来源，因而不需要工作，也有可能迫于生活压力需要参与工作。

受教育程度。有文献认为，我国女性的受教育程度逐年提高，无论是高等教育还是初中、高中教育，受教育程度的提高必然会提高女性在就业中的竞争力；也有文献认为，虽然女性受教育程度有所提高，但是仍然无法和男性相比，因此在就业竞争中依然处于劣势。

二 影响杭州妇女就业要素的研究思路

1. 研究设计

本文主要针对影响杭州妇女就业的重要因素（并转化为一系列变量），加以深入分析讨论，对确定有效干预机制以及针对性地开展引导工作起着举足轻重的作用。结合已有相关研究，本文的研究内容主要涉及以下几方面。

（1）家庭经济收入、年龄、民族、受教育程度、家庭人口、子女数量、健康状况、户口所在地、居住地、政治面貌、婚姻状况、是否拥有技术和能力、之前的工作年限、是否参加过培训、目前是否在工作、工作种类、职业规划、工作还是创业等人口统计变量对妇女就业的影响。

（2）社会支持、社会期望、家庭环境等因素对妇女就业的影响和调节，不同因素之间的相关性和因果关系。

（3）职业价值观、工作价值取向对妇女就业的调节。

（4）家庭、心理及社会等外在客观因素和内在主观因素影响妇女就业的结构特点以及妇女就业策略引导体系。

2. 研究方法

本文拟从定性和定量两个角度展开研究，在13个区县（市）选取妇女和即将毕业的女大学生，采用文献法、访谈法、问卷法等方法展开研究，并运用分层抽样的方法抽取调查对象，分析外在客观因素和内在主观因素对妇女就业的影响。

（1）文献法

查阅国内外有关妇女就业和创业影响因素的最新研究进展，分析近年来影响妇女就业的主客观因素，从多维视角考察影响妇女就业和创业因素的现状及特点。

（2）访谈法

首先，采用自编问题的方法进行访谈，主要包括一些封闭式问题：①近期你的工作状况如何？工作是否不顺心？②你是否感觉自己的就业目标不确定？为什么？③你认为影响女性（妇女）就业的因素有哪些？④你是否对自己的工作或待业状况满意？为什么？⑤你在思考问题时是否经常参考家人和朋友的建议？⑥你认为女性（妇女）找工作的途径主要有哪些？等等。

其次，自行编制有关妇女人口变量的问题。采用分层抽样的方法抽取调查对象，调查目前她们各自的家庭经济收入、年龄、民族、受教育程度、家庭人口、子女数量、健康状况、户口所在地、居住地、政治面貌、婚姻状况、是否拥有技术和能力、之前的工作年限、是否参加过培训、目前是否在工作、工作种类、职业规划、工作还是创业等，在尽可能的情况下对多名女性进行个案访谈。

其中的职业种类是根据《中华人民共和国职业分类大典》将调查职业概括为如下八大类：国家机关、党群组织、企业、事业单位负责人；专业技术人员；办事人员和有关人员；商业、服务业人员；农、林、牧、渔、水利业生产人员；生产、运输设备操作人员及有关人员；军人；不便分类的其他从业人员。

（3）问卷法

第一，职业价值取向测量。职业价值取向量表包含现实型、研究型、艺术型、社会型、企业型和常规型六个维度。该量表共60个题目，每个维度各10个题目。

第二，工作价值观测量。早期研究者Super提出了15项价值观的内容；Gconnor和Kinnance于1961年将其缩减为独立性和多样性、工作条件和同事、社会和艺术、安全和福利、名望及创造性6个维度；Larcebeau则抽取了名望、利益、满意、个人发展4个维度。这些研究都对价值观因素结构进行了探讨。本文参考了Raths的个人价值评估表和价值观调查表的部分因素，结合研究实际和相关文献，自编了价值观问卷。该问卷包含6个维度，每个项目采用五点法进行评分。经测试，各维度的内部一致性系数分别为0.77、0.82、0.78、0.76、0.70和0.73，累计贡献率解释了总方差的51.5%。

第三，社会支持测量。本量表采用我国学者肖水源于1986年编制的社会支持量表，该量表共10个条目，可以分为客观支持（2、6、7条目）、主观支持（1、3、4、5条目）和对支持的利用度（8、9、10条目）3个维度，总分和3个维度分均反映妇女的社会支持状况。根据妇女的实际情况对题目中的个别词语做了修改,把"配偶""夫妻"改为"丈夫"。记分方法为:第1~4、第8~10条,每条只选一项,选择1、2、3、4项分别记1、2、3、4分;第5条分A、B、C、D四项记总分,每项从无到全力支持分别记1~4分;第6、第7条若回答"无任何来源"则记0分,回答"下列来源"者,有几个就记几分。已有研究表明,修订后的量表有较高的信度和效度。

第四,社会期望测量。社会期望量表是由Crowne和Marlowe在1960年编制的,他们经反复测验后把原先的50题改为33题。该量表一直具有双重性质,既是SDR测评量表,又是认可依赖人格的测评量表。该量表要求用"是""否"来回答问题,其中18个题目答"是"得1分,另15个题目答"否"得1分,从而量表得分范围是0~33分,高分表示较强的认可需求。其中,3、5、6、9、10、11、12、14、15、19、22、23、28、30和32题均为反向记分题。该量表的内部一致性系数为0.73~0.88。

第五,家庭环境测量。家庭环境量表(FES)系Moss等人于1981年编制的,共设90道是非题,大约需要30分钟完成。该量表分为10个分量表,分别评价10个不同的家庭社会和环境特征。FES所评价的家庭特征包括亲密度、情感表达、矛盾性、独立性、成功性、知识性、娱乐性、道德宗教观、组织性和控制性。所有90道题目按选择的答案来评分,若回答"是"评"1"分,若回答"否"则评"2"分。该量表的内部一致性系数为0.70。

三 影响杭州妇女就业的关键要素

1. 在职女性对影响就业因素的主观感受

本次研究共调查了120名在职女性,回收有效问卷76份。调查涉及教师、记者、公务员、研发人员、养殖户、编辑、会计、规划师、总经理助理、人力资源专员、检察院科员、证券公司职员、销售人员、翻译、村官、培训师、网络管理员、留学文案人员、化验分析员、仓库管理员、软件测试工程师、心理咨询师、计算机编程人员、个体户、警察、工程师、收银员共27个职业。其中17名(22.37%)在职女性现居住在郊县,59名(77.63%)居住在城市;61名(80.26%)无特别技术,15名(19.74%)具备某项特定技术;38名

（50%）没有接受过任何培训，38 名（50%）曾接受过不同形式的培训；所有的调查对象目前都处于工作状态（即都有工作），其中 75 名（98.68%）为受聘工作，1 名（1.32%）为自主创业。其他人口学变量信息见表 1～表 7。

表 1　年龄分布范围及所占百分比

年龄	20~25 岁	25~30 岁	30~40 岁	40 岁以上
人数（名）	18	41	15	2
百分比（%）	23.68	53.95	19.74	2.63

表 2　受教育程度（学历）及所占百分比

受教育程度	高中或中专	大学	研究生及以上
人数（名）	7	59	10
百分比（%）	9.21	77.63	13.16

表 3　政治面貌及所占百分比

政治面貌	团员	党员	群众
人数（名）	20	36	20
百分比（%）	26.32	47.37	26.32

表 4　婚姻状况及所占百分比

婚姻状况	已婚	未婚	离异	分居
人数（名）	29	47	0	0
百分比（%）	38.16	61.84	0	0

表 5　户口所在地及所占百分比

户口所在地	农村	乡镇	小城市	大城市
人数（名）	17	16	31	12
百分比（%）	22.37	21.05	40.79	15.79

表 6　家人对工作支持程度及所占百分比

工作支持程度	很支持	一般	反对
人数（名）	65	10	1
百分比（%）	85.53	13.16	1.32

表7 目前工作种类及所占百分比

工作种类	人数(名)	百分比(%)
国家机关、党群组织、企业、事业单位负责人	17	22.37
专业技术人员	20	26.32
办事人员和有关人员	14	18.42
商业、服务业人员	11	14.47
农、林、牧、渔、水利业生产人员	1	1.32
生产、运输设备操作人员及有关人员	0	0
军人	0	0
不便分类的其他从业人员	13	17.11

本次调查中涉及影响女性就业的因素共有23个，调查者被要求根据自己的观点对各因素的重要性等级进行排序，23个因素如下：1. 家庭经济收入；2. 是否拥有技术和能力；3. 年龄；4. 之前的工作年限；5. 民族；6. 是否参加过培训；7. 受教育程度；8. 对相关行业了解的程度；9. 政治面貌；10. 家人支持和鼓励；11. 婚姻状况；12. 亲朋数量；13. 家庭人口；14. 人脉；15. 子女数量；16. 就业信息渠道；17. 健康状况；18. 心理素质；19. 户口所在地；20. 社交能力；21. 居住地；22. 班干部和社团经历；23. 学业成绩；24. 其他＿＿＿＿。

（1）影响因素统计结果

被列为影响女性就业首要因素的共有13种，按被选择次数由高到低依次为：是否拥有技术和能力；受教育程度；健康状况；家庭经济收入；社交能力；年龄；对相关行业了解的程度；心理素质；户口所在地；婚姻状况；亲朋数量；居住地；学业成绩（见图1）。

排在第二位的影响女性就业的因素共有14种，按被选择次数由高到低依次为：受教育程度；对相关行业了解的程度；健康状况；之前的工作年限；婚姻状况；人脉；学业成绩；家人支持和鼓励；就业信息渠道；社交能力；居住地；子女数量；心理素质；年龄（见图2）。

排在第三位的影响女性就业的因素共有19种，按被选择次数由高到低依次为：受教育程度；年龄；是否拥有技术和能力；社交能力；健康状况；家人支持和鼓励；就业信息渠道；心理素质；家庭经济收入；人脉；子女数量；户

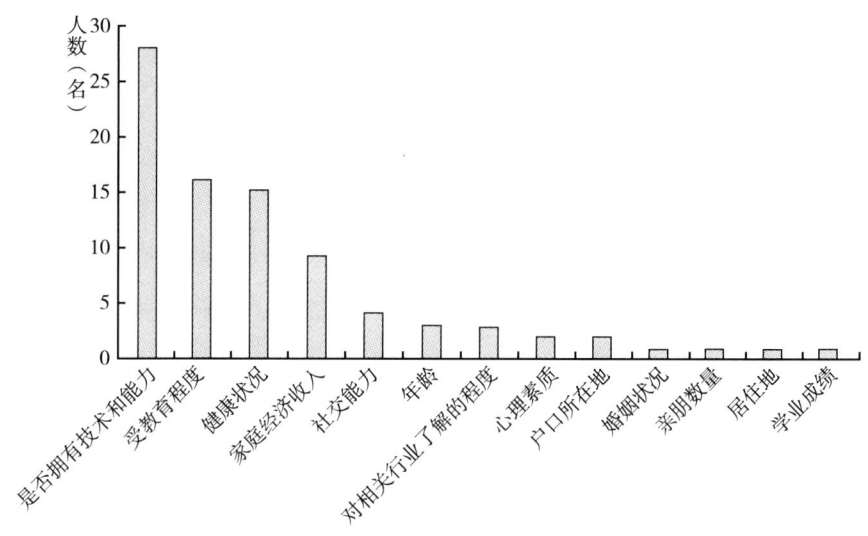

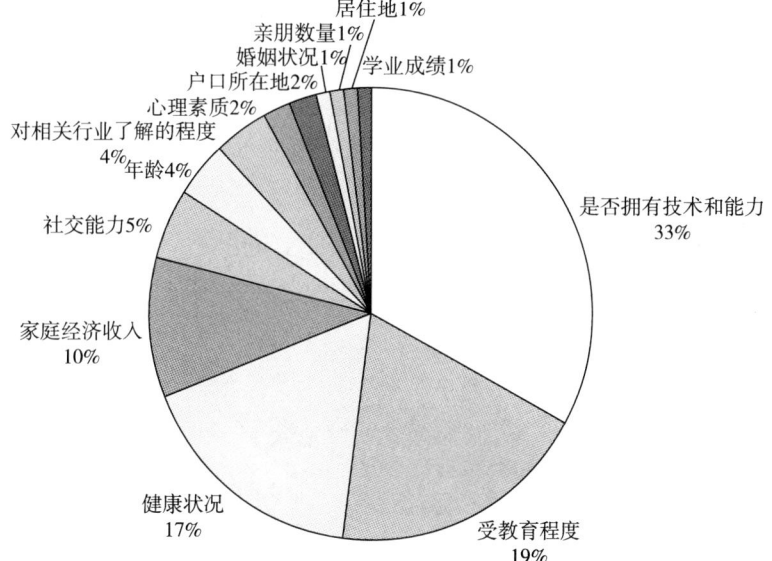

图 1　在职女性对影响女性就业首要因素的判断及各自所占百分比

注：各因素所占百分比均按四舍五入取整。

口所在地；是否参加过培训；对相关行业了解的程度；居住地；婚姻状况；亲朋数量；家庭人口；政治面貌（见图3）。

排在第四位的影响女性就业的因素共有 19 种，按被选择次数由高到低依次为：社交能力；对相关行业了解的程度；是否拥有技术和能力；受教育程

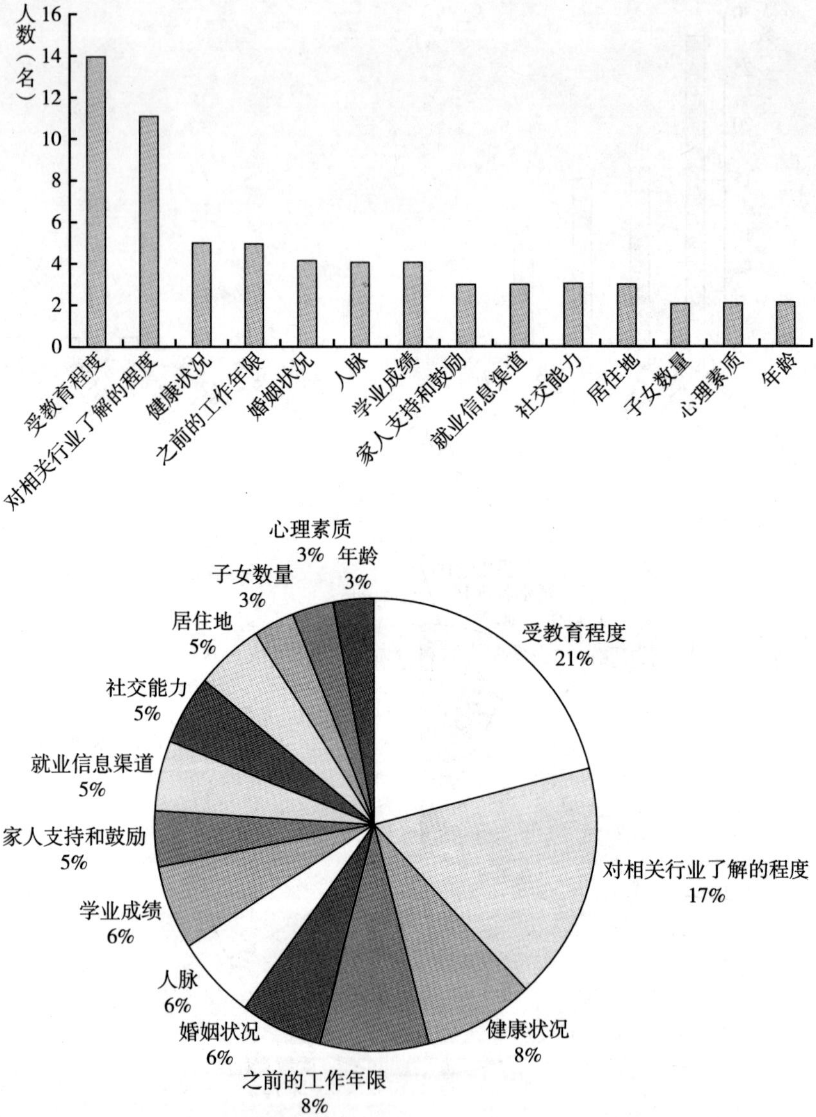

图2 在职女性对影响女性就业第二位因素的判断及各自所占百分比

注：各因素所占百分比均按四舍五入取整。

度；家人支持和鼓励；心理素质；年龄；就业信息渠道；户口所在地；居住地；家庭人口；人脉；家庭经济收入；是否参加过培训；健康状况；之前的工作年限；政治面貌；子女数量；班干部和社团经历（见图4）。

排在第五位的影响女性就业的因素共有18种，按被选择次数由高到低依

影响杭州妇女就业的要素分析

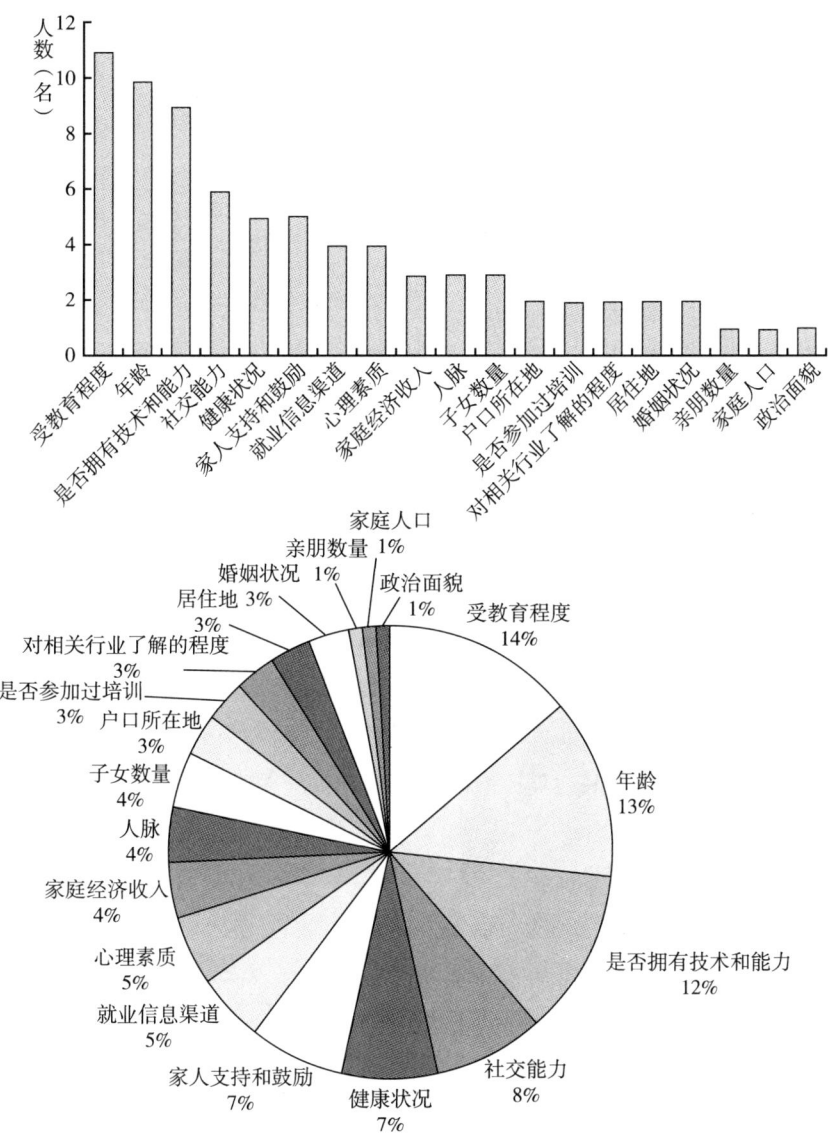

图3 在职女性对影响女性就业第三位因素的判断及各自所占百分比

注：各因素所占百分比均按四舍五入取整。

次为：心理素质；之前的工作年限；家人支持和鼓励；人脉；就业信息渠道；健康状况；受教育程度；对相关行业了解的程度；婚姻状况；年龄；政治面貌；社交能力；是否参加过培训；是否拥有技术和能力；居住地；班干部和社团经历；家庭人口；家庭经济收入（见图5）。

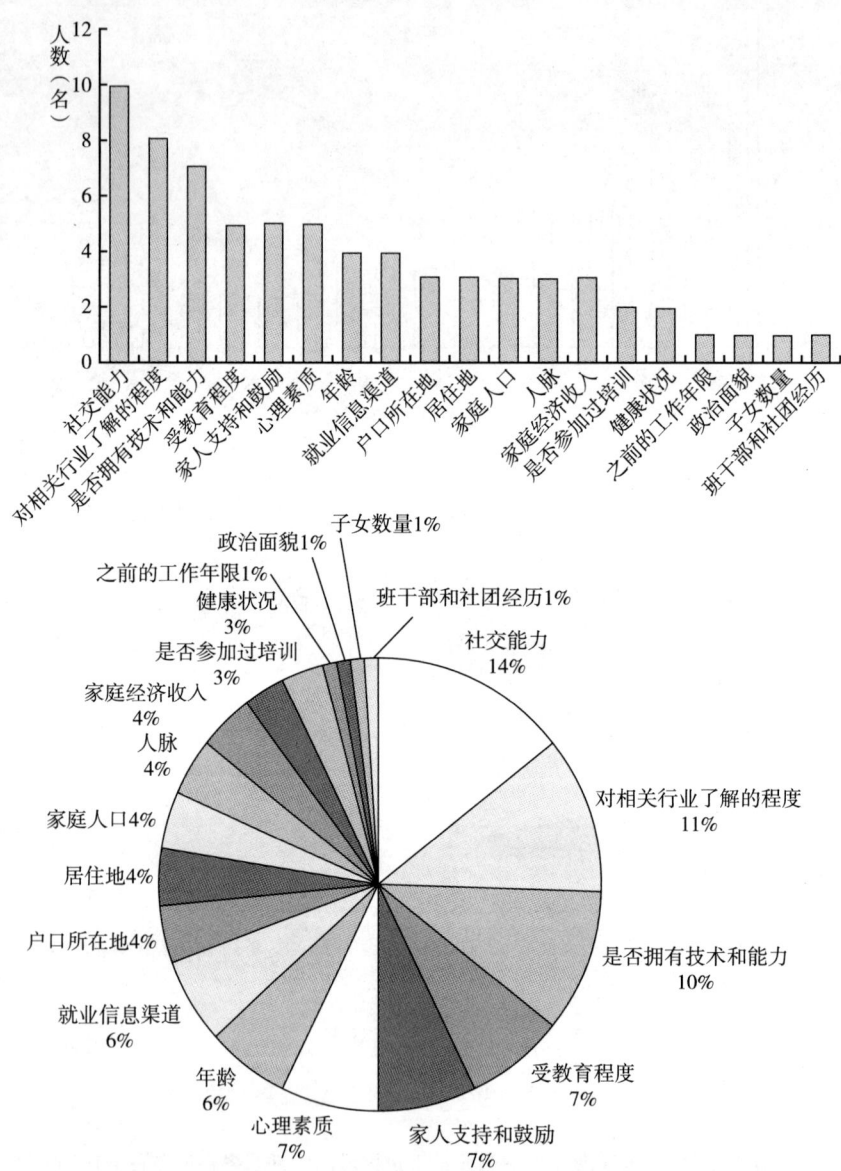

图4　在职女性对影响女性就业第四位因素的判断及各自所占百分比

注：各因素所占百分比均按四舍五入取整。

综合上述数据表明，被在职女性列为前七项重要的影响女性就业的因素分别为：受教育程度；是否拥有技术和能力；家人支持和鼓励；健康状况；之前的工作年限；社交能力；对相关行业了解的程度。

影响杭州妇女就业的要素分析

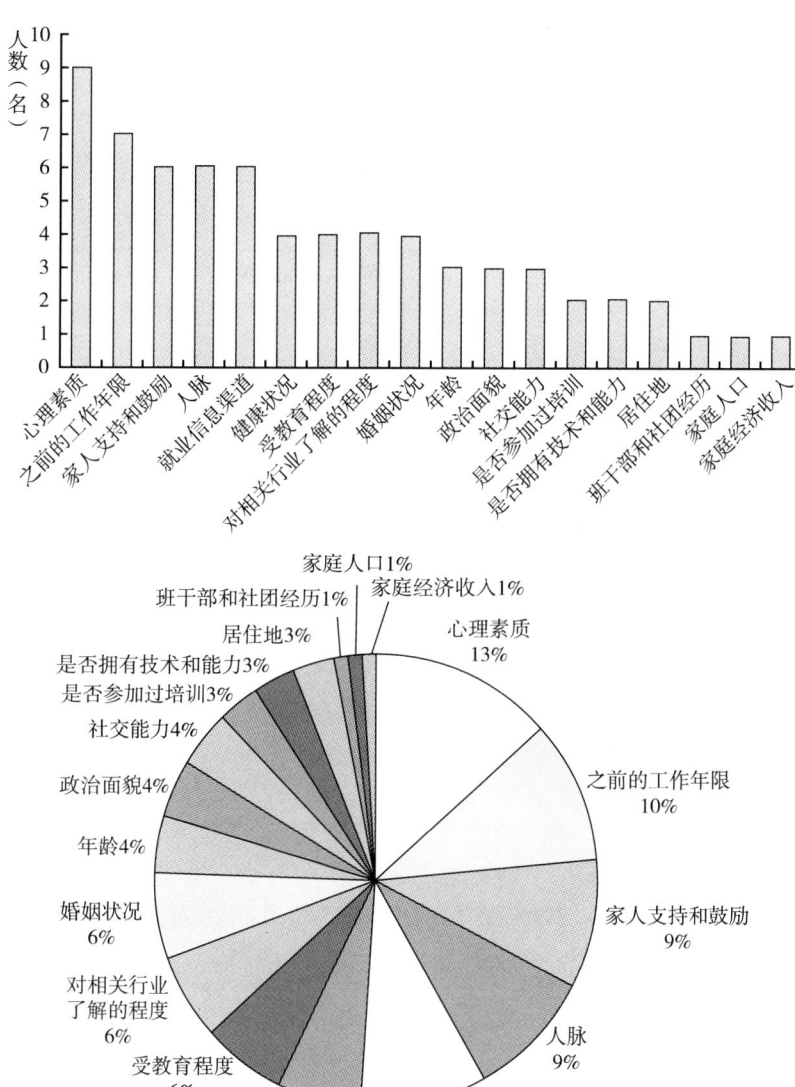

图5 在职女性对影响女性就业第五位因素的判断及各自所占百分比

注：各因素所占百分比均按四舍五入取整。

（2）其他结果

对在职女性的家庭经济收入在受教育程度上的差异进行比较的结果显示，家庭经济收入在受教育程度上并未达到显著水平（见表8）。事后检验分析发现，家庭经济收入在大学和研究生及以上学历水平间的差异达到边缘显著（$p=0.083$）。在随后的分析中发现，家庭经济收入的趋势为：大学学历＜高中或中专学历＜研究生及以上学历（见图6）。

表8　家庭经济收入在受教育程度上的差异分析（M±SD）

受教育程度	高中或中专 （N=7）	大学 （N=59）	研究生及以上 （N=10）	F （df=2）
平均值（M）	7.86	7.65	10.00	0.220
标准差（SD）	4.14	3.81	4.47	—

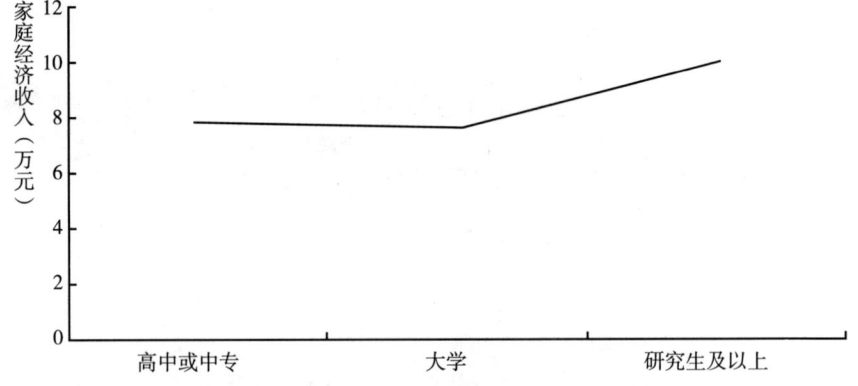

图6　家庭经济收入与受教育程度的变化趋势

对在职女性的家庭经济收入在工作年限方面的差异进行比较的结果显示，家庭经济收入在工作年限上的差异并未达到显著水平（见表9）。在随后的比较中发现，家庭经济收入与工作年限之间的关系并不是成比例增长的（见图7）。

表9　家庭经济收入在工作年限上的差异分析（M±SD）

工作年限	1年以下 （N=15）	1～5年 （N=33）	5～10年 （N=19）	10年以上 （N=9）	F （df=3）
平均值（M）	8.31	7.83	8.26	7.33	0.925
标准差（SD）	4.33	4.58	2.79	3.32	—

影响杭州妇女就业的要素分析

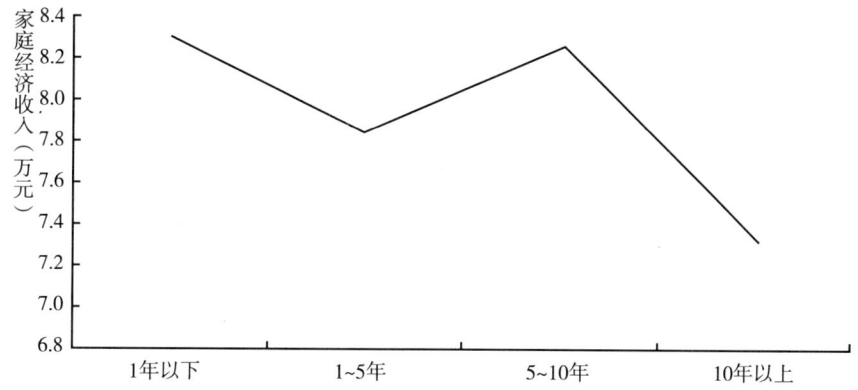

图 7　家庭经济收入与工作年限之间的变化趋势

对在职女性的家庭经济收入在有无技术、是否参加过培训方面的差异进行比较发现，家庭经济收入在有无技术、是否参加过培训方面均无显著差异（见表 10）。

表 10　不同条件（有无技术、是否参加过培训）下的家庭经济收入比较（M ± SD）

条件	有无技术		是否参加过培训	
	无（N = 61）	有（N = 15）	没有参加（N = 38）	参加过（N = 38）
收入（万元）	7.96 ± 4.16	8.03 ± 3.06	8.34 ± 5.02	7.61 ± 2.49
t	− 0.063	—	—	0.814

对妇女就业途径调查的结果显示，本次调查的在职女性认为，就业途径比重由高到低依次为：网络、报纸等信息媒介；朋友介绍；参加公务员考试；自主创业。

在职业规划描述方面，本次调查的在职女性的职业规划集中在以下几方面：做好本职工作；兼顾家庭和生活，使家庭和生活平衡；获得一个有编制且较稳定的岗位。但也有少数女性没有明确的职业规划，并不了解详细的升职途径。

在职女性对"就业目标是否明确？为什么？"这一问题的回答结果显示，80% 以上的女性都表示虽然目前自己处于工作状态，但仍没有明确的就业目标。原因集中在以下几点：不知道自己适合哪一行业；目前的工作压力较大；当前的就业压力较大；与所学专业相关的岗位较少。

在职女性对"近期工作状况如何？工作是否顺心？相关原因是什么？"这一问题的回答结果显示，85%以上的女性表示她们目前的工作相对来说还是比较顺心的。影响女性工作心情的原因表现在以下几方面：工作压力和强度；人际关系；是否受到领导赏识；假期和工资待遇。

在职女性对"对自己目前的工作满意度如何？影响原因是什么？"这一问题的回答结果显示，大部分女性对自己的工作满意度较高。影响工作满意度的原因表现在以下几方面：工作本身的稳定性；是否对工作感兴趣；工作的待遇和升迁。

2. 女大学生对就业影响因素的主观感受

某报告显示，全国普通高校大学毕业生的人数逐年递增。如2003年的毕业生人数为212万人，2004年的毕业生人数为280万人，2005年的毕业生人数为338万人，2006年的毕业生人数为413万人，2007年的毕业生人数为495万人，2008年的毕业生人数为559万人，2009年的毕业生人数为611万人，2010年的毕业生人数为631万人，2011年的毕业生人数为660万人，2012年的毕业生人数为680万人。某传媒学院2012届毕业生就业率达到94.5%，其中广告专业、摄影专业、数字媒体专业就业率均为100%。为此，调查影响女大学生的就业因素也是相当重要的。

本文调查了50名在校大学生，回收有效问卷35份，问卷回收率为70%。其中男生11名、女生24名，年龄为20~22岁。其他人口统计变量见表11、表12。

表11　独生、专业及国籍信息统计

变量	是否独生		专　业		国　籍	
	是	否	文	理	中国	外国
人数（名）	18	17	5	30	34	1

表12　生源地、家庭及学校职位信息统计

变量	生源地			是否为单亲		是否为班干部	
	城市	乡镇	农村	单亲	非单亲	是	否
人数（名）	17	4	14	1	34	12	23

（1）影响因素统计结果

调查显示，在校女大学生认为，影响女性就业的首要因素共有6种，按被

影响杭州妇女就业的要素分析

选择次数由高到低依次为：受教育程度；是否拥有技术和能力；家庭经济收入；家人支持和鼓励；社交能力；心理素质（见图8）。

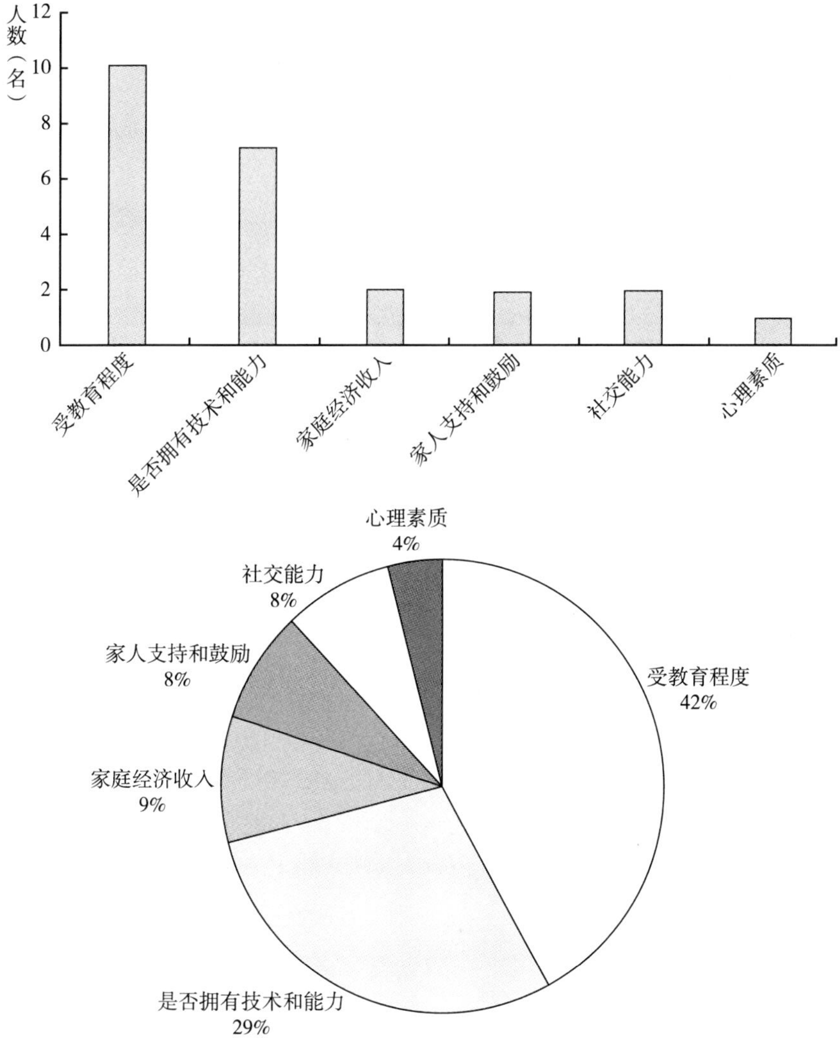

图8 女大学生对影响女性就业首要因素的判断及各自所占百分比

注：各因素所占百分比均按四舍五入取整。

在校女大学生认为，排在第二位的影响女性就业的因素共有10种，按被选择次数由高到低依次为：是否拥有技术和能力；是否参加过培训；受教育程度；对相关行业了解的程度；人脉；健康状况；家庭经济收入；年龄；之前的工作年限；社交能力（见图9）。

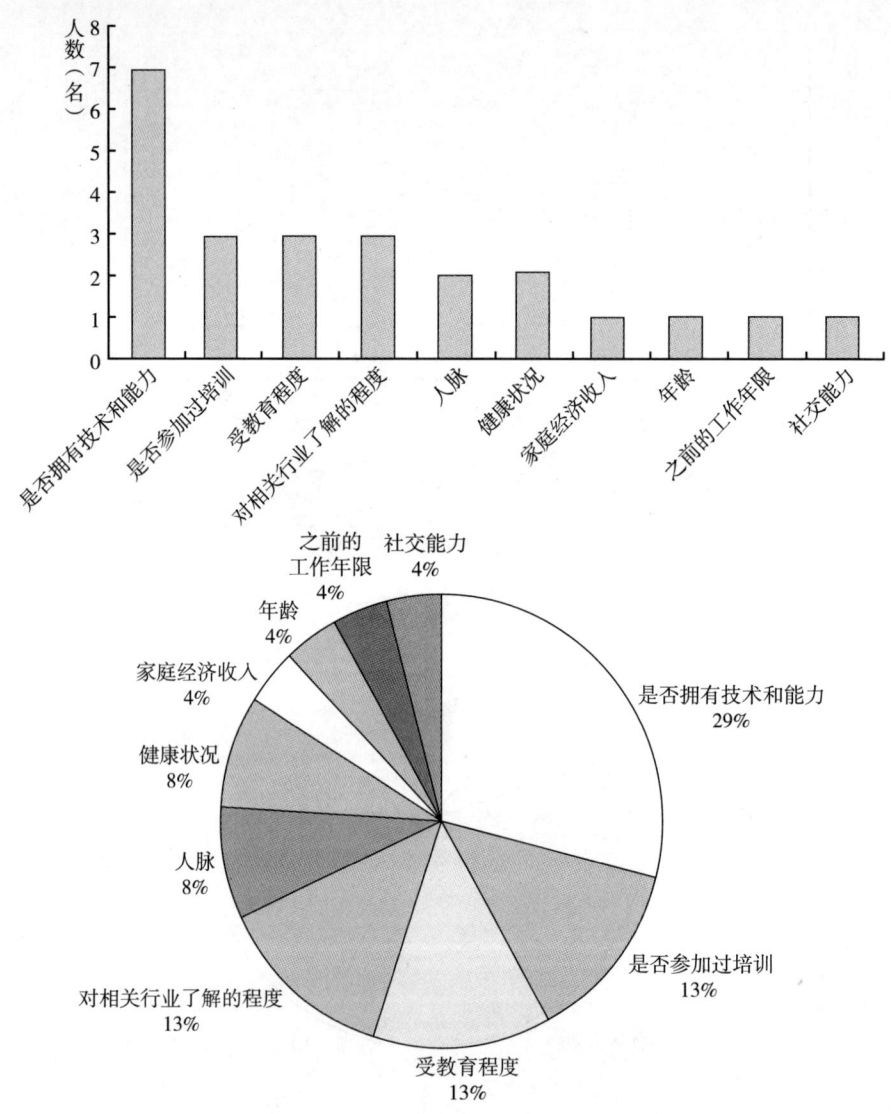

图9 女大学生对影响女性就业第二位因素的判断及各自所占百分比

注：各因素所占百分比均按四舍五入取整。

在校女大学生认为，排在第三位的影响女性就业的因素共有13种，按被选择次数由高到低依次为：社交能力；婚姻状况；家庭经济收入；是否拥有技术和能力；是否参加过培训；受教育程度；对相关行业了解的程度；健康状况；之前的工作年限；家人支持和鼓励；家庭人口；人脉；学业成绩（见图10）。

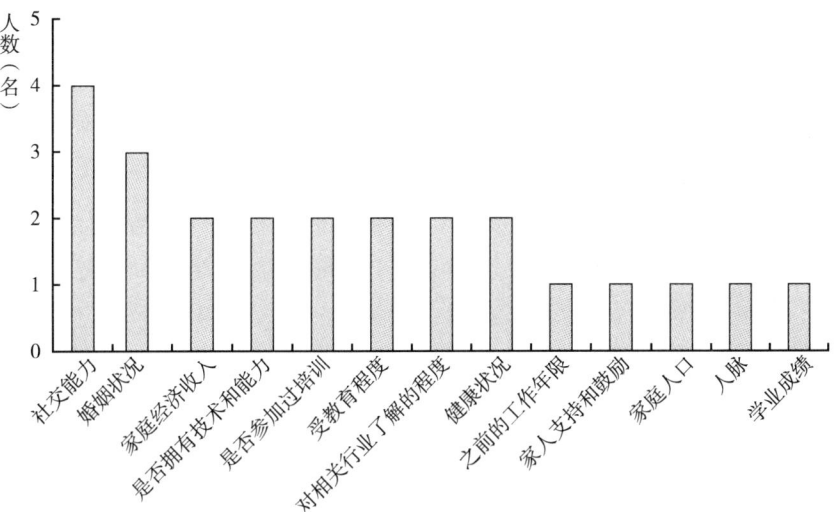

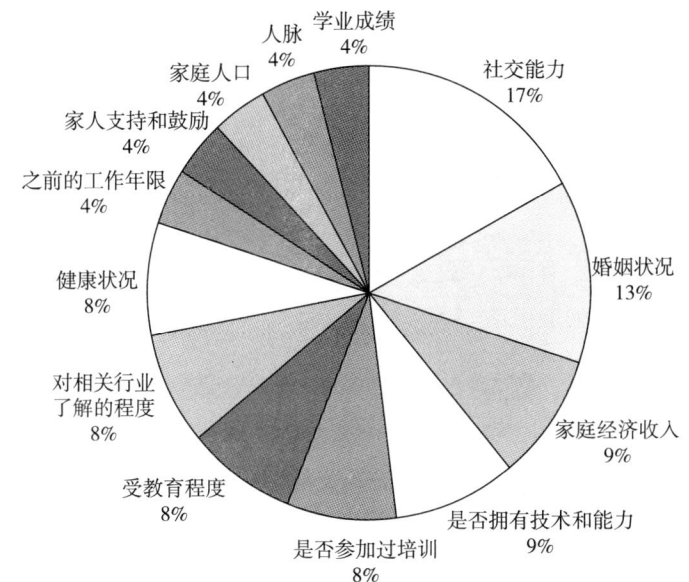

图10 女大学生对影响女性就业第三位因素的判断及各自所占百分比

注：各因素所占百分比均按四舍五入取整。

在校女大学生认为，排在第四位的影响女性就业的因素共有12种，按被选择次数由高到低依次为：婚姻状况；人脉；之前的工作年限；受教育程度；对相关行业了解的程度；家庭人口；年龄；是否参加过培训；子女数量；健康状况；心理素质；学业成绩（见图11）。

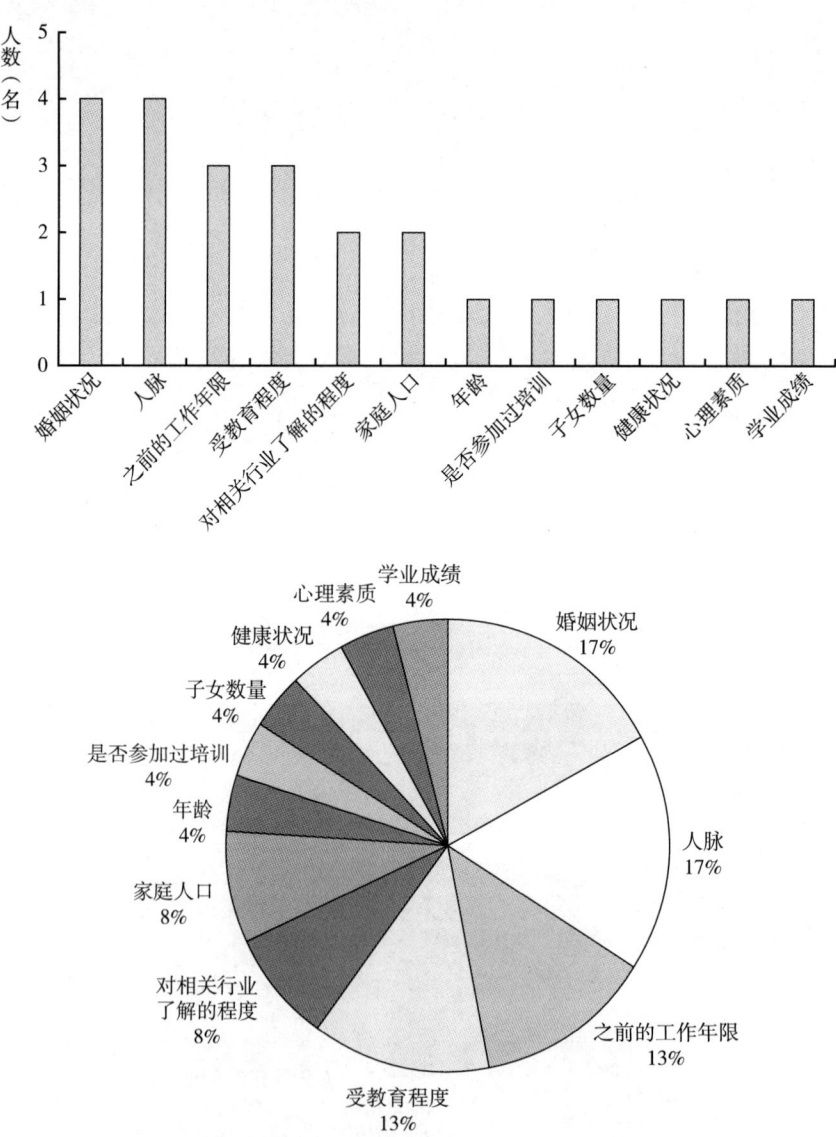

图11　女大学生对影响女性就业第四位因素的判断及各自所占百分比

注：各因素所占百分比均按四舍五入取整。

影响杭州妇女就业的要素分析

在校女大学生认为，排在第五位的影响女性就业的因素共有11种，按被选择次数由高到低依次为：年龄；心理素质；人脉；社交能力；子女数量；就业信息渠道；家庭经济收入；受教育程度；对相关行业了解的程度；家人支持和鼓励；健康状况（见图12）。

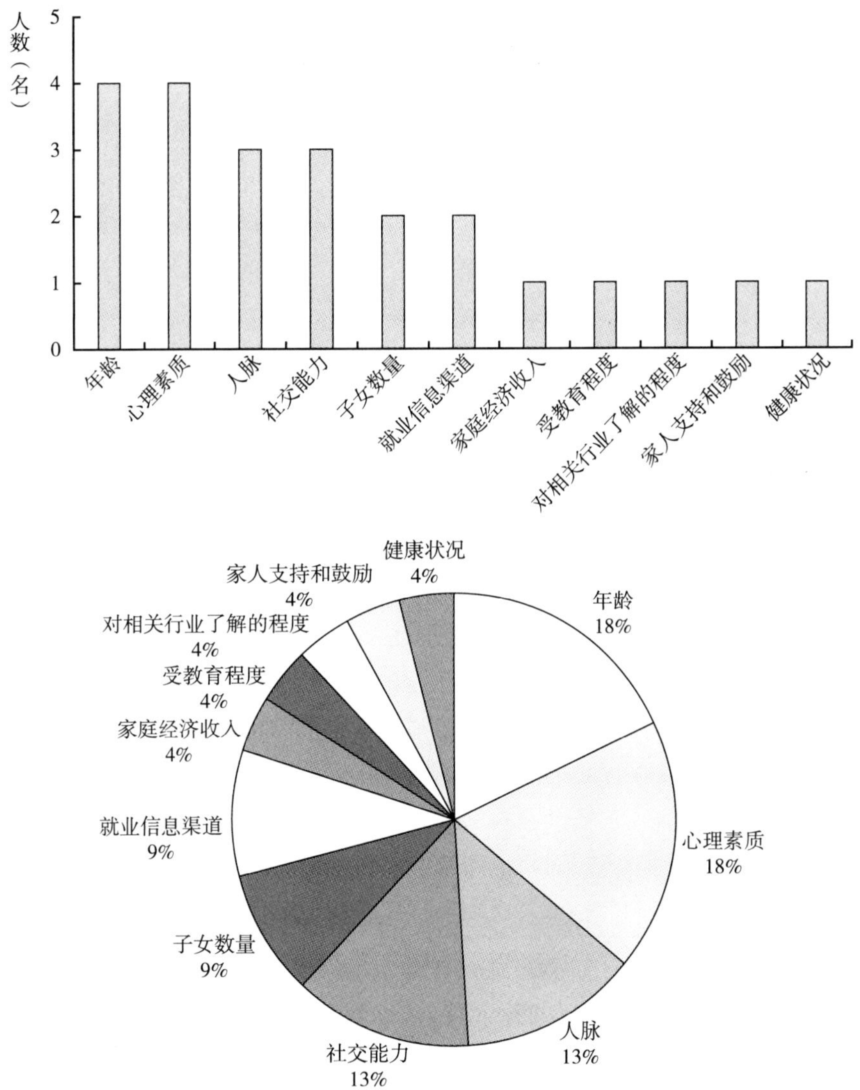

图12 女大学生对影响女性就业第五位因素的判断及各自所占百分比

注：各因素所占百分比均按四舍五入取整。

综合上述数据得出，被在校女大学生列为前七项重要的影响女性就业的因素依次为：受教育程度；是否拥有技术和能力；人脉；社交能力；对相关行业了解的程度；之前的工作年限；家庭经济收入。

（2）其他结果

调查比较了男、女大学生对适合女性工作种类的观点，结果显示，在被调查的八大类工作中，男、女大学生在国家机关、党群组织、企业、事业单位负责人职位上的观点存在的争议最大，之后依次是办事人员和有关人员，商业、服务业人员，专业技术人员，不便分类的其他从业人员，生产、运输设备操作人员及有关人员，农、林、牧、渔、水利业生产人员，军人（见表13）。

表13 男、女大学生在适合女性工作种类方面的比较（选择次数）

单位：次

工作种类	女大学生	男大学生
国家机关、党群组织、企业、事业单位负责人	30	0
专业技术人员	10	5
办事人员和有关人员	21	8
商业、服务业人员	21	10
农、林、牧、渔、水利业生产人员	3	1
生产、运输设备操作人员及有关人员	0	3
军人	1	1
不便分类的其他从业人员	8	4

比较在职女性与在校大学生（含男生和女生）在"影响女性就业因素"的观点中最重要的7个因素的结果显示，排在最前面的2个因素在三组人群之间具有一致性，但排在后面的5个因素则存在差异（见表14）。这些结果说明

表14 在职女性、男大学生、女大学生对影响女性就业因素观点的排序比较

排序	在职女性	女大学生	男大学生
1	受教育程度	受教育程度	受教育程度
2	是否拥有技术和能力	是否拥有技术和能力	是否拥有技术和能力
3	家人支持和鼓励	人脉	婚姻状况
4	健康状况	社交能力	对相关行业了解的程度
5	之前的工作年限	对相关行业了解的程度	健康状况
6	社交能力	之前的工作年限	家庭经济收入
7	对相关行业了解的程度	家庭经济收入	年龄

工作经历和性别均对"影响女性就业因素"的主观感受具有影响。

在对"职业规划"这一问题的描述方面，绝大多数在校女大学生的职业规划不明晰，但她们强调的重点是她们更加关注能否找一份稳定并能兼顾家庭的工作。

对"女性找工作的主要途径"这一问题的回答结果显示，在校女大学生认为就业途径比重由高到低依次为：网络、报纸等信息媒介；他人介绍。

对"你的就业目标是否明确？为什么？"这一问题的调查结果显示，100%的在校女大学生表示对自己的就业目标并不明确，原因集中在以下几方面：对就业环境不了解；对自己的胜任力和兴趣点不了解；缺乏相应的知识经验。

对女大学生调查的结果显示，她们最期望自己将来从事教师、公务员、人力资源专员、用户研究人员、企事业单位负责人、导游、心理咨询师等多种职业。对男大学生调查的结果显示，他们期望自己的伴侣（女性伴侣）将来从事的职业主要集中在公务员、教师、财务人员三类。这说明男、女大学生对女性将来从事职业的期待存在一定程度的相似之处。其中，教师和公务员的职位最受欢迎。

3. 影响杭州妇女就业相关因素的性别差异分析

本文还调查了176名成人，分析了他们对职业价值观、工作价值观和家庭环境等对就业影响的观点。对女性和男性的职业价值观和工作价值观的差异比较结果分别见表15、表16。

表15 妇女在就业中与男性的职业价值观的
平均分与标准差（M±SD）及相关差异

维度	融合	孔子	人际和谐	道德自律	其他
男（N=105）	67.22±10.12	50.55±7.23	30.31±4.45	33.51±5.47	83.38±11.59
女（N=71）	67.96±8.07	51.17±8.60	30.49±4.62	33.94±4.67	86.80±9.31
t	-0.51	-0.51	-0.26	-0.54	-2.08*

注：*$p<0.05$。

表15中SPSS统计t检验的结果表明，两性在职业价值观的融合、孔子、人际和谐和道德自律维度上的差异不显著，男性和女性在其他维度上的差异达到显著水平，表现为女性高于男性。这些结果表明，男性和女性在职业价值观上的观点总体一致。

表16 妇女在就业中与男性的工作价值观的
平均分与标准差（M±SD）及相关差异

维度	舒适和安全	能力和成长	地位和独立
男（N=105）	19.33±3.28	36.45±4.82	26.96±4.19
女（N=71）	20.06±2.84	37.32±4.57	27.45±3.95
t	-1.51	-1.21	-0.78

表16中SPSS统计 t 检验的结果表明，男性和女性在工作价值观各维度上的差异均未达到显著水平，说明性别对工作价值观的影响不明显。

此外，本文还对两性在就业过程中所得到的社会支持以及压力应对、社会期望、家庭环境进行了比较分析，结果分别见表17、表18。

表17 妇女在就业中与男性的社会支持、压力应对、社会期望的
平均分与标准差（M±SD）及相关差异

维度	主观支持	客观支持	支持利用	压力应对	社会期望
男（N=105）	19.90±3.40	9.04±2.38	7.48±1.81	46.60±6.04	48.75±3.47
女（N=71）	19.87±2.72	9.75±1.92	8.30±1.53	47.58±5.83	48.06±3.10
t	0.07	-2.10*	-3.13*	-1.07	1.36

注：$*p<0.05$。

表18 妇女在就业中与男性的家庭环境的
平均分与标准差（M±SD）及相关差异

维度	亲密度	情感表达	矛盾性	独立性	成功性
男（N=105）	6.23±1.15	5.61±1.49	3.51±1.19	5.68±1.54	2.97±1.41
女（N=71）	6.10±1.30	5.82±1.63	3.68±1.37	5.18±1.46	3.10±1.43
t	0.70	-0.87	-0.83	2.13*	-0.58
维度	知识性	娱乐性	道德宗教	组织性	控制性
男（N=105）	2.98±1.45	4.31±1.74	5.49±1.57	4.32±1.44	4.03±1.24
女（N=71）	3.17±1.76	4.32±1.74	4.86±1.85	4.39±1.27	4.04±1.40
t	-0.75	-0.04	2.42*	-0.33	-0.07

注：$*p<0.05$。

表17中SPSS统计 t 检验的结果表明，男性和女性在客观支持维度及支持利用维度上存在显著差异，表现为女性的得分高于男性。男性和女性在主观支

持、压力应对和社会期望上的差异不明显。这些结果表明,女性较男性在就业过程中更需要外界的帮助和支持。

表 18 中 SPSS 统计 t 检验的结果表明,男性和女性在家庭环境的独立性和道德宗教维度上的差异达到显著水平,表现为男性的得分要高于女性。这些结果表明,女性在就业过程中的独立性明显低于男性,且女性在家庭环境的道德宗教上的认可度也明显低于男性。这些结果进一步表明,女性较男性需要更多的家庭帮助和支持。

四 提高杭州妇女就业率和就业质量的对策建议

1. 政策规范与引导

(1) 进一步营造有利于女性就业的社会文化环境

要加大宣传和执法力度,认真贯彻实施《劳动法》中有关保护妇女平等就业的权利等条款,落实有关保护妇女权益的法律法规,对女性就业歧视问题要进行干预,监督企事业单位执行有关法律,规定和限制用人单位的职工性别比例,禁止歧视和排斥女性就业现象的发生。应针对劳动力市场中出现的性别歧视现象,给出切实有效的司法解释,做到有法必依、执法必严、违法必究。对相关歧视行为进行有效监督和严肃处理,提高对含有性别歧视等内容招聘广告的查处力度,在招聘会、人才市场等重要场所设立性别平等就业监控窗口。同时,要进一步制定保护妇女就业的相关政策方针,从制度上营造有利于其就业和再就业的社会环境,纠正不同性别个体在就业过程中遭遇的事实不平等现象,纠正性别歧视等不良用工行为,促进不同性别个体平等就业权利的实现。在制定经济社会发展规划时,应适当发展有利于妇女就业的行业和岗位,为其创造更多的就业机会。

同时,政府部门应引导广大民众在社会大文化背景下改变错误的性别认识,宣传文明进步的性别观和妇女观,鼓励广大民众积极抵制和消除对妇女的歧视和偏见,帮助广大民众努力克服不良传统思想观念的束缚,认识到女性承担的生育等责任为社会责任,应该得到社会的大力支持和高度认可,而不应该成为她们找工作和就业时遭遇歧视的原因。男女平等应该是现代文明社会进步的必然要求,该观点只有真正深入人心,整个社会文化制度才能不断完善。因此,政府部门应积极提倡先进的性别文化观,帮助广大民众树立平等、文明、公正的社会风气,进而形成有利于女性充分发展的社会、文化环境。

(2) 完善妇女就业的社会保障制度

进一步完善妇女生育社会保障制度,促使生育保险法制化、社会化,改革妇女职工生育期的工资支付制度和支付方式,减少不同用人单位在招聘女性过程中的投入和成本。对于处在生育哺乳期的女性,社会应该承担企业和公司等用人单位成本过大的问题。原因是女性生育是为社会做贡献,不能简单地把该行为看作企业和公司等用人单位的事情,女性的生育应该得到社会和政府的重视和补偿。生育带来的多方面的问题也不能简单地让女性个人承担,而应该由社会来承担。政府应逐步建立健全生育保险制度,不能简单地归结为由企业和公司等用人单位自愿地解决该问题。只有在该问题上采取强制措施,才能很好地解决当前女性和女大学生在就业过程中遇到的性别歧视等问题。

(3) 健全新型的妇女就业制度

政府相关部门应认真落实促进妇女就业和创业的优惠政策和制度,如在职业指导、就业训练、创业培训、税费减免等方面落实具体措施,为她们提供就业和创业的便利与优惠政策,扶持她们挖掘和发挥自身的潜能和特长,进而能够主动就业和创业。同时,对她们实行灵活的用工制度,如她们可以阶段性就业,可以非正规就业,也可以创建服务型组织,等等。当然,不管是哪一种就业形式,当务之急是对她们进行规范、引导和管理,帮助她们明确劳资关系、档案管理、社保接续等,从而促进女性就业并提高就业质量。

(4) 大力发展促进家务劳动社会化的服务业

以前,女性相当多的时间和精力会被家务劳动所占据,而这已成为影响她们就业质量的一个重要因素。实践表明,有效解决该问题的途径之一是促进家务劳动社会化。政府部门应采取积极措施,发展各种不同形式的社会化家庭服务,这不仅能为大量女性提供就业机会和岗位,也能使女性曾经不为家庭所认可的家务劳动得到承认并被社会所肯定,从而降低女性人力资本投资的机会成本,为她们更广泛、更多地参与劳动就业创造条件。

（5）强化教育培训，提高妇女就业竞争力

由前述调查可知，不管是已就业妇女还是在读大学生均认为受教育程度是影响妇女就业的一个重要因素。由此可见，政府部门应根据市场需求和新产业的发展需要，帮助女性转变就业观念，提高职场技术能力，开展多种形式的具有市场导向性的培训（如就业培训和根据岗位开设的"订单式"定向培训），增强和提高培训的针对性、有效性和实用性。对于那些有创业意愿和创业能力的女性应进行创业培训，以提高她们的经营管理水平，帮忙她们掌握创业中的各种技能，最终实现自主创业。同时，政府部门要注重激励下岗和失业女性学习和发展自我的自觉性，鼓励她们在实践中提高、在竞争中磨炼，从而扩大她们的择业范围并提高其岗位适应能力。

一方面，政府需要指导用人单位通过制定并实施扶持女性继续教育和培训的政策提高其就业质量。①通过各种途径加强宣传，增强女性继续教育的主体意识。女性应该增强"自尊、自立、自信、自强"的意识，把提高自我、提高竞争力作为动力，把继续教育作为立身之本，克服各种困难，不断给自己充电，以提高再就业竞争力。②针对女性开辟、提供多渠道的继续教育。妇女继续教育必须进行一定的制度创新，采取多种形式、通过多种渠道来适应女性的需求。具体应注意：培训的时间和地点要配合女性兼顾家庭的需要；要发展多元化的培训主体。开发适应市场需要的培训内容和培训方式：学用合一；与用人单位合作；提供就业机会；等等。

另一方面，政府应力促高校进行教育改革。改变高等教育的教学内容和教学活动组织与社会经济发展相脱节的局面。目前，从高等教育自身来说，仍然是"卖方市场"。大多数高校的学生人数成倍增长，教师紧缺，教学任务繁重，高校没有更多的精力去推动教育教学改革。大多数高校沿袭的仍是传统的教育教学模式，重理论教学、轻实验实习，重学科知识传授、轻应用能力培养，基础课程多、新兴学科与应用学科课程少，必修课多、选修课少。大学生学习期间更多的是在课堂上接受理论知识，很少有机会走出校门、走向社会，与用人单位缺乏必要的联系。高校培养的大学毕业生在综合素质和实际能力等方面不能满足用人单位的要求，用人单位普遍反映，大学毕业生走上工作岗位后还需要一个较长的适应和培训过程，这些都说明高校的人才培养方式已不能

很好地适应社会经济发展的要求。

（6）加强女性就业保障的监督管理，防范女性就业风险

劳动保障部门应对保障女性就业的各项规定在不同单位的贯彻实施情况进行监督和检查，并列入常规工作；行业管理部门应对本行业中各单位在用人过程中存在的问题进行监督和管理，对用人单位在招聘、招工过程中存在的严重性别歧视以及侵害女性就业权益的不良行为进行严格检查和处理，并责令改正，不得再犯；在非公有经济组织（如外资、私营企业等）中，应建立工会，充分发挥妇联和工会等组织代表女性劳动者依法对用人单位贯彻保障女性就业权益规定的实施情况进行监督的作用。此外，非正式就业渠道是目前弱势群体就业的主要渠道之一。一项统计显示，我国80%以上的女性农民工是通过非正式渠道找到就业岗位的。只有消除女性农民工流动中遇到的就业障碍，才能解决农民家庭人口在流动过程中出现的问题，从而提高女性农民工流动的质量。因此，开拓适合女性农民工家庭流动的非正规就业市场是帮助她们就业的较好途径。政府应对不同的非正式就业渠道加强监督和引导。一方面，要加强企业用工的透明度，建立企业用工的公开信息体系，便于处于弱势的女性农民工及时检验非正式就业渠道提供就业信息的真实性；另一方面，劳动部门要建立免费发布企业用工信息的网站，为从非正式渠道就业的女性农民工提供信息，从而减少非正式就业渠道的信息不对称。

2. 指导妇女个体调整就业态度

毫无疑问，传统文化、法律制度和生理特征是导致女性就业困难的一些重要的外在和内在因素。另外，普遍存在的女性自身的一些较为错误的观念和缺点也是导致她们在就业过程中遇到问题的原因所在。政府应鼓励女性在寻找工作的过程中处理好几种关系。一是想做和能做的关系。想做不代表肯定能做，能做不代表自己想做。想做的事情如果不能做，那就不做或是暂时不做；能做的事情如果不想做，有时也要硬着头皮去做。二是兴趣和职业的关系。从事的职业不一定有自己的兴趣，有兴趣的不一定是你的职业。当兴趣成为职业时，兴趣就会索然无味。要培养对职业的兴趣，最起码不能讨厌。三是能力和岗位的关系。有能力的人不一定在能力所能及的岗位上，往往这个岗位只需要发挥一半的能力。不见得有多大的能力就会给多高的岗位；也不见得能力不行就没有理想的岗位。四是理想和现实的关系。理想很远大，现实很残酷。为了实现理想，有时可能要先向现实低头。退后一步，选择余地就会增加。为此，为避免在就业道路上走弯路，政府应给众多女性如下指导。

（1）认清就业形势，调整择业期望

鼓励每一位女性根据自身的实际情况和当前的社会形势调整就业期望。通常，企业更喜欢那些有工作经验的、有工作潜力的，且有工作忠诚的和敬业精神的个体。对于求职者而言，全面清楚地了解企业和公司等用人单位的要求，充分认识自己的长处和存在的不足，可以做到趋利避害、扬长避短，从而勾画适合自己的求职方案，这是能够取得成功的前提条件。未来的新的就业模式应该是一个由三阶段（赚钱—充电—憧憬）构成的循环体，该循环将贯穿于每个个体的职业生涯中。例如，若某一妇女找到一份工作，该循环将从她与新单位的协调开始。也就是说，她首先是将自身的才智和精力投入新职位中；其次是不断通过学习来提升自身的工作能力，直到该岗位不再能满足自己；最后便是利用更高级的职业技能以帮助自己找到更好的工作岗位。如此循环过程能使每个个体都充满自信，也能让每个个体的人生和事业按照自己设定的方向前进。

由此，要想做大牌，首先做小卒，并且要克服"胃口高吊、盲目自信"产生的巨大落差。有些女性认为自己具备种种就业优势，如优秀的学习成绩、良好的政治条件、响亮的学校牌子、需求旺盛的专业、广泛的求职路径，从而会"胃口高吊、盲目自信"，在选择职业时出现"挑花眼"的现象，更容易在心理上产生焦虑、浮躁、傲慢、得意等情绪，甚至在面试官面前摆出一副咄咄逼人、非我莫属的架势。殊不知，考官对那些洋洋得意、急功近利的求职者往往会很反感。结果往往是求职者自认为的优势并不是招聘单位所特别需要的，用人单位最需要的如工作经验和能力等要求则是她们所不具备的，最终由于对自己优势的过高估计、对自己劣势的估计不足，因而经常会出现在应聘时连连受挫的情况，产生大有生不逢时的情绪。

（2）认识与接受自我，主动捕捉机遇

由于在职业实践过程中存在着巨大的竞争压力，再加上部分女性受一些错误观念的影响，如"生得好不如嫁得好""学得好不如生得好"等，进而把大部分心思用在梳妆打扮上，把自己的前途和未来寄托在他人（如父母、老公等）身上，以至于漠视自己的学习专业抑或对所从事的工作持漠视态度。这些观念会严重阻碍女性在工作中的进取性，也会大大削弱她们在工作中的竞争实力。

正确地认识自我、接受自我，承认自己的现状，学会扬长避短，用发展和变化的眼光认识自己，不断充实和完善自己。女性需要学会适时地抓住各种机会，注重机会的时效性，在了解就业机会的同时更应主动出击，不要犹豫不决，更不能担心受挫，应该有敢闯敢试的勇气和魄力。有不少即将踏入就业岗位的女性自恃能力较强，总觉得现在的工作岗位太屈才，往往是刚刚踏上工作岗位就策划跳槽。结果是工作换来换去，还是原来的山头最高。在这种情况下，她们应该保持良好的心态，要不断平衡自己的需要。好的心理状态在决定成功时至关重要，因此，女性应该认清自己，在就业时抱有一颗平常心，不要模仿别人一窝蜂地去扎堆，选择那些与自己匹配的职位才是上策。其实，找工作就是应该做到人与岗匹配，适合自己的岗位才是最好的，高攀的岗位很难遇到。当然，也不能低就，低就了就不能发挥自己的优势，也会浪费自己的资源，可能导致不良心态。总之，职业规划就是找到最佳匹配点。每位女性都应该结合自身的内在和外在优势，具体分析市场行情、不同行业信息、不同职位状况，从而找到适合自己的岗位。

相对于其他社会求职个体，大学生的工作热情相对较高，他们的激情饱满，求知欲和接受新知识的能力都相对较强。因此，不同用人单位在招聘员工时一般会根据职位需要，选择具有匹配专业背景知识、具备某些特长、思路开阔且具有较强人际沟通和合作能力的大学生。充满热情的女大学生是很容易受到欢迎的，她们的活力和热情很容易感染到他人，因此，女大学生也是很多招聘单位所喜欢的。应鼓励女大学生从上班的第一天起就努力在各个方面提高自己，锻炼自己各方面的能力，以便为找到另一份更好的工作积极做准备。同时，她们应该保持谦虚的心态，如热心、耐心、虚心、诚心，这也是职场新人必须具备的。

（3）改变不合理的就业观念

鼓励女性改变就业观念，否则，"吊"在半空只有"啃老"。

影响杭州妇女就业的要素分析

小张是传媒专业的一名毕业生,严格地说,她是一个与研究生有一步之遥的本科生。在考研的时候,其专业成绩考得还不错,英语也顺利通过了分数线,但是由于录取名额有限,她最终未被录取。于是,小张便下决心考公务员,但是,公务员考试谈何容易?她连续三年参加考试,前两年她感觉发挥得不错,但还是没有达到录取成绩。第三年,她终于得到了面试机会,但由于参加面试的人较多,她最终未被录取,她的公务员梦又落空了。可悲的是,她还是不甘心,不肯脚踏实地去找工作,因为她认为打工是地狱。小张不断受挫,就这样,她将自己"吊"在半空中,不去工作也考取不了公务员。公务员这个"天堂"对她来讲不知何年有望,她只得不断"啃老",让父母养着。

追求名企、虚造荣誉也是不合理的观念。在选择就业单位时,"名、大、外、公"即"名企、大企、外企、公务员"是多数就业者的首选。某职业顾问的一项调查显示,有37.5%的个体更愿意到政府机关工作,有32.1%的个体愿意到私企、外企工作,有22.9%的个体愿意到大型国企工作,有7.5%的个体会选择自己创业(如开公司),从而导致多数个体难就业的现实问题。盲目跟风、外企扎堆、死拼硬冲、实力不够,结果大多数人碰得头破血流、丢盔卸甲。

某音乐学院的一个学生在毕业时对一家国企有了意向,但用人单位要求应聘者有四、六级证书。为了获得四级证书,增强自己的就业竞争力,这个学生让一位替考学生帮助其参加国家四级考试,结果被监考老师当场抓住,给予留校察看处分,永远取消学位获得资格。他不仅没了工作,还没了学位,对今后的就业造成了很大影响。

可见,过于理想化、追求高薪是多数个体尤其是年轻就业者的盲点。其实,自己的目标应该是第一位的,不应该盲目跟风。年轻个体应该以提高自身素质为首要任务,而不是以追求利益为目标,因为理想需要依托于能力才能实现。就女性来讲,选择名企、大企、外企、公务员也是一样的,她们基本上是出于思维定式,总觉得这些岗位意味着较丰厚的薪金、较舒适的环境和更多的晋升机会，而随着名企、大企等的不断发展，小型企业更能在发展过程中为员工提供优厚的薪金和较大的发展空间。无论是就业于名企、大企还是就业于发展规划中的中小型企业，最重要的是女性要对自己有较长远的职业生涯规划，其次就是看哪种工作更适合自己。

其原因是，大型、中型、小型企业和公司各有优缺点。在大企业和大公司中，晋升机会一般比较少，发展也更平稳，但能学到较之小企业和小公司更规范的管理和操作流程，可能还会有更好的福利保障和培训机制。对于很多就业者（尤其是刚毕业的大学生）而言，他们选择工作的角度无外乎单位规模、发展空间、福利待遇、技能增长等方面。对很多初次择业的女性来说，其职业经验缺乏，首要任务应该是确定明确的目标，知道自己该往什么方向发展，以及明白什么工种能帮助自己很好地实现个人价值。一般认为，初就业女性不应把报酬和金钱当作判断工作好坏的首要标准，更重要的是看是否有更快、更好地提升自身素质的机会，从而做好工作经验总结，为丰富工作经历打下良好的基础。等到有了一定的工作经验之后，再重新考虑理想与金钱之间的平衡也不迟。其实，完美的工作是不存在的，每个工作均会有好有坏，无论是在大公司、大企业还是在小公司、小企业，均会存在各种各样的问题。所以，女性应尽量在工作中忽略它的缺点，学会取得平衡和知足。

此外，除考虑选择合适的工作单位外，选择适合自己的工作岗位也相当重要。

某高校外语专业的一名大学本科生性格内向，进入社会后第一份工作是在一家外企的办公室做文员。一段时间后她感到很郁闷，因为她工作很努力，但上司却经常不满意，同事也觉得她工作能力低下，看不起她。后来她咨询了专业人士。专业人士对她进行系列科学测评后，诊断其属于对外界反应神经活动迟缓的抑郁质气质类型，认为不擅长人际交往的她更适合做研究型工作，而不适合从事主要与人打交道的社会型、管理型工作。专业人士结合她的专业，建议她可以从事人际交往比较少的文字翻译类工作，把自己的专业特长和内心世界丰富、考虑事情缜密、做事认真细心的优势充分发挥出来，同时建议她树立起职业生涯的发展观，尝试改变自己，多参加社团活动，在人际交往中体验职场，在与人合作中成就自我。这位女性按照指点重新调整并实施自己的职业生涯发展规划后，整个人像换了天地，在职场中终于收获了价值感和成就感。

实际上，类似上述女性这样的案例不胜枚举。有部分女性由于缺乏科学就业观作为指导，在就业时就跟着感觉走或盲目跟从他人。在社会上转了一大圈后还不知道自己喜欢做、能够做、适合做的职业，没有树立起通过科学的手段了解自己的信心。要在充分了解自己后，在进入职场前就做出一份适合自己职业生涯发展的职业规划，从而把个体的"人"成功转换为服务社会、造福社会、成功自我的"人力资源"奠定良好的基础。

（4）提升心理素质，树立良好形象

一般的，女性的交往能力、逻辑思维能力和语言表达能力均较强，她们在思考问题的细致、周全上以及形象思维能力方面有明显的优势。此外，女性具有的忍耐力是一般男性无法与之相比的，多数女性可以做到忠于职守、尽职尽责、态度认真，她们能做到在相对单调乏味的工作环境下坚持孜孜不倦地工作。女大学生在求职过程中应该懂得如何展示自己的优势和良好的风范，从而改变社会及用人单位对女性的错误认识。

与男性相比，相当一部分女性在求职中（特别是在面试环节）总是表现得不自信，缺乏推销自我的意识。受传统观念的影响，很多女性在求职时显得非常局促不安，甚至还比较害羞。但激烈的岗位竞争要求从业者具有高度的自信和激情，女性的含蓄和内敛妨碍了自身良好工作能力的展现和发挥，让她们失去了不少好机会。女性就业时经常由于信心不足等原因，如家庭的、社会的、生理的或环境的等多方面原因而被拒之门外。此外，心理因素也很重要。当顺利走过大学四年后，有的女学生（或者有的虽然未读过大学但已在社会上积累了一定工作经验的女性）已经具备了一定的优势和实力，面对激烈竞争时，且当她们梦寐以求的公司和企业对自己投出的简历没有一点儿回音时，便会产生认为自己无能，这也不行、那也不如别人的偏激的想法。从更深一层来讲，她们会产生不敢面对机遇、不敢迎接挑战的退缩行为。有些女性在学校时的学业一般，成绩不理想，由此产生的自卑心理会使她们缺乏竞争勇气和自信心。面对纷繁的就业市场，她们会发怵；面对招聘考官时，她们经常忐忑不安；面对不同情形时，她们过分退缩，经常拿不定主意。

自卑心理是轻视或低估自己能力的一种心理倾向，表现为缺乏自信、缺乏勇气，总认为自己不如别人，不敢竞争。自卑心理可能会导致低就心理：在应聘时，没有信心和勇气面对用人单位，不敢对自己"明码标价"，一心只想找个"买家"草草"卖出"了事，甚至对于单位开出的不平等协议也闭着眼睛签约。面对这些状况，最好的途径是把自己的各种优点总结出来形成一个优势清单，写下各种重点优势，然后进行场景演绎和训练。所谓的优点，应该就是如何运用自己的技艺、能力、才干与人格特质，要将这些优点变为竞争的法宝。需要注意的是，自信并不等于自负，也不等于自大和自傲。还有，女性在阐述自己的优点时，也不要不好意思，不要认为多讲自己的优点不好，过分谦虚不见得就是好事。勇气是很重要的，要敢于拉下面子，想尽办法去争取自己喜欢的岗位。职业选择往往也是一种机遇的把握，机遇一旦错过了，也可能会错过与成功握手的机会。对于过于自卑的女性，在对其训练时，可以先过火点，以毒攻毒，让她们矫枉过正，让她们自傲、自负，甚至自大点，这样才能克服自卑心理，最终在面试过程中表现出对自己优点的折中认识，做到不偏不倚、恰到好处。

参考文献

[1] M. L. 戈德斯密德：《展望新世纪高等教育：理论学习与职业生涯的中介》，《高等教育研究》1999 年第 6 期。

[2] 艾佳、王毅达：《女性就业的影响因素——以浙江为例的实证研究》，《浙江社会科学》2005 年第 1 期。

[3] 陈斯祁：《女性就业心理障碍与调适》，《内蒙古社会科学》（汉文版）2001 年第 9 期。

[4] 国家人口计生委流动人口服务管理司：《提前返乡流动人口调查报告》，《人口研究》2009 年第 2 期。

[5] 国家统计局人口和就业统计司编《2010 中国人口和就业统计年鉴》，中国统计出版社，2010。

[6] 郝冉：《我国女性就业的影响因素分析》，《山东社会科学》2009 年第 1 期。

［7］何明洁：《性别化年龄与女性农民工研究》，《妇女研究论丛》2007年第4期。

［8］贺金莲：《女大学生弱势群体现状透视》，《湖南科技学院学报》2007年第2期。

［9］李楠、宋俊成：《科学发展观的科学理念与价值诉求》，《河北大学学报》（哲学社会科学版）2009年第4期。

［10］鹿立：《人力资源开发战略性别视角分析——我国女性人力资源开发现状的基本判断及战略思考》，《中华女子学院山东分院学报》2008年第1期。

［11］邵建平、范雯：《甘肃女性就业关键影响因素相关性分析》，《甘肃社会科学》2007年第6期。

［12］石智雷、徐映梅：《城乡女性就业流动性及其决定机制》，《经济评论》2010年第4期。

［13］苏英姿：《女大学生就业的认知偏差及自我心理调适》，《玉林师范学院学报》（哲学社会科学版）2010年第6期。

［14］王晓波：《影响我国女性就业参与的因素分析》，《思想战线》2004年第2期。

［15］徐芾、吕伶、胡晨、华桦：《下岗再就业妇女心理生理健康状况分析》，《江苏卫生保健》2007年第1期。

［16］许光伟：《唯物史观开放结构的政治经济学解读》，《江汉论坛》2009年第4期。

［17］杨云彦、石智雷：《家庭禀赋对农民外出务工行为的影响》，《中国人口科学》2008年第5期。

［18］郑晓明：《"择业能力"论》，《中国青年政治学院学报》2002年第5期。

［19］Acharya, Meena and Lynn Bennett, "Women and the Subsistence Sector: Economic Participation and Household Decision Making in Nepal", World Bank Staff Working Papers, 1983, No. 526.

［20］Aly, Y. H. and Quisi, I. A., "Determinants of Women Labor Force Participation in Kuwait: A Logit Analyses", *The Middle East Business and Economic Review*, 1996, Vol. 2.

［21］Bruce, Judith and Daisy Dwyerx, *Women and Income in the Third World*, Stanford University Press, 1988.

［22］Desai Sonalde and Devaki Jain, "Maternal Employment and Changes in the Family Dynamics: The Social Context of Women's Work in Rural South India", *Population and Development Review*, 1994, Vol. 1.

［23］Malik et al., "Determinants of Women Time Allocation in Selected Districts of Rural Pakista", *The Pakistan Development Reviews*, 1994, 33（4）.

［24］Mon, Myat, "Determinants of Female Labor Force Participation in Burma: A Empirical Analysis of Socio-Economic Survey Data", *Asian Studies Review*, 2000, Vol. 24.

［25］Tienda, Marta and Jennifer Glass, "Household Structure and Labor Force Participation of Black, Hispanic, and White Mothers", *Demography*, 1985, 22（3）.

B.5
杭州女大学生就业问题解读

段仕君 揭爱花*

摘 要:
> 女大学生就业难现象是一个多重社会因素相互交织形成的复杂社会问题。经济学的供求结构分析虽然能够解释大学生就业难的问题，但是对于理解女性遭遇的性别歧视则缺乏足够的说服力。女大学生就业过程中的性别歧视，可以分为两类，即由市场经济逻辑与制度本身所产生的歧视以及由社会性别角色规范所产生的歧视。前者可以通过健全市场规则体系加以缓解，后者的存在则表明传统的社会性别秩序依然制约着女性的行为，而女性个体对这些限制所做出的反应同样再生产着社会的性别秩序。

关键词:
> 女大学生 就业 分析 性别

女大学生就业难的问题并不是单方面的经济、社会、政治和文化问题，而是各种因素交织在一起而形成的复杂问题。本文着重从浙江省以及杭州市当前女大学生就业的有关情况入手，从经济学与社会学的视角试图对女大学生就业难问题做出一个总体性的解释。从劳动力供求结构来看，当前的供求结构存在巨大的断裂，主要表现为高校与用人单位遵循各自的发展逻辑，加之存在严重的劳动力市场分割，进而造成了毕业大学生劳动力供给与需求的结构性矛盾，

---

* 段仕君，浙江大学政治学博士；揭爱花，浙江大学公共管理学院副教授、社会建设研究所副所长。

其后果是大学生"无业可就"与"有业不就"的局面并存；从社会性别意识角度来看，女大学生就业的性别歧视主要源于市场经济逻辑与制度所产生的性别排斥和社会性别刻板印象所产生的对女性的偏见。前者可以通过制度改革、完善相应的法律法规得以克服，而后者的存在则表明被传统创造出来的社会性别结构制约了女性的行动。此外，女性个体对自身的社会角色认知导致其做出的消极反应也进一步加剧了其在社会不平等关系中的弱势地位。

我国正处在社会转型的重要时期，经济体制的转型使得国家对大学生毕业就业的政治倾向发生转变，统分统配之下的矛盾日益显露，尤其是在自1997年开始的高校连续扩招之后，大学生就业已经成为当前社会转型过程中不可忽视的一个重大问题。我国《宪法》第四十八条规定：中华人民共和国妇女在政治的、经济的、文化的、社会的和家庭的生活等各方面享有同男子平等的权利。但是，众多学者的实证研究表明，在我国当前的就业和工资薪酬等方面，女性仍旧受到了不同程度的歧视（谢嗣胜、姚先国，2005；王天夫、赖扬恩、李博柏，2008；范元伟、郑继国、吴常虹，2005；曹星，2007）。

本文提到的大学生包括本科院校、高职高专院校的毕业生。原则上，大学生就业的途径包括签订就业协议书、签订劳动合同就业、灵活就业（自主创业、艺术类自由职业）、定向委培、升学、出国（境）和参加国家地方项目就业。但在本文中，就业率的统计并不包括升学，这是因为所引用的数据来源不同。但总体上讲，不同的统计口径反映出了同样的结论，因此其并不会影响我们对于事实的判断。2011年杭州市全日制高校在校女生为44.67万人，占在校生的50.3%。这意味着从这批学生毕业开始，大学生劳动力供给女性将首次超过男性，但这是否意味着女毕业生将面临更严峻的就业挑战？

一 女大学生就业难问题的产生背景

大学生就业难是指大学生在毕业后找工作时面临激烈的竞争，可选择的工作岗位较少、应聘人数较多而出现的劳动力市场供过于求的情况。相比之下，女大学生就业难还包括工作后在工资薪酬、员工福利等方面不如男性的情况。本文的判断逻辑是，如果在找工作上女性与男性相比就已经处于劣势状态，那么无论工作后的就业质量如何,也仍旧无法弥补其就业比男性更难的事实。因此,本文将关注重点放在女大学毕业生找工作方面,并主要关注其就业率以及择业过程中被用人单位雇用的可能性。女大学生就业的问题是伴随着大学生就业问题而出现的。回顾我国大学生就业制度的改革,可以大致划分为以下几个阶段。

1. 统包统配(1949~1985年)

新中国成立初期,百废待兴,人才奇缺,中央人民政府出台了"招聘和自谋职业相结合"的政策,以此安置新中国成立以后的第一批高校毕业生。1951年,国家对高校毕业生就业政策做了初步调整,改由"政府分配工作"。1962年,为了配合国家政治经济体制建立的需要,高校毕业生的就业政策进一步调整为"条块结合",并采取了由国家"培养、分配、使用相结合"的办法。伴随着1977年全国恢复统一高考,与此同时恢复的还有之前被"文化大革命"打破的"统包统配"就业制度。① 统包统配时期,并不存在大学生就业的问题。一方面,这一时期大学生属于稀缺资源,每个行业对于高端人才都存在着巨大的需求缺口;另一方面,这一时期大学生就业受国家计划调配,所以并不会存在就业问题。

2. 双轨制(1985~1994年)

1985年以来,随着我国社会经济制度逐渐由计划经济向市场经济过渡,高校毕业生就业制度也相应由"统包统配"逐渐转向以"计划调配为主、双向选择为辅"的"双轨制"。从1985年开始,国家招生计划首次列入了社会调节性部分,即可招收一部分委培生和自费生。与此同时,毕业生就业方案也针对两种招生计划形式做了适当的调整:国家计划内招收的学生,毕业时原则上仍由国家负责安排就业,实行"供需见面"和一定范围内的"双向选择",未被录用的毕业生介绍回户籍所在地"自谋职业";委托和定向培养的学生按合同就业,自费的学生则"自主择业"。② 武毅英认为"双轨制"的实质是对国家集中计划配置毕业生权利的再分配,即在中央、地方、高校和市场之间实

---

① 武毅英:《转型期的大学生就业问题与对策》,广东高等教育出版社,2009,第59页。
② 武毅英:《转型期的大学生就业问题与对策》,广东高等教育出版社,2009,第59页。

行分权,这种分权是计划经济向市场经济过渡中的产物,反映了我国社会转型时期经济体制对高等教育就业体制的影响和制约。① 如果说改革开放和市场经济是一条必由之路,那么毕业生就业依靠市场就是一种必然。在这一阶段,大学生就业总体上平稳,原因在于市场调节力量毕竟有限,国家计划配置仍旧发挥着重要作用。其背后的逻辑在于大学生总量的供给相对于我国市场化需求来说仍显不足,高等教育劳动力市场仍主要处于一种卖方市场状态。②

3. 市场导向的双向选择,自主择业(1994~2001年)

1994年,国家教委颁布了《关于进一步改革普通高等学校招生和毕业生就业制度的试点意见》,并根据这一文件要求,对部分高校进行了毕业生就业体制与制度的改革试点。从招生开始,通过建立收费制度,改变学生上大学由国家包下来、毕业时由国家包安排就业的做法。同时,建立相应的奖学金、贷学金制度,通过奖学金制度和社会就业需求信息引导毕业生自主择业,即实行双轨制"并轨"。1998年,首批"并轨"改革后的大学毕业生(自费上学、自主择业)走向社会,就业政策进一步放宽,供需市场的调节对于学生就业的作用日益明显。

4. 大学生就业问题的突显(2002~2008年)

由表1可以看出,从大学生就业率来看,1997年与1998年形成了巨大的反差,而在1998年之后的几年中,除2001年出现了较大的起伏之外,其余年份就业率相对平稳。那么在1997~1998年究竟发生了什么?而2001年的特例又是如何造成的?上文提到1998年正是"并轨"试点的那批学生步入社会的时间,因此我们可以将这种数据的反差视为"计划包办分配"取消后的影响。而对于2001年的数据,汪海波教授指出,我国自1998年开始实行的扩大内需的方针,特别是在2001年取得了显著的成效。③ 这表明2001年的高就业率是以扩大内需为实现背景的。但是如果查阅2002年之后的经济数据,会发现这个解释只能针对2001年之前,而在2002年之后又发生了什么?

---

① 武毅英:《转型期的大学生就业问题与对策》,广东高等教育出版社,2009,第60页。
② 孙长缨主编《当代大学生就业研究》,高等教育出版社,2008,第42页。
③ 汪海波:《2001年:"十五"计划开局良好的一年》,《中国社会科学院研究生学报》2003年第1期。

表1 1996~2004年大学毕业生数量和就业状况

单位：万人，%

指标	1996年	1997年	1998年	1999年	2000年	2001年	2002年	2003年	2004年
毕业生数量	83.9	82.9	83.0	84.8	95.0	103.6	133.7	187.7	239.1
就业率	93.7	97.1	76.7	79.2	82.0	90.0	80.0	70.0	73.0
未就业数量	5.3	2.4	19.3	17.6	17.1	10.4	26.7	56.3	64.6

资料来源：孙长缨主编《当代大学生就业研究》，高等教育出版社，2008，第41页。

在这里不得不提到的就是1999年开始的高校扩招。有关资料显示，1997年和1998年，我国普通高校的招生人数分别是106.40万人和115.61万人，增幅仅为8.66%。但从1999年开始，我国普通高校的招生人数则一下子增加至168.90万人，增幅达46.09%。2000年以后，我国高校每年的招生人数仍以较高的幅度增长，分别为38.22%（233.46万人）、21.65%（284.00万人）、23.24%（350.00万人）、22.29%（428.00万人）、1.64%（435.00万人）和2.76%（447.00万人）。① 根据有关学者的叙述，与此相适应的是，三年制专科毕业生于2002年开始进入就业市场，全国的毕业生供给规模迅速扩大。② 事实上，经过简单的计算就可以得知，2001~2002年，毕业生数量增加了30.1万人，而未就业数量只增加了16.3万人，这表明对于2001年就业率的内需解释仍旧在发挥其促进就业方面的作用，但是其影响被扩招的人数影响抵消了。

5. 女大学生就业问题的产生（2009年至今）

通过以上的历史纵向分析，我们可以发现大学生就业难的问题真正开始于1998年，随着"并轨制"招生的第一批大学生步入社会，他们的就业开始面临挑战。自1999年开始的高校扩招政策导致就业这一问题在2002年凸显，而女大学生就业难的问题恰恰就是产生在这一背景之下的。

由表2可以看出，男女毕业生就业率在统计上并无太大差距，表现为女生只比男生略低一些。考虑毕业生数量的变化，据有关权威统计数据，2004~

---

① 教育部发展规划司：《中国教育统计年鉴》，人民教育出版社，1996~2005。
② 桑锦龙：《教育转型与专科毕业生就业》，社会科学文献出版社，2008，第54页。

2010年男女招生比例完成了逆转，由2004年的男生比例比女生高9.0个百分点到2010年的女生比例比男生高2.4个百分点。我们可以做出推断：女生就业难的问题随着男女毕业生比例的变化日益凸显，而统计上女毕业生数量超过男毕业生出现于2009年，女生比例比男生高1.0个百分点。以浙江省为例，2010年浙江省参加高考统考后被录取的学生一共是25.52万人（保送生或其他渠道进校的不计），其中男生占47.8%，女生占52.2%；2009年总录取人数是26.7万人，其中男生占48.84%，女生占51.16%。① 2011年杭州市全日制高校在校女生为44.67万人，占在校生的50.30%，女大学生数量首次超过男生。② 遗憾的是，笔者并没有收集到当前杭州市男女大学毕业生就业率的相关数据，但是根据《杭州统计年鉴》中有关非私营单位从业人员数量的统计，我们或许可以看出一些问题。

表2 2004~2010年男女大学生就业率

单位：%

性别	2004年	2005年	2006年	2007年	2008年	2009年	2010年
男	78.2	73.3	79.6	78.4	81.6	80.2	84.8
女	76.7	72.1	78.1	77.7	81.0	79.3	83.7
合计	77.5	72.8	78.8	78.1	81.3	79.7	84.3

资料来源：全国高等学校学生信息咨询与就业指导中心、北京大学教育学院联合编著《全国高校毕业生就业状况》（2004~2008年、2009~2010年），北京大学出版社。

由表3可以看出，2006~2011年的连续6年中，杭州市非私营单位中女性的比例在持续下降，表明在这些单位的人员流动中，女性处于劣势地位，表现为从业人数增长与女性比例增长的不同步（如果同步，那么女性的人数比例不会下降）。因此，我们可以断定，在非私营单位的就业中，女大学生的确面临比男大学生更为严峻的就业挑战，如果再考虑到自2009年开始女大学生招生数量多于男大学生，那么这种矛盾很有可能在2013年（这批学生毕业）的数据中表现得更为明显。

① 浙江省教育考试院统计数据。
② 2011年度杭州市妇女发展情况通报。

表3 2006～2011年杭州市非私营单位从业人员与女性占比统计

单位：人，%

从业单位	2006年从业人数（女性占比）	2007年从业人数（女性占比）	2008年从业人数（女性占比）	2009年从业人数（女性占比）	2010年从业人数（女性占比）	2011年从业人数（女性占比）
企　业	378359(38.1)	457103(37.8)	541254(36.4)	567586(33.6)	621115(32.0)	670209(30.4)
事　业	114060(51.2)	122800(52.1)	130753(52.0)	132708(53.8)	141345(53.0)	147030(51.5)
机　关	18854(24.0)	19933(24.2)	21156(24.3)	23027(24.8)	24107(24.3)	23464(23.8)
民间非营利组织	0(0)	0(0)	0(0)	3953(59.4)	5627(61.2)	7301(62.7)
其　他	0(0)	0(0)	0(0)	4007(40.8)	4146(36.5)	5182(40.1)
全市总计	511273(39.5)	599836(39.2)	693163(38.0)	731281(35.8)	796340(34.2)	853186(32.3)

资料来源：《杭州市统计年鉴》（2007～2012年），中国统计出版社。

根据"2002年大学毕业生就业意向与就业行为问卷"调查数据，大学生毕业后希望就职的单位排名前五位的是：外企（29.3%）、党政机关（19.4%）、高新技术企业（13.8%）、国有大中型企业（12.5%）和学校（11.3%）。① 陈钧浩在对宁波大学400名大学生的抽样调查中发现，其就业意向分布为：政府机关（35.76%）、外企（30.30%）、国企（16.06%）、私企（13.51%）、创业（8.79%）。② 徐向飞针对浙江省5所高校（浙江大学、浙江工业大学、浙江理工大学、浙江万里学院和浙江海洋大学）的调查显示，大学生毕业后首选的单位排序如下：中外合资企业（33%）、民营企业（21%）、政府部门（20%）、事业单位（16%）、国企（9%）、其他（1%）。③ "城镇非私营单位"是指城镇地区全部非私营法人单位，具体包括国有单位、城镇集体单位以及联营经济、股份制经济、外商投资经济、港澳台投资经济等单位，因此通过简单的计算对比，我

---

① 赖德胜、吉利：《大学生择业取向的制度分析》，《宏观经济研究》2003年第7期。
② 陈钧浩：《大学生就业意向调查研究》，《宁波大学学报》（教育科学版）2006年第5期。
③ 徐向飞：《浙江省大学生就业意向调查》，《中国大学生就业》2005年第23期。

们就会发现非私营单位（占80%左右）仍旧是大学生（也包括浙江省大学生）就业意向的主要阵地。另外，杭州市妇联课题组2009年在杭州市86家企业开展的关于企业女性员工情况的问卷调查统计显示，在应聘者条件相同的情况下，更愿意录用男性员工的企业有52家，占被调查企业总数的60.47%；更愿意录用女性员工的企业有23家，占被调查企业总数的26.74%。

综上所述，女大学生就业问题是在就业市场化改革与高校扩招的背景下出现的，是伴随着大学生就业难问题而出现的，因此有着大学生就业难问题的普遍性与女大学生就业难问题的特殊性。我们可以将这两个特性概括为这样两个问题：高校扩招导致的毕业生数量增多是否一定意味着低就业率？就业市场的性别歧视（男女就业率的不同）是市场逻辑的必然还是有其他一些原因？在此，笔者提出两套分析框架。对于第一个问题，笔者认为经济学的分析框架较为有力，通过在扩招与就业之间引入供求关系得以揭示二者关系；而对于后者，笔者认为从性别社会学的视角分析则更具说服力。

二 经济学的解释——供求结构

1. 大学生就业的供给结构——高等教育体系

（1）学校性质

学校的性质与高等教育的关系在于这样一个问题，即高等教育大众化的任务应由什么类型的高校来承担。对于许多发达国家来说，高等教育大众化的任务是通过在传统大学之外成立新型的非传统高等教育机构来完成的（杨伟国，2003；陈瑞武、曲铁华，2005；王萌，2008）。中国的高等教育大众化却走了一条"内涵式"发展的道路，即新建院校很少，数量的增加大部分由原来的传统大学承担。在扩招过程中，传统大学举办了高职二级学院、网络教育学院，并扩大了原有的成人教育学院和自学考试助学班的规模，这使得传统大学在校生数量在1999~2002年的4年间增长了近两倍，全国传统大学平均在校学生数达1.1万人。[1] 表4、表5是关于本科和专科毕业生就业率的比较统计结果。

---

[1] 孙长缨主编《当代大学生就业研究》，高等教育出版社，2008，第107页。

表4 1999～2002年中央部委院校本专科毕业生初次就业率状况

年份	本科毕业生			专科毕业生			初次就业率差（百分点）
	数量（人）	占毕业生总体的比例（%）	初次就业率（%）	数量（人）	占毕业生总体的比例（%）	初次就业率（%）	
1999	187161	76.9	79.33	55408	22.8	54.53	24.80
2000	186975	83.8	81.99	35414	15.9	44.30	37.69
2001	180342	89.8	90.04	19381	9.7	62.67	27.37
2002	202770	85.8	85.77	32133	13.6	51.75	34.02

资料来源：桑锦龙：《教育转型与专科毕业生就业》，社会科学文献出版社，2008，第58页。

表5 2009～2011届本专科毕业生比较

单位：%

年份	学历	受雇全职工作	受雇半职工作	自主创业	无工作，正在国内读研	无工作，正在港澳台或国外读研	无工作，准备在国内考研	无工作，准备在港澳台或国外读研	无工作，继续寻找工作	无工作，其他
2009	本	77.8	1.2	0.7	8.4	1.0	1.5	0.3	7.4	1.7
	专	79.5	1.9	1.6	无工作，毕业后读本科，2.6				11.8	2.6
2010	本	82.6	0.8	0.9	6.7	0.9	1.5	0.3	4.7	1.6
	专	82.2	1.4	2.2	无工作，毕业后读本科，2.6				8.8	2.8
2011	本	79.8	0.9	1.0	9.2	0.9	1.7	0.3	4.7	1.5
	专	82.8	1.3	2.2	无工作，毕业后读本科，3.7				7.4	2.6

资料来源：麦可思-中国2009～2011届大学毕业生社会需求与培养质量调查。

由表4、表5可以看出，在1999年开始的扩招中，实际承担高等教育大众化的是本科院校，但是在随后的发展过程中，随着我国经济产业结构调整对高等人才的需求增大，专科院校毕业生的就业率有了较大的起色。从2009年到2011年连续三年的比较中我们可以看到，本科与专科的毕业生就业率结构分布已经相差不大。

（2）专业培养体系

专业培养体系的设置实质上是一个人才观的问题，即如何看待高等教育培养的目标。在这里有两种观点的分歧，一种是直接面对市场需要的"对口"人才观念，一种是从长远利益出发重视学生综合素质培养的全面发展的人才观念。这两种人才观念基于的是不同时期内的利益，一个是短期，一个是长期，各有优劣。笔者曾对杭州市范围内高校的培养目标做过考察，发现大多数本科院校都将自身定位在"综合性""研究型"大学上（如浙江大学、浙江工商大学、浙江师范大学等），而专科院校虽然将自身定位于"专门型""应用型"，但其培养目标中会提到另外几个词，如"综合性""高素质"（如浙江水利水电专科学院、浙江东方职业技术学院、浙江医学高等专科学校等）。事实上，在这里反映出的问题是，重知识储备量的培养目标造成了与就业目标的脱节。

在这种培养目标下，真正的高校专业设置是怎样的？2013年9月13日，杭州《都市快报》刊登了一篇题为"男生多？女生多？"的报道，针对当前杭州市中小学男女生比例进行了不完全调查。调查结果表明，排名靠前的几所重点高中男生人数超过女生（只有浙江省杭州高级中学例外），其他高中男女生人数基本持平。以浙江大学为例，截至2012年8月31日，浙江大学现有全日制在校普通本科生22929人（其中女生8996人，占39.23%）。表6为2008届本科院校女生比例最大与最小的10个专业类别。

表6 2008届本科院校女生比例最大与最小的10个专业类别

单位：%

专业名称	女生比例	专业名称	女生比例
护理学类	93	地质学类	16
外国语言文学类	79	机械类	16
中国语言文学类	69	能源动力类	17
教育学类	65	武器类	18
心理学类	65	工程力学类	19
新闻传播学类	65	地矿类	20
图书档案学类	59	农业工程类	22
艺术类	58	土建类	22
工商管理类	57	测绘类	23
职业技术教育类	57	材料类	24

资料来源：麦可思中国大学生就业研究课题组：《2009年中国大学生就业报告》，社会科学文献出版社，2009。

由表6及前面所述可知，男女大学生虽然在数量上总体相差并不大，但是就其所学的专业来看，这种差别十分明显。很多学者认为这种选择专业的差异与男女先天的生理结构有关，暂且不论这种差异，让我们来看一下不同专业的就业情况（见表7）。

表7 2006~2011届本科毕业生就业率最高的5个专业类别

单位：%

专业名称	2006届	2007届	2008届	2009届	2010届	2011届
地矿类	90	97	97	95.5	95.2	96.5
土建类	93	96	94	93.1	95.2	95.6
能源动力类	95	97	94	94.3	95.9	96.6
农业工程类	87	93	93	94.4	92.0	94.9
机械类	92	96	93	92.5	94.5	94.2

由表7可以看出，当前就业供给结构中对于女性制约最大的因素在于专业的选择上。就业率最高的专业仍旧属于男性主导，甚至是一边倒的专业。这也不难理解为什么浙江大学有如此巨大的男女比例差别，对于以工科为主导的院校来说，男多女少是正常现象。另据《广州日报》报道，2012年复旦大学录取的3871名新生中，男生有1847名，占47.7%；女生有2024名，占52.3%。这是该校历史上女生比例首次超过男生，考虑到复旦大学是以文理科为主导的大学，这种现象也就容易理解了。

（3）就业指导体系

有不少学者通过比较研究指出，我国当前的就业指导体系仍需完善（杨伟国，2003；陈瑞武、曲铁华，2005；王萌，2008）。以浙江大学的就业指导体系为例，就业与指导中心的网站上关于生涯规划中的专业选择下并没有相关的内容说明，由此可见，当前高校的就业指导仍有许多要完善的地方。青岛大学苏戎曾就我国高校就业指导现状做过实证研究，其调查的对象为山东省和湖北省部分高校大学生。调查结果表明，我国当前高校就业指导体系存在三方面的问题：就业指导定位不够准确；就业指导内容较为单一；就业指导效果欠佳。[①] 还有学者指出，我国当前的就业指导偏向于求职与面试技巧的传授，而对于学生如何进行

---

① 详细数据结果参见苏戎《我国高校就业指导的现状与对策研究》，青岛大学硕士学位论文，2012。

教育生涯（专业选择及其发展）和职业生涯（所选专业对应职业的基本情况）规划却很少有实践层面的操作。① 此外，就业指导体系还存在着就业指导人员严重不足、就业指导人员非职业化与非专业化的现象。② 事实上，这些论述包含了两个方面的问题，一是就业指导人员的专业化程度，二是其对于学生的涵盖程度。笔者认为，当前高校就业指导的症结恰好在于此。事实上，当前高校的就业指导体系如此这般是可以理解的，因为就业指导所面向的是就业，即"应用型"，而大多数高校的定位是"研究型"，因此对于这些高校来说，最关键的是国际发文、引用数量，而就业率则显得不是那么重要。

2. 大学生就业的需求结构——用人单位

根据第三方教育质量评估机构麦可思研究院发布的就业蓝皮书《中国大学生就业报告》（2009~2012年），毕业生就业去向在2009~2011年的三年中变化基本不大，直辖市和副省级一线城市吸收了近一半的毕业生。2011届本科毕业生半年后就业地主要集中在以下区域：泛长江三角洲区域（包括上海、江苏、浙江、江西、安徽），占26.1%；泛渤海湾区域（包括北京、天津、山东、河北、内蒙古、山西），占23.1%；泛珠江三角洲区域（包括广东、广西、福建、海南），占21.1%。2011届高职高专毕业生半年后就业地也主要集中在这三个区域，所占比例依次是23.1%、25.3%和20.8%。③ 杭州作为泛长江三角洲的重要城市，其对于毕业生的诱惑力可见一斑。杭州人才开发中心在2007年对在杭的3000名大三、大四学生进行了就业问题问卷调查，结果显示，在杭大学生中有36%的人希望留在杭州；排在第二位的是东部沿海地区，占被调查人数的24%；而一贯被认为是就业热门城市的上海，仅占18%；南方创业城市深圳的受关注率达到了7%。北京虽说是国家的政治中心，但因为地处北方，对南方学生缺乏吸引力，只有1%的人希望去北京工作。④ 我们根据不同用人单位的特点绘制了毕业生毕业选择表（见表8）。

---

① 陈兆华、李恒庆、吴怡龙：《管窥西方发达国家大学生就业指导》，《世界教育信息》2008年第1期。
② 昌兵：《试论高校就业指导队伍的专业化、职业化、专家化建设》，《中国大学生就业》2007年第15期。
③ http://www.jyb.cn.
④ http://www.hangzhou.gov.cn/main/zpd/jypd/xljy/dxjy/xght/T201990.shtml.

表8　毕业生就业单位可行性分析

比较项目＼用人单位	政府单位	国企	外企、私企、乡镇企业	事业单位	其他单位（包括偏远地区）
结构特征	工作稳定 福利较好 社会地位较高	工作稳定 福利较好 社会地位较高	工作风险较高 工作回报大 流动性较高	待遇一般 福利一般 工作较为稳定	待遇较低 福利较差 晋升机会较少
对能力与素质的要求	高	高	高	一般	低
实际职位供给	需求刚性	行政人员需求刚性；其他随经济形势变化	受经济形势制约，其中民营企业还受到国家政策制约，需求较为刚性	需求量大，但是大学毕业生很少愿意将其作为第一就业志愿	—

对于杭州来讲，可以通过私营和民营企业等更多地吸纳毕业生就业，这主要是因为在浙江，这些企业的数量和能力都是相对较有优势的。但是对于全国其他非发达地区来说，并不能有效地通过这些途径来吸纳众多的毕业生。事实上，我们发现在表8的最后一列"其他单位（包括偏远地区）"中蕴含着巨大的就业可能性，但是因为其结构性特征使其并不能有效地吸引毕业生就业流向。依靠民营、乡镇企业重点吸纳适合的本科毕业生，而对于除此之外的毕业生尤其是专科毕业生，可以提供各种便利和优惠政策鼓励他们下到基层去，选择在"非城市"领域就业。事实上，在杭州市的相关政策中已经出现了这方面的规定。①

从以上的分析我们看到，当前就业职位供给中最大的矛盾在于毕业生就业倾向于抢占有限的就业资源。众多学者通过研究表明，我国的劳动力就业市场存在严重的市场分割（赖德胜，2001；岳昌君、周俊波，2005；文东茅，2005）。经济发达地区、大城市的就业竞争日趋激烈，而西部、农村落后地区则几乎无人问津。当前的劳动力需求结构并不能有效地发挥吸纳毕业生就业的作用。

---

① 杭州市委办公厅、杭州市政府办公厅印发《关于引导和鼓励高校毕业生到农村和社区工作的实施意见》的通知，详见 http：//hzbys.hzrc.com/NewsShow.aspx？newsid=51。

在分析了大学生就业的供给结构与需求结构后，我们发现当前大学生的供求结构出现了严重的断裂。

从供给上看，学校产出的大学生只具备专业知识而缺乏相应的专业技能训练，体现为知识与实际操作能力的不匹配。隐藏在这背后的逻辑是：学校培养与就业单位需求的目的相悖。学校的目的在于培养具有专业知识的人才，因此其往往会忽略在专业知识应用方面的训练；而用人单位需要的是专业知识与专业技能合一的员工，因此很多用人单位在招收新员工之后往往要对其进行二次培训。

从需求上看，乡镇企业、偏远地区等实际上有着众多的空余岗位，但却并不能有效地发挥其对劳动力的吸纳作用。相关研究发现，这些用人单位对于专科专职学校毕业生的吸引力要远大于本科毕业生，从供给结构上来看，本科毕业生大多倾向于"城市制度性契约"和"城市自由性契约"，这其中主要的原因在于当前的劳动力市场存在着严重的断裂分割，从而造成次级市场就业的成本太高。

综合这两方面来看，供方（指高校）所遵循的是指标体系（追求学校的综合排名，就业仅仅是一个相对不重要的指标），需方（指用人单位）所执行的原则是经济原则（关注劳动力的生产率，而不仅仅是其专业知识的储备）。这种原则上的差异使得供方在对就业的指导上没有足够的动力，而需方则需要为双方的信息不对称埋单。一方面想方设法弥补对于劳动力信息的缺乏，表现为招聘过程中的多次面试、试用期制度；另一方面又要为不完整的劳动力埋单，表现为入职培训投入的加大。此外，大学生本身也在努力地弥合自己和用人单位之间的信息不对称，表现为对于考证的热衷。①

3. 生育成本与经济学框架的局限性

实际上，我们在上文关于供求关系的解释中已经部分地涉及供求结构对于女性会产生更大的压力，这主要体现在女毕业生数量的激增和当前专业培养结构的不合理性。除此之外，还有学者的研究表明，市场逻辑本身也会造成对女性的歧视。

---

① 张未、高佳：《杭州市应届大学生就业现状的调研报告》，《中国科技信息》2013年第3期。

谢嗣胜和姚先国根据2002年城市居民住户调查资料的分析表明，市场化加大了性别工资歧视的程度。① 而张丹丹对于1993年和1997年的数据分析也同样说明，随着市场化的发展，对女性的歧视有扩大的趋势。具体来讲，对女性劳动力的不公待遇可能更多地发生在教育程度为初中及以下的劳动力组织中。② 中国人民大学劳动人事学院在对北京市的14所大学和北京、上海等地的75家企业进行了关于大学生就业供求的问卷调查后发现，女大学生在校学习成绩和班级工作能力与男生相当，甚至更好，她们的择业意愿和工薪期望与男生也非常相似，但是用人单位更愿意招收男生，这是因为企业在实际使用中感觉到男性员工比女性员工更有效率，而这往往会经验化，形成对女性的经验"统计性歧视"。于是用人单位为了降低招聘成本，便在招聘时注明"只要男性"。③ 考察现有的关于市场化与女性歧视的论文，我们可以发现通常的解释逻辑在于，市场化是追究效率的，而女性有其自身的附着成本，主要体现为生理与生育的相关成本、对劳动生产率的不同预期、女性择业的倾向性以及较高的福利成本。④

与女性生理特征相关联的高劳动成本是用人单位歧视女大学生的根本原因。⑤ 2001年广东省有关机构接到多宗怀孕女工权益受侵犯的投诉和咨询，某些用人单位要求女工入厂要先签不生育保证书，保证在合同期内不怀孕，违反者做自动离职处理。男女两性的生理差异明显，大多女性在体力和精力上不如男性，并且从劳动时间的连续性来说，女性承担着生育和哺乳的重要使命，而这显然是对劳动时间连续的巨大破坏。已经有相关的实证研究表明，当前存在的就业歧视主要是因为"体力型"职业占主导地位，连续性和同步化依然是当代"作业制度"的特征。⑥ 这就意味着，生理与生育对于劳动连续的破坏依然是雇主所考虑的重要因素。现实中很多雇主就像例子中提到的那样开出了各

---

① 谢嗣胜、姚先国：《我国城市就业人员性别工资歧视的估计》，《妇女研究论丛》2005年第6期。
② 张丹丹：《市场化与性别工资差异研究》，《中国人口科学》2004年第1期。
③ 潘锦棠：《北京女大学生就业供求意向调查分析》，《北京社会科学》2004年第3期。
④ 郝国蕊等：《对性别收入歧视的经济学分析》，《西北人口》2007年第1期。
⑤ 周岑茗：《女大学生隐性就业歧视问题研究》，《青年与社会》2013年第13期。
⑥ 潘锦棠：《性别人力资本理论》，《中国人民大学学报》2003年第3期。

种限制女性生育的条件，但是生育下一代是女性天生的责任，单方的限制真的能够制止女性的天性？

此外，《国务院关于工人退休、退职的暂行办法》规定，全民所有制企业、事业单位和党政机关、群众团体的工人，男年满六十周岁，女年满五十周岁，连续工龄满十年的，应当退休。多国的研究数据表明，女性的平均寿命要比男性长，这就意味着用人单位雇用女性在其退休后的相关福利支出上要多于男性，这也促使了理性的雇主对于雇用男性的偏好。

事实上，只有上述两点才是市场逻辑本身所蕴含的可能对女性歧视的原因，这需要我们通过相关的法律政策来弥补市场逻辑对社会主义社会"男女平等"观念的背离。而"劳动生产率的不同预期"以及"女性择业的倾向性"仅仅是用人单位在雇用时的主观感受。[1] 潘锦堂认为，"两性比较，男女大学生对于'完全市场化'和'政策照顾'赞同与反对的程度相当。这说明女大学生虽然在就业竞争中处于不利的地位，但是她们并没有因此而比男生更加反对市场经济原则或更加要求照顾"。[2] 这表明女性对于就业市场中的歧视更多的不满并不是市场原则本身，而是针对其女性本身的偏见。

经济学的分析框架并不能很好地说明偏见的存在。可能有人认为偏见是对市场理性选择逻辑产生的对于女性歧视的附加解释，从根本上讲还是由市场原则本身造成的。这意味着如果可以实现男女劳动生产率和择业倾向的趋同，那么这些偏见便可以自动消除，但事实并非如此。实证研究已经表明，对于大学生这样的高学历群体来说，脑力生产活动已经大大缩小了男女劳动生产率的差距（潘锦堂，2003），而女性在男性主导的专业上越来越表现出不弱的潜力，但是这并没有改变现实中人们对于男女的不同预期。此外，从理性选择角度审视上文中提到的女大学生专业结构，会发现这些选择恰恰是最不经济的（女生人数多，就业率不高，竞争激烈），那么促成这种"非理性选择"的动机是什么？为什么众多的女生"明知山有虎，偏向虎山行"？以上种种都表明，经济学的解释框架对于现实中女大学生就业受到歧视的解释还远远不够。对此，

---

[1] 郝国蕊等：《对性别收入歧视的经济学分析》，《西北人口》2007年第1期。
[2] 潘锦堂：《性别人力资本理论》，《中国人民大学学报》2003年第3期。

笔者引入社会学的社会性别角色规范、刻板印象与角色认知概念，并在此基础上结合对当前与就业相关的制度分析，提出制定对策的可能路径选择。

三 社会学的解释——社会性别角色规范与刻板印象

关于就业中对女性的歧视，经济学者主要从人力资本、人的生产效率和企业成本负担等角度分析就业性别差异，社会学者则更多地从文化传统和社会制度因素等视角来研究男女就业的不平等。"社会性别"（Gender）是相对于"生理性别"（Sex）而言的，生理性别是指个人在生物学意义上与生俱来的男性或女性的事实，而社会性别则是指为人们所认知的男性与女性之间存在的社会性差异和社会性关系。这些差异和关系会因各种具体社会形态和文化形态的不同而有所不同，且会随时间发生变化。正如西蒙娜·德·波伏娃提出的："人不是生为男人或女人，而是变成男人或女人的。"① 人们是在成长过程中获得性别认同，在经过社会的建构之后才成长为男人和女人的（李银河，2005）。

性别角色是不同性别的个体被一定的社会和群体规定了的特定的行为模式即角色规范。性别角色的形成，是一个人的心理行为社会化的过程，是个体通过许多年的社会学习，接受社会和群体对他（她）的性别角色的期待，将性别规范内化，渐渐地表现得像个"男人"或"女人"的过程。

1. 社会性别角色规范形成的刻板印象

刻板印象是指社会上对某一个群体的特征所做的归纳、概括的总和。它并不一定有事实根据，也不考虑个体差异，仅仅是存在于人们头脑中的一些固定看法，但对人们的认知和行为却能产生重大的影响。② 有学者通过研究发现，中国大学生多认为男性在思维、能力、工作上超过女性，如"思维清晰度""成就动机"等，显得坚强、能干；而认为女性在一些情感性的项目上超过男性，如"善解人意""重情感"，显得被动、顺从等。而且这一刻板印象为男女大学生所共同持有。③ 我们可以看到，这种刻板印象实质上是与社会性别角

---

① 〔法〕西蒙娜·德·波伏娃：《第二性》，中国书籍出版社，2004。
② Hilton J. L., Hippel W., "Stereotypes", *Annual Review of Psychology*, 1996, 47, pp. 237 - 271.
③ 钱铭怡等：《关于性别刻板印象的初步调查》，《应用心理学》1999 年第 1 期。

色规范一脉相承的。

正是由于社会性别角色规范所形成的刻板印象，雇主往往对于不同性别员工的生产率有着不同的预期，即使在校期间表现更为优秀的女生，雇主也倾向于认为女性的预期生产率将低于男性。之所以这样认为，主要是基于两点考虑：女性精力的分散和发展潜力相对不足。女性精力的分散是指雇主认为女性需要照顾家庭，"相夫教子"，因而会分散其工作精力，造成劳动生产率下降；发展潜力则是指雇主认为女性在工作中不如男性积极主动。实证研究表明，男女大学生只在就业竞争力的个别维度（个人品质和相关阅历）上存在显著差异，而在总体的就业竞争力水平上并未存在显著差异（武毅英、杨珍，2013）。事实上，近年来社会发展日新月异，"非正规就业模式"对"劳动中断"的宽容度大大提高，尤其是对于女大学生这种高层次的脑力劳动者来说，女性"四期"对劳动生产率的影响越来越小（潘锦棠，2003）。因此，对劳动生产率的不同预期是对女性的刻板印象，尤其是对女大学生的刻板印象，是既有社会角色规范所形成的一种对女性的偏见。

2. 社会性别角色规范形成的角色认知

角色认知是对角色规范和角色评价的辨识。① 社会个体不仅会在社会化过程中学习扮演某种角色，而且还会根据自己对这种角色规范的认知，以及他人对自己角色扮演的评价，不断调整自己的角色扮演。社会性别秩序为两性确立了各自的角色规范，家庭教育和学校教育不仅教会儿童识别性别角色、扮演性别角色，而且还会引导他们/她们习得两性不同的性别气质，进而直接影响他们/她们对未来职业的想象、期待。"女性择业的倾向性"指的就是女性倾向于选择具体事物性的、与语言和形象思维有关的工作并由此导致了对专业选择的偏狭，专业、知识结构的局限又使女性就业适应面变窄，从而造成这些职业领域的拥挤，进而降低了女性雇员的工资水平。在本文中提到的当前高校男女大学生的专业构成充分地表明了男女两性在当前的专业选择上确实存在着这种倾向性。

如果仔细思考专业选择这一过程，我们会发现这实际上是由女大学生对自

---

① 陈卫平：《角色认知的概念与功能初探》，《社会科学研究》1994 年第 1 期。

我的性别角色认知决定的。女大学生在选择专业时必然会考虑的一个问题是，我适合什么样的专业？有研究者认为，尽管我国教育在较长的时期内保持性别中立，但实际上"我们的学校、教育、教师，乃至社会从来都是有性别的，而且这种性别是被社会所标定的"。① 有学者曾做过调查，在就业的理想选择上，女大学生的排序是：事业单位专业技术人员（34.3%）、党政机关公务员（19.7%），外资、三资企业职员（18.2%），金融、保险企业职员（14.3），而个体老板只占4.8%，相对于男生的外资、三资企业职员的33.7%和个体老板的12.5%，女生呈现了更低的创业自主动机，而更倾向于收入稳定、压力相对较小的行业。② 这实际上也是符合女性社会角色认知的——我作为女性应该相夫教子，而不是积极地去寻求竞争的社会成功。

根据麦可思－中国2008届大学毕业生求职与工作能力调查结果，2008届本科女大学生毕业后半年内就业率最高的三类专业分别是：测绘类（96%）、地矿类（95%）、海洋科学类（94%），而这三类专业全部应该是男性主导的学科。据此笔者判断，并不存在传统意义上不适合学生的专业，而之所以会有这样的观念，恰恰在于社会化的过程是对既有社会性别角色规范的再生产。

3. 制度层面的歧视——社会结构

（1）户籍制度

如果要在众多对大学毕业生就业起到限制作用的政策中选取一条最重要的，那无疑是当前的户籍管理制度。"为了维护社会秩序，保护公民的权利和利益，服务于社会主义建设"，1958年1月，全国人大常委会第91次会议通过《中华人民共和国户口登记条例》，该条例第十条第二款对农村人口进入城市做出了严格规定：凡没有城市劳动部门录用证明、学校录取证明或城市户口登记机关准予迁入证明者不能由农村进入城市。户籍制度与大学生就业关系最为密切的词语是"生源"。"大学生在毕业就业选择时宁可放弃专业、降格以求，也不愿离开大城市、发达地区。反过来，上述地区由于近年来大量高校毕业生的集聚，对所需人才的筛选标准除了升格学历，强调专业、性别之外，更

---

① 史静寰：《走进教材和课堂教学的性别世界》，教育科学出版社，2004。
② 郑洁：《当代女大学生就业意识的调查与研究——以重庆市高校的女大学生为例》，华东师范大学硕士学位论文，2004。

为苛刻的一个条件便是'生源'……北京市规定,每年外地生源本科毕业生留京指标为外地生源人数的10%～15%,研究生和北京生源毕业生不受指标限制。而在北京和上海进行适当的生源、户口限制的同时,浙江等地为了吸引人才也出台了生源、户口的放宽政策,采取了对外地生源高学历人才'先落户、后就业'的吸引人才措施。"①

众所周知,教育是社会流动的重要调节机制,其对于一个社会的稳定与发展是必要的。但是一个本身促使社会流动的机制如今却受到了社会结构本身的制约。从这点上讲,浙江省及杭州市的"先落户、后就业"政策多少对于改善当前的城乡二元分割和较为固定的社会结构有着促进作用。

(2) 生育保险制度

狭义的生育保险是指女职工因怀孕、分娩而无法从事正常的生产劳动,中断经济来源时,由国家和社会给予医疗保险服务和物质帮助的一种社会保障制度。生育保险制度是广义的生育保险,根据庄渝霞的定义,生育保险制度是指一个国家内能遵循生育控制政策的女性应享有的生育补偿制度。②

我国的生育保险建立于1951年,《中华人民共和国劳动保险条例》中关于女职工在生育期间享有的待遇还带有浓重的福利色彩,是对女性的照顾,是一种生产成本。1994年,原劳动部颁发了《企业职工生育保险试行办法》,明确了生育保险的目的和性质——"维护企业女职工的合法权益,保障其在生育期间得到必要的经济补偿和医疗保健"。而这恰恰是当前企业在招收男女员工时所考虑成本的由来。由"照顾"到"补偿",已经初步体现了我国在制定社会保障政策中对社会性别及其价值的认识与重视。2010年,《中华人民共和国社会保险法》颁布,标志着我国社会保障制度的正式制度化,同时也为妇女的生育保险提供了更加有力的保障。从社会性别视角审视,现行生育保险的制度理念相对滞后导致的突出问题主要表现在三个方面:一是生育保险中政府责任的履行尚不充分;二是对男性的生育责任缺乏足够重视;三是生育保障的

---

① 曾湘泉等:《变革中的就业环境与中国大学生就业》,中国人民大学出版社,2004。另见《2012年高校毕业生落户杭州人才市场办理指南》,http://www.hzrc.com/rsdl/DispNews.aspx?id=610。
② 庄渝霞:《实施生育保险制度的社会学和经济学双透析》,《上海经济研究》2009年第10期。

职工福利性质导致生育保险待遇的享有率更低，有悖社会公平。① 目前，我国生育保险制度正处于新旧交替阶段，新制度（社会生育保险）正在逐渐取代旧制度（企业生育保险），但旧制度依然占主导地位。只要女性的生育保险还是由企业负责，就不可避免地会对女性造成歧视。此外，在现实中还存在着一些用人单位对年龄、体格、外貌以及地域等不同程度的特殊规定，一旦这些规定成为正式的制度，就必然会对女大学生的就业产生影响。制度层面的歧视更多地反映了一种既有的社会结构对女大学生就业的影响与制约。

（3）制度对女大学生就业的制约

首先是生育保险的制度歧视。如前所述，当前我国关于生育成本的补偿政策仍旧蕴含着就业歧视的可能性。具体到杭州来讲，根据《杭州市生育保险办法》的相关规定，参保范围为杭州市行政区域内的企业、事业单位、社会团体、民办非企业单位、基金会、律师事务所、会计师事务所等组织和有雇工的个体工商户；产假期间的工资按所在单位上年度职工月平均工资计算；生育保险费由地方税务部门征收，由用人单位缴纳，职工个人不缴纳生育保险费。② 与旧政策相比，新政策的参保范围更广，产假工资增加，而生育保险费是由用人单位缴纳的，这些政策表面上体现了对女性的爱护，给了女性生育行为更多的保障，但在实际施行的过程中无形增加了杭州市用人单位雇用女性时的成本，因此各用人单位在招聘时会倾向于男性。

其次是创业鼓励政策的性别盲视。查阅杭州市关于大学生就业的扶持政策，我们发现其中最重要的是创业鼓励政策。2008年4月，杭州市政府办公厅下发了《杭州市人民政府办公厅关于实施杭州市"万名大学生创业实训工程"的指导意见》和《杭州市高校毕业生和留学回国人员创业三年行动计划》，对大学生创业和实训提出了明确要求。从实际效果来看，截至2009年3月15日，在面临金融危机严峻挑战的形势下，杭州市仍有7000余名大学生实现了就业。③ 截至2011年6月底，提供数据较完整的927家大学生创业企业的

---

① 蒋永萍：《社会性别视角下的生育保险制度改革与完善——从〈生育保险办法（征求意见稿）〉谈起》，《妇女研究论丛》2013年第1期。
② 《杭州市生育保险办法》，http：//www.hangzhou.gov.cn/main/wjgg/zxwj/wjjd/sybx/。
③ 《争当全国大学生创业带动就业的表率》，《杭州日报》2009年3月28日。

在岗就业人数为6301人，杭州市大学生创业企业就业带动率为1∶6.8。① 由以上两个统计数据可以看出自主创业在促进就业方面的巨大贡献。

值得我们注意的是，在对杭州市大学生创业企业发放的200份问卷（回收178份）调查中，创业企业中有76%是由男性开办的，由女性开办的只占24%。② 对此，有学者曾做过实证调查，调查的结果也显示了同样的结论。③ 有研究证明，对男性而言，其创业意愿更多地受风险承担和价值取向影响，而对于女性来说，则更多的是成就动机与追求卓越。④ 国外有研究表明，针对那些个体成就欲望和权力需要比较高的女性所提供的课程对于激发个体创业动机最为有效。⑤ 因此我们看到，所谓的就业扶持政策实际上对于不同性别能够发挥的作用是不同的。对于女性来说，女性本身并没有太强烈的创业意向，因此创业扶持政策隐含着一种对于女性的性别盲视。

四 制度改革的出路

至此，我们发现女大学生就业难并不仅仅是一种经济学上的市场歧视现象，而更多地具有一种"嵌入性"（波兰尼，2007），受到经济的、政治的、社会的和文化的各种因素的共同制约。因此，若想解决这一问题，不能仅仅依靠对市场逻辑的调整，而需要通过制度改革进而影响整个就业问题的嵌入环境。

1. 建立用人单位录用女大学生的财政补贴及税收减免制度，切实解决用人单位录用女大学生可能产生的"性别亏损"问题

客观地讲，在用人单位全部承担录用女大学生所产生的"自然附着成本"（因生育和哺乳所产生的直接或间接成本、女性更多承担家务劳动所产生的预期劳动生产率损失，以及提前退休产生的福利成本等）时，用人单位录用女

---

① 《逆势飞扬 杭州大创发展指数2011上半年跃升142点》，《中国青年报》2012年1月31日。
② 席勇、唐先斌、李志学：《杭州市大学生自主创业的现状调查与相关扶持政策的实施》，《科技创业月刊》2010年第10期。
③ 孙蕾、庄娱乐：《关于高校学生自主创业意愿的实证分析》，《现代教育管理》2009年第2期。
④ 钱永红：《个人特质对男女创业意向影响的比较研究》，《技术经济》2007年第7期。
⑤ 钱永红：《个人特质对男女创业意向影响的比较研究》，《技术经济》2007年第7期。

大学生的确存在一定的"性别亏损"现象。在市场经济条件下，作为理性的行为主体，用人单位在录用人员时必然要进行投入与产出的效益权衡，在录用对象素质能力条件相近的情况下，会倾向于采用少招或不招女生的策略来规避"性别亏损"。

为此，我们建议杭州市在全国率先试行新的生育保险政策，实行将生育保险中的生育费用支出交由国家、夫妇所在单位和生育者夫妇三方承担，生育所需时间支出由国家、生育者（妻子）所在单位（提供带薪产假、支付顶替者的薪水等）及生育者本人及其家庭共同分担等组合政策，从而实现夫妻双方及其所在单位共同承担原来由妻子及其所在单位单独承担的生育费用及其时间成本，降低妻子所在单位的"性别亏损"。

鉴于"性别亏损"现象的多重性，除了完善生育保险政策外，也可以考虑出台相关政策，给予那些积极招收女大学生的用人单位一定的财政补贴或者税收减免待遇，以弥补用人单位录用女大学生可能发生的"性别亏损"，减轻它们的用人顾虑。从国家的政策调控角度讲，这是保护女大学生平等就业权利、支持女大学生就业最有效的手段。

2. 健全促进平等就业的法律法规体系，强化执法力度，努力营造平等竞争的就业市场

大学生就业难问题，既源于劳动力过剩、就业岗位稀缺的大背景，也源于就业机会竞争的不平等。2008年针对杭州市大学生就业问题的调查显示，无论是男生还是女生，对就业市场中不公平、不公正现象的感受都很强烈，其中共有42.9%的男生和52.6%的女生认为自己在求职过程中遭遇不公平待遇，这说明大学生在求职过程中遭遇不公平待遇是一个比较普遍的现象，而并不仅仅限于女大学生。从实际情况来看，目前就业市场不仅存在性别歧视现象，而且存在学历、户籍、健康、年龄、外貌等歧视现象。我国《宪法》《劳动法》《妇女权益保障法》《劳动力市场管理规定》都有反对各种形式的就业歧视的明确规定，但相关的法律规定都存在条文过于原则和抽象、操作性不强的问题。新公布的《就业促进法（草案）》明确用人单位招用人员不得以性别等因素为由歧视劳动者，但也没有具体明确构成就业歧视行为应承担的法律责任。当前，应当加强《劳动法》《妇女权益保障法》等法律相关规定的细化工作，明确就业歧视行为的惩罚和赔偿措施。在这方面甚至可以考虑制定一个细化的"反就业歧视行为"的地方性法规。与此同时，要切实加大劳动保障、工商、税务等部门的执法力度，加强对包括性别歧视在内的各种就业歧视现象的执法监察，切实保护大学生平等的就业权利。

3. 高等院校要根据就业市场的需求动态及时进行招生专业计划的调整，并努力创新大学生的培养模式，切实增强大学生的实际就业竞争能力

大学生就业难是一个结构性问题。从高等院校方面来讲，这反映出了两个突出问题：一是在招生规模"井喷式"扩张的过程中，一些高等院校在专业设置上或者一味注重发展低成本的专业（如文科专业），或者盲目赶潮流，一味求新求洋，造成许多专业的毕业生在人才市场上遭遇严重的供求失衡现象；二是在"专升本"的热潮和盲目打造研究型大学的过程中，许多高等院校在忽视高级技术人才培养的同时，也忽视了学生实践能力的培养，导致大量的毕业生进入就业市场时往往缺乏起码的用人单位所看重的实践能力，陷入四处碰壁的境地。

供求相对平衡，是市场健康发展的基本条件，大学生就业问题同样如此。为此，高等院校必须从实际出发，根据学校的学科优势和就业市场的需求动态，进行专业结构的合理配置，果断地压缩市场需求有限或已经陷入过度竞争状态的相关专业的招生规模。同时，在学生的培养模式上，要改变片面注重理论灌输的倾向，切实强化学生实践能力的培训。在大四阶段，应当把求职应试能力的提升列为重要的选修课程，帮助学生学会如何展示自己的才华，克服求职过程中可能存在的畏难情绪和焦虑心理。教育主管部门也要切实加强对高等院校功能定位的科学引导，抑制盲目向研究型大学靠拢的倾向，加强高等职业技术院校的扶持。

4. 相关职能部门应加强对大学生就业的指导与服务，切实改变大学生求职过程中存在的信息不对称现象

缺乏用人单位的需求信息，不了解用人单位的人才录用偏好，以致只能以四处投递简历的方式来寻找就业机会，是大学生求职过程中普遍存在的现象。这不仅加剧了人才市场供求信息的对接困难，而且加重了大学生求职过程中的心理紧张。借鉴发达国家的经验，对大学生进行有针对性的就业指导，是缓解求职困难的有效途径。在日本、韩国，对大学生的就业指导工作从大学生进入校园就已经开始，学校就业指导中心经常有针对性地举办相关知识和技能的讲座。从大二开始，大学生就要经常接受就业指导中心的测试，然后由富有经验的教师根据测试结果为学生提供个性化的职业分析，提供一对一的指导与服务。从大三开始，学校就业指导中心开始为学生提供社会实习机会或提供相关信息，帮助学生积累工作经验。更重要的是，大学生在就业中遇到困难时，可以随时向学校就业指导中心寻求帮助。目前，我国的高等院校也普遍设立了大学生就业指导中心，开始向大学生提供一些就业指导。但从实际情况来看，其作用还相当有限，相当部分应届毕业生甚至根本不知道它的存在。因此，高等院校应切实加强就业指导工作，采取各种有效的措施，帮助大学生尽早了解就业市场的行情，做好求职的准备，使他们／她们能够较好地经受求职过程中的各种考验。

教育行政主管部门应定时发布大学生就业状况的完整信息，提供各类统计分析报告，使大学生能够及时了解就业形势的真实情况，进而根据往年各专业的就业情况，及时确立同人才市场需求状况相吻合的择业思路。与此同时，就业信息及时、完整的发布，也有利于高校根据社会需求状况及时进行专业设置和招生计划的调整，这反过来也有利于改变目前高校女生的专业分布同社会需求状况不相吻合的总体格局，有利于提高女大学生的整体就业率。

5. 加强对女大学生就业心理压力的疏导、调适，增强女大学生对求职的心理适应能力，鼓励女大学毕业生积极创业

长期接受不断放大的女大学生就业难的社会舆论的暗示，会导致女大学生忽视自身综合素质的提高，强化对社会的排斥心理，甚至陷入自暴自弃的境地，不利于女大学生身心的健康发展。女大学生就业心理压力的疏导，应立足增强女大学生对求职的自信心，消除对就业所存在的种种不必要的心理负担，克服心理障碍，进而引导女大学生致力于从多方面增强自身的综合素质。有研究数据充分表明，就业机会的竞争，说到底是综合素质的竞争。高素质的女大学生根本无须顾虑所谓的女大学生就业难以及用人单位的性别排斥问题。相反，没有过硬的自身素质，指望通过政府干预来解决女大学生就业难问题，不仅不现实，即使政府采取了一定措施，也不可能真正提高女大学生的就业质量,更不可能帮助女大学生今后在职业发展生涯中突破职业的性别隔离。

妇联组织可以通过高校就业指导中心加强对女大学生的就业辅导,特别是心理辅导。无论是大学生有限的求职渠道,还是女大学生在求职过程中产生的心理压力,以及"先就业、后择业"所导致的心理失落都表明,大学生尤其是女大学生在求职过程中都非常需要加强有针对性的就业辅导,一定要打破女性"不适合创业"的思想观念,帮助女大学生树立理性的择业观,根据自己的特长、兴趣进行个人职业生涯设计,进而根据人才市场的供求状况,合理地谋划第一职业的定位。同时,要特别加强对女大学生的心理疏导,帮助她们树立求职的自信心,克服展示自我的心理障碍,学会同用人单位进行有效沟通的实践技能。妇联组织可以通过加强对高校就业指导中心的指导、组织各种就业辅导讲座、设立女大学生心理疏导服务中心、设立女大学生就业信息及心理辅导网站、开设女大学生就业不公平遭遇投诉举报电话等方式,发挥自身在为女大学生提供就业指导、心理辅导等方面的独特优势。事实上,积极主动地为女大学生就业提供各种有效的服务,正是妇联组织扩大自身社会影响力的有效途径。

五　结论与反思

通过以上分析我们可以看到,女大学生就业难的问题并不是单方面的经济、社会、政治和文化问题,而是各种因素交织在一起而形成的复杂问题。对此,笔者借用了经济学和社会学两个分析框架,通过对供求结构、社会性别意识以及当前的就业制度进行分析,最终将女大学生就业难的问题得以阐明。

关于供求结构的分析,我们得出以下结论:我国当前的供求结构存在巨大的断裂,表现为高校与用人单位遵循各自的发展逻辑,以及存在严重的劳动力市场分割,进而造成了供给与需求的结构矛盾,其后果是导致大学生"无业可就"与"有业不就"的局面并存。经济学的分析能够解释当前大学生就业难的问题,但是对于我们理解在真实就业中存在的对于女性的歧视则缺乏足够的说服力。为此,笔者引入了社会学中关于社会性别与制度的分析框架。

关于社会性别意识以及当前的就业制度分析,我们认为,当前存在的对于女大学生就业的性别歧视可以分为两部分，由市场经济逻辑与制度本身所产生的歧视以及由社会性别角色规范所产生的歧视。前者可以通过制度改革完善相应的法律法规得以克服，后者的存在表明被传统创造出来的社会性别结构制约了女性的行动，而随着女性个体对这些限制和机会做出反应，她们也就再生产了社会性别的结构。在当前男权制的社会中，中国女性对就业性别歧视做出的消极反应加剧了其在社会不平等关系中的弱势地位。

最后笔者通过对国外的经验考察，提供了几点对于当前制度改革的思考。对于市场逻辑对女性造成的歧视，通过将生育成本多元负担以及完善关于女性就业歧视的相关法律法规及其配套机制得以解决；结合之前对于供求关系以及就业制度的分析，需要高校在调整自己专业设置的同时，与就业指导中心和用人单位协同合作，完善求职市场中的信息不对称现象。当然，对于女大学生自身来说，一定要努力克服歧视对自身的影响，树立正确的择业就业观。

此外，我们还应该注意到，在关于杭州市非私营单位的年鉴统计资料中并没有包含私企，但有调查资料显示，浙江省大学生毕业后首选的单位中民营企业占21%，[①] 而这也恰恰预示了我们下一步可能的研究目标，即私企对于大学生尤其是女大学生的就业促进问题。

参考文献

[1] 鲍威：《民办高等教育与大学毕业生就业新市场的形成》，《清华大学教育研究》2007年第1期。

[2] 曹星：《大学毕业生去向和求职结果的性别差异分析》，《2007年中国教育经济学年会会议论文集》，2007。

[3] 昌兵：《试论高校就业指导队伍的专业化、职业化、专家化建设》，《中国大学生就业》2007年第15期。

[4] 陈钧浩：《大学生就业意向调查研究》，《宁波大学学报》（教育科学版）2006年第5期。

[5] 陈瑞武、曲铁华：《日本大学生就业管理体制和职业指导现状及启示》，《中国高

---

① 徐向飞：《浙江省大学生就业意向调查》，《中国大学生就业》2005年第23期。

教研究》2005年第1期。

[6] 陈兆华、李恒庆、吴怡龙：《管窥西方发达国家大学生就业指导》，《世界教育信息》2008年第10期。

[7] 〔法〕西蒙娜·德·波伏娃：《第二性》，中国书籍出版社，2004。

[8] 范元伟、郑继国、吴常虹：《初次就业搜寻时间的因素分析——来自上海部分高校的经验证据》，《清华大学教育研究》2005年第2期。

[9] 房国忠、黎彩眉：《高校在毕业生就业市场中的角色分析》，《社会科学战线》2006年第3期。

[10] 郝国蕊、张会敏、江华峰：《对性别收入歧视的经济学分析》，《西北人口》2007年第1期。

[11] 教育部发展规划司：《中国教育统计年鉴》，人民教育出版社，1996~2005。

[12] 赖德胜、吉利：《大学生择业取向的制度分析》，《宏观经济研究》2003年第7期。

[13] 赖德胜：《劳动力市场分割与大学毕业生失业》，《北京师范大学学报》（人文社会科学版）2001年第4期。

[14] 李银河：《女性主义》，山东人民出版社，2005。

[15] 刘婷婷：《女性就业性别歧视的产生与再生产——基于"建构主义"社会性别理论的分析》，《改革与开放》2011年第1期。

[16] 麦可思中国大学生就业研究课题组：《中国大学生就业报告》，社会科学文献出版社，2009~2012。

[17] 潘锦棠：《北京女大学生就业供求意向调查分析》，《北京社会科学》2004年第3期。

[18] 潘锦棠：《性别人力资本理论》，《中国人民大学学报》2003年第3期。

[19] 潘锦棠：《中国生育保险制度的历史与现状》，《人口研究》2003年第2期。

[20] 钱铭怡、罗珊红、张光健、陈萍、姚萍：《关于性别刻板印象的初步调查》，《应用心理学》1999年第1期。

[21] 全国高等学校学生信息咨询与就业指导中心、北京大学教育学院联合编著《全国高校毕业生就业状况（2009~2010）》，北京大学出版社，2011。

[22] 全国高等学校学生信息咨询与就业指导中心、北京大学教育学院联合编著《全国高校毕业生就业状况（2004~2008）》，北京大学出版社，2009。

[23] 桑锦龙：《教育转型与专科毕业生就业》，社会科学文献出版社，2008。

[24] 史静寰：《走进教材和课堂教学的性别世界》，教育科学出版社，2004。

[25] 孙长缨主编《当代大学生就业研究》，高等教育出版社，2008。

[26] 佟新、梁萌：《女大学生就业过程中的性别歧视研究》，《妇女研究论丛》（增刊）2006年第12期。

[27] 汪海波：《2001年："十五"计划开局良好的一年》，《中国社会科学院研究生学报》2003年第1期。

［28］王萌：《美国、日本、德国在大学毕业生就业中政府作为的研究》，《外国教育研究》2008年第6期。

［29］王天夫、赖扬恩、李博柏：《城市性别收入差异及其演变：1995～2003》，《社会学研究》2008年第2期。

［30］文东茅：《我国高等教育机会、学业及就业的性别比较》，《清华大学教育研究》2005年第5期。

［31］武毅英、杨珍：《大学生就业竞争力差异分析——基于社会性别的视野》，《大学教育科学》2013年第1期。

［32］武毅英：《转型期的大学生就业问题与对策》，广东高等教育出版社，2009。

［33］席勇、唐先斌、李志学：《杭州市大学生自主创业的现状调查与相关扶持政策的实施》，《科技创业月刊》2010年第10期。

［34］谢嗣胜、姚先国：《我国城市就业人员性别工资歧视的估计》，《妇女研究论丛》2005年第6期。

［35］谢维和、王洪才：《从分配到择业——大学毕业生就业状况的实证研究》，教育科学出版社，2001。

［36］徐向飞：《浙江省大学生就业意向调查》，《中国大学生就业》2005年第23期。

［37］杨伟国：《国外大学生就业的促进措施》，《小康社会：文化生态与全面发展——2003学术前沿论坛论文集》，2003。

［38］〔英〕波兰尼：《大转型：我们时代的政治与经济起源》，冯钢、刘阳译，浙江人民出版社，2007。

［39］岳昌君、周俊波：《高校毕业生为何跨省就业》，《清华大学教育研究》2005年第2期。

［40］曾湘泉等：《变革中的就业环境与中国大学生就业》，中国人民大学出版社，2004。

［41］张丹丹：《市场化与性别工资差异研究》，《中国人口科学》2004年第1期。

［42］Bell, "Book and Berkeley", *The American Behavioral Scientist*, No. 5, 2005.

［43］Harvey L., Locke W., & Morey A., *Enhancing Employability*, *Recognising Diversity*, London: Universities UK, 2002.

［44］Hilton J. L., Hippel W., "Stereotypes", *Annual Review of Psychology*, 1996, 47.

［45］Morley L., "Producing New Workers: Quality, Equality and Employability in Higher Education", *Quality in Higher Education*, 2001, 7.

［46］OECD, "Career Guidance and Public Policy", Paris: OECD, 2004.

创 业 篇

Reports on Entrepreneurship

B.6 杭州市不同群体女性创业特征及其促进策略

柯丽敏*

摘 要： 随着杭州女性知识和能力的增长以及社会地位的提高，越来越多的女性开始自主创业，对社会经济和文化的发展产生了重大影响。女性创业者具有异质性，既包括下岗后创业的女性弱势群体，也包括辞职创业的高级白领、女大学生、继承父辈的"创二代"等年轻群体。不同的女性群体有其自身的特点，创业需求、创业能力也并不完全相同。本文以杭州市女性创业者为样本，通过个案访谈与问卷调查的方式，总结了不同群体创业者的个人特征、创业动机、行业选择、融资情况、工作与家庭的平衡，以及女性创业支持与需求等方面的差异，在此基础上

---

* 柯丽敏，杭州师范大学阿里巴巴商学院副教授、国际商务系主任。

提出了不同女性创业群体的针对性扶助政策。

关键词：

创业 女性创业 女性创业家

全球创业观察项目（GEM）对35个国家和地区的创业情况调查结果显示，GEM的女性全员创业活动指数为6.90%，中国女性全员创业活动指数高达11.16%，高出平均指数4.26个百分点，排在第六位。这说明中国属于女性创业很活跃的国家（王华锋等，2006）。随着中国女性知识和能力的增长以及社会地位的提高，越来越多的女性开始自主创业，一个崭新的"她世界""她时代"正在崛起。据第十一届全球女企业家会议公布的数据，目前中国女企业家约占全国企业家总数的20%，中国女性自主创业的比例比十年前提高了17个百分点，达到21%以上，接近男性的水平。《中国百名杰出女企业家》一书则记载，以中小企业家为主的女企业家已占全国企业家总数的25%左右，其中有60%是近十年创业成功者，40~45岁的创业女企业家人数最多。中国女企业家协会常务副会长兼秘书长史清琪用"21世纪是妇女创业的时代"来说明女性经营管理者在未来经济发展中的强劲发展能力。

国内对女性创业较大规模的研究有"中国企业家调查系统"展开的调查、中国女企业家协会开展的"中国妇女创业与女企业家发展研究"项目、全国妇联牵头的"全国非公有企业女企业家情况调查"。2001年和2002年，中国女企业家协会女企业家研究咨询中心发布的《中国女企业家发展报告》，从宏观层面分析了女企业家的发展状况、现实条件、影响因素以及发展趋势。这些研究成果表明，与男性创业相比，女性创业在年龄、受教育程度、管理企业的风格、获取资源的方式等方面都有别于男性（谢雅萍等，2012）。

女性创业不是同质性的，女性人力资源具有层次性，既包括下岗后创业的女性弱势群体，也包括辞职创业的高级白领、女大学生、继承父辈的"创二代"等年轻群体。不同的女性群体有其自身的特点，她们对城市发展所发挥的作用各不相同。例如，高级白领辞职群体创业的领域非常宽阔，可以是创办高新技术企业，也可以是提供某些技术含量比较高的高层次的服务，是城市经济发展重要的推动力。而弱势女性的自我创业本身就是与解决城市贫困和提供社区服务紧密结合的。同时，女性创业活动表现出的创业需求、创业能力也并不完全相同。如何针对这种差异性来为促进女性创业提供正确的对策指引，是值得深入研究和思考的问题。

基于这样的背景，杭州市妇联、杭州市哲学社会科学规划办公室、杭州市女企业家协会联合杭州师范大学商学院，组成"杭州不同妇女群体创业的特点和差异研究"课题组，以杭州市女性创业者为样本展开个案访谈与问卷调查，共收集个案访谈资料21例，回收200份问卷，其中有效问卷183份，占回收问卷的91.5%。本次调查的主要内容包括创业者个人特征、创业动机、行业选择、融资情况、工作与家庭的平衡，以及女性创业支持与需求等方面。

一 文献回顾

关于创业的定义很多，Morris（1998）总结了在欧美地区创业核心期刊的文章和主要教科书中出现的77个创业定义，通过对这些定义中关键词出现的频率来揭示创业的内涵。在77个创业定义中，出现频率最高的关键词主要包括：开创新事业，创建新组织；创造资源的新组合，创新；捕捉机会；风险承担；价值创造。Shane S.（2003）认为创业过程重在整理可用的资源，搜寻这些资源可行的用途，预测其可能达到的效果并做出决策。Zhan Jun 和 D. Deschoolmeester（2003）认为创业本质上是"一个以既定目标为方向的动态过程，在这个过程中，个人将富有创造性的思维与市场潜在的需求或机遇相结合，运用管理和组织的能力、获取和整合资源的能力，以及适应环境的能力，并承担因此而产生的各种不同类型的风险，以达到所希冀的目标"。湛军和张占平（2007）则将创业分为广义的创业和狭义的创业，认为广义的创业不仅包括发现机会、整合资源、建立新企业，而且包括在现存企业中进行的发现机会、整合资源、调整组织结构，以及为保持企业持续发展而进行的一切活动。可见，尽管学术界对创业本质的理解有各种不同的阐释，但总体来看，创业的内涵主要包括：开创新业务，创建新组织；利用创新这一工具实现各种资源的新组合；通过对潜在机会的发掘而创造价值。湛军和张占平（2007）按照创业者从事的创业活动所处的不同周期，将创业者划分为以下三类。①创业者投入了资源或建立了新公司。此类创业者被认为是初生创业者（Nascent Entrepreneurs）。②创业者拥有并管理新公司，而且该公司为员工发放了不少于3个月但不多于42个月的薪金。此类创业者被认为是新公司所有者（New Business Owner）。③创业者拥有并管理公司，而且该公司已运营了不少于42个月的时间。此类创业者被认为是现存企业所有者（Established Business Owner）。初生创业者和新公司所有者被统称为早期创业的创业者（Early-stage Entrepreneurs），他们从事的创业活动被称为早期创业活动。现存企业所有者亦可被称为现存企业主（Established Business Entrepreneurs），他们从事的创业活动被称为现存企业活动。

国内外学者对女性创业的研究主要从以下几个方面展开。

1. 早期研究：创业特征与动机

20世纪70年代中期，Schrieir和Schwartz对女性创业的研究是开创性的。Schrieir在其文章《女性创业家：一个超前研究》中试图勾勒出女性创业家的"基本面貌"。她的研究结果表明，除了在行业选择上有差异之外，女性创业家与男性创业家之间有许多共同之处。Schwartz通过与20位女性创业家的访谈，第一个把注意力放到女性创业障碍上。早期研究最多的主题是女性创业家的个人特征与动机，如Scott（1986），Scherer、Brodzinshi和Wiebe（1990），Langowitz和Minniti（2007）等。按动机分类，女性创业活动可分为机会型创业和生存型创业。学者们发现男女创业动机有很大差异，自我效能感、社会感知等知觉变量对女性创业的影响很大。女性创业更多的是为了实现自我挑战和提高满意度，而男性则是为了满足成为老板的需要。国内学者蔡红蓓（2002）认为在创业动机、行为模式、对职员的招聘和管理以及人性感和价值观等方面男性与女性有一定差异。在创业动机方面，女性更多的是追求独立，而男性更多的是渴望控制；在行为模式方面，女性喜欢步步为营，男性偏向好高骛远；在对职员的招聘和管理方面，女性强调安全感，而男性喜欢挑战；在人性感和价值观方面，女性创业者人格的深层是"母性"的，而男性创业者人格的深层是长不大的"孩子"。

2. 组织创办和管理风格

Schrieir 之后国外学者对女性创业的研究从个体、组织、环境三个层面展开。研究内容从早期关注女性创业家的个体特征和创业动机扩展到机会识别、资源获取、组织创办、战略能力、管理风格、创业绩效、社会网络、工作与家庭冲突等各个方面。Kolvereid、Shane 和 Westhead（1993）阐述了资源可获得性对创业行为的影响。Caputo 和 Dolinsky（1998）探讨了家庭对创业的影响，分析了家庭所能够提供的人力及商业资本。罗东霞、关培兰、曾伏娥（2009）通过对创业女性的抽样调查，发现女性创业者的个人特质与其创业发展绩效具有一定的相关性。女性创业成功者多具有自我效能高、情绪智力高、学历高的"三高"特质。李琳琳（2008）调查发现女性创业者学历不高，创办的公司年限短，规模较小，范围多集中在零售或服务行业。女性的管理风格被认为更加"非正式""女性化""参与式"。女性强调交流的开放性、决策的参与性以及采取扁平的组织结构。由于在整个创业过程的各个环节中，女性都面临更高的创业障碍，因而女性创办的企业往往有更低的利润率和成长速率以及更高的放弃和失败概率。

3. 创业环境

创业环境方面，莫寰、黄小军、杨建锋（2009）运用博弈分析方法，发现在完全理性的情况下，女性选择创业还是选择受雇，既取决于自身就业条件也取决于就业环境；在有限理性的情况下，规范信念和控制信念极大地影响了女性的就业策略决策。祝延霞、刘渐和、陈忠卫（2009）对女性创业行为和创业社会环境的关系进行了实证分析，以安徽省为例，指出影响女性创业的环境因素主要是文化与社会规范、有形基础设施和商务环境。

纵观学者的研究，不难发现国内对女性创业的研究开始于近十年，远落后于女性创业实践活动的发展。此外，还存在以下不足。首先，研究内容集中在女性创业的基本特征、创业动机、创业环境、创业资本以及女性创业过程中的性别歧视问题五个方面，对于社会资本和网络对女性创业的影响，以及女性创办企业的组织管理特征等缺乏深入研究。其次，主要采用问卷调查、个案调查、案例分析、调查访谈等研究方法，其中问卷调查是用得最多的一种方法。但是样本来源差异明显，地区、行业、样本选取方法各异，造成研究结论存在

一定的差异。研究方法运用比较简单，很少运用数学统计方法和综合、系统的研究手段。再次，研究大多局限于女性与男性之间的比较，而很少关注女性创业者内部之间的比较分析。最后，大多属于案例分析，缺乏理论方面的深入研究。

杭州是一个女性创业很活跃的地区，随着经济的发展和国民素质的提高，女性的社会地位、能力、知识水平都与传统女性有很大的差异，不同背景、不同阶层、不同教育水平的女性加入创业队伍，其创业过程也体现出自身的独特性。在创业动机、创业者特质、关系网络构建和利用、创业战略、机会识别和利用等方面的研究都需要拓展和更新。

二 杭州市女性创业的总体状况

1. 杭州市女性创业的现状

（1）女性创业热情日益高涨

随着经济体制改革和城镇化进程的不断深入，越来越多的女性创业者不断涌现，她们充分发扬勤劳、勇敢、智慧的优良传统，自强不息，主动适应经济结构调整，积极参与妇联、劳动保障、教育、农经、经贸等部门开展的科学文化知识教育、各类技能培训和低学历妇女再教育，自觉提高自身素质，自谋职业，自主创业，实现了由农民向现代市民、向产业经营者的转变。根据浙江省工商局的统计数据，截至2012年12月底，浙江省350万家企业和个体工商户中，女性担任法定代表人的达97万家，占27.7%。而浙江省近90万家企业中，由女性担任法定代表人、董事、经理等企业高管的达38万家，占42.2%，分布在纺织、服装、机电、IT、商业、服务等领域。尤其是在科技领域，知识女性大量涌现，新兴产业的女性创业群体不断扩大，女企业家跻身风云浙商成为领军人物，杭州市企业董事会和监事会中女性占比分别达到18.7%和25.4%。

这些女性创业者凭自己的坚韧、智慧和责任，用自己的业绩、行为、理念、思想，影响着这个充满刚性的商业社会，为理性的商业竞争增添了感性色彩。她们，已然用自己的力量撑起了经济社会的"半边天"。

例如，世导集团董事长邱丽霞致力于提供"云服务""云计算"，在由男性主导的IT世界里运转自如;万事利集团创始人沈爱琴把一个"风雨飘摇"的小厂发展成为中国屈指可数的"丝绸王国";三替集团董事长陶晓莺把三替集团打造成为中国家政业的"航母";古今集团的掌舵人李美赞使古今集团成为中国古建龙头企业和中国创意产业领军企业,赋予中国古建文化以新生……这些优秀女性是"她世界""她时代""她力量"下杭州女性创业者最真实的群像描摹,体现了自强、自立、自信的"最美杭商"形象。

(2)女性创业能力逐步提高

近几年以妇联为主的相关部门发起"创业创优助推工程"等女性素质提升工程,积极组织开展适合女性创业特点的各类培训,提高女性的整体素质和创业创新能力。五年来,累计培训妇女10万余人次,创办"妇字号"农业龙头企业、巾帼科技示范基地等459个,培育农家女能手118名,扶持农家乐女经营户3000余户。拓展创业就业平台,建立杭州市妇女就业创业导师团、女大学生就业见习(实训)基地、巾帼再就业基地,为有创业就业意向的妇女提供就业岗位5.38万个。推行妇女小额担保贷款,为800余名创业妇女提供1.77亿元小额贷款。

(3)中青年妇女成为创业生力军

根据2006年杭州市妇联对杭州200名女性创业者的调查,目前杭州市女性创业者以年富力强的中青年妇女为主,25岁以下和50岁以上开始创业的人数相对较少。创业年龄集中在30~50岁,占85%以上,其中20~30岁占56%,主要以生存需要和找到良好创业项目为创业主要动机。在自主创业前职业为企事业单位干部或专业技术人员的占近50%,而50%的人创业动机是感觉环境好,有政策支持,主动辞职是为了实现自我价值。

(4)女性创业领域不断拓宽

随着女性创业者的不断增多,以及女性受教育程度的提高和眼界的日益开阔,女性创业领域也在不断拓展。除了传统的针织服装、美容美发、商业服务等女性比较擅长的领域外,制造业、房地产业、外贸流通业、电子信息产业等新兴领域也有不少女性开疆拓土,做出了不俗的业绩。从调查问卷情况看,女性创业者涉及餐饮业、制造业、服务业等多个行业。从主要经营项目看,除了制造业较为集中,占28%左右外,批零贸易业、社会服务业、餐饮业、服装业、综合类等多个行业分布相差不大。可见，女性创业范围广泛，涉及社会经济发展的各个方面。

（5）创业企业规模以中小型企业为主

在2006年开展的调查中，受调查的企业中，绝大多数企业年营业收入在1000万元以下，占总数的44.0%，仅有13.4%的企业年营业收入在1亿元以上。在全国工商联公布的2005年度上规模民营企业排行榜中，杭州市有59家企业进入全国500强，但仅有1家是女性创业的企业。在2006年9月底杭州市工商联召开的第十一次会员代表大会上，新当选的221名执委、常委中也仅有20名女执委、女常委。由此可见，杭州市女性创业者的企业规模偏小，以中小型企业为主。

（6）创业环境不断改善

杭州市委、市政府非常重视民营经济的发展，相继出台了《关于鼓励支持和引导个体私营等非公有制经济发展的若干意见》《关于进一步鼓励支持和引导个体私营等非公有制经济发展的实施意见》《杭州市促进个体私营等非公有制经济发展规划（2006~2010）》等一系列政策。在融资方面，《中小企业促进法》《中共杭州市委、杭州市人民政府关于进一步鼓励支持和引导个体私营等非公有制经济发展的实施意见》《杭州市促进个体私营等非公有制经济发展规划（2006~2010）》的出台为中小企业的发展、融资提供了一定程度的保护和支持，将对女性创业者们有所帮助。在文化和社会环境方面，"杭州是一个很适合女性创业的城市，也是一座很包容的城市，尤其在女性创业问题上，没什么阻力，男女平等观念比较深入人心"。将美国知名女装品牌ESPRIT引入杭城的女性创业者沈肃丽，如今已经是民建界别的政协委员，说到女性创业的话题，她用自己十多年的创业经验这样说。

2. 女性创业的意义

创业是经济发展的原动力。女性创业的进程是衡量一个国家社会全面进步的重要标志，女性的发展水平直接关系到一个国家的综合国力。女性的创业发展，在增加社会财富的同时，也创造出新的经济增长点，为推动经济发展、减轻社会就业压力做出了积极的贡献。无论是从企业的数量、创造的收入，还是从雇用的工人数量方面来看，女性创业所带来的贡献在全球范围内变得日益突出,成为全球经济增长的重要驱动力量之一。

(1) 创造财富

近十年来,杭州市涌现了一大批创业女性,以其独特的决策力、领导力和影响力影响着商业格局,甚至影响着经济脉搏。武汉大学经济与管理学院关培兰教授认为,"无论是发达国家还是发展中国家,越来越多的女性走上创业之路,传统的以男性为主导的创业领域正在发生一场'玫瑰'革命,经济和社会学家将女性的力量形容为世界经济增长的'隐形发动机'"。全国妇联主席顾秀莲指出,我国女企业家是个体和私营经济发展的重要推动力量。首先,从对 GDP 增长的贡献率来看,在沿海发达地区,民营经济对 GDP 的贡献率远超 60%,在国家经济结构中已经占据非常重要的位置,成为推动经济增长的主要力量,其中我国女企业家的贡献功不可没。其次,女企业家还为中国产业结构的升级和调整做出了贡献。女企业家中从事加工制造业和工业的比重占 50% 左右,从事服务业的比重占 45% 左右。这与中国第三产业对于 GDP 的贡献率 34% 相比是较高的,也说明女企业家及其经营管理的企业在加快第三产业的发展中具有广阔的发展前景,占有相当重要的位置。

(2) 创造就业机会

女性创业有利于带动就业,缓解就业压力。一般来说,女企业家创办或管理的企业中,吸收女性员工的比例比较高,因而给女性劳动力提供了相当大的就业空间。有 63% 的女企业家经营的企业中女性职工人数达到职工总数的一半以上,女企业家经营的企业容纳了相当数量的女性职工。

(3) 提高妇女地位

杭州的女性创业者中不乏感人肺腑的平凡而伟大的故事,释放着更多、更大的积极向上的正能量,她们一直用自己的一言一行,诠释着什么才是"最美杭商"。这些女性创业者在经济上解放了自身以后,普遍地积极组织或者参与各种社会公益行动,如资助家境困难的学生、救助残疾人,为他们创造发挥自身价值的机会;投资教育办希望学校;为重大灾害影响的地区捐资捐物;等等。一些优秀女性甚至参政议政,在传统的男性主导的政界活跃着她们的身影,发出她们的声音。可以说,随着"她世界""她时代"的崛起,一股前所未有的"她力量"在经济、文化、生活等各个领域增加了一抹亮色,平添了一阵暖意。

（4）促进社会和谐

当前全球经济发展和产业结构转换的特点是服务行业与信息产业的兴盛，以及通信和高新技术的迅速发展。在这种变革形势下，传统的生产方式和管理模式已日益陈旧过时，新思维、新理念、新的管理模式应运而生。女性的价值观、领导风格、管理艺术以及她们特有的长处和素质，与新的管理模式更加匹配。与男性企业家相比，女性企业家与生俱来就有一份慈母情怀，她们把做母亲和持家的技能用于职业角色，表现出高超的人际交往才能以及适度的灵活性与包容性。她们更坚韧不拔、更多人文情怀、更重视学习，热心参加社会公益事业，为建设和谐社会添砖加瓦。她们较富于同情心，容易设身处地为他人着想，口头表达及肢体语言的技巧高明，善于倾听对方的表述从而判断是非。她们期待合作，善于协商，既重理性又重直觉。她们对待员工的态度并不是简单地发号施令、监视控制或显示权威，而是努力以教育、指导、说服、感染等方法达到管理目的，因而更有利于促进社会和谐。

三 不同妇女群体创业特征的差异性分析

随着女性创业实践的开展，女性在创业方面的优势日益被社会所认同。女性比较细腻，往往在服务管理方面能够发现男性无法发现的问题，可以更好地实现"精细化管理"；女性比较稳健、谨慎小心和节俭，从而减少了投资风险，创业成功率比较高；女性创业的起点一般比较低，规模和风险小反而更容易成功；女性有韧性，不会常常更换投资项目，容易为一个目标坚持下去；女性重视学习，善于平衡创业和家庭的冲突，懂得享受生活。这是杭州女性创业群体的整体素描，总体上可以归纳为16个字：坚韧不拔、人文情怀、重视学习、和谐管理。

进一步对杭州创业女性群体进行细分，不难发现，具有不同身份和经历的女性在创业动机、创业过程、管理风格、创业支持和需求等方面都有不同的特点。

1. 样本说明

本文以杭州市女性创业者为样本展开调研。对杭州市女性创业者的界定有两个条件：①本人户口在杭州，企业注册地也在杭州；②本人户口不在杭州，企业注册地在杭州。我们首先对杭州市部分女企业家开展个案访谈，共收集个案访谈资料21例，这是一个关于不同群体女性创业的较大样本的调研，能较好地反映杭州市不同群体女性创业现状及其特性。我们无意对女性创业水平进行总体推断，而是希望反映女性创业的共性问题以及不同群体女性在创业中表现出来的特点和规律性。

本次调查的主要内容包括创业者个人特征、创业实体的信息、创业过程特征、女性创业支持与需求。在访谈提纲中我们循着创业开始、过程和未来的时间线索，对创业者的动机、行业选择、融资情况、来自社会家庭政府各方面的态度、工作与家庭的平衡、政策建议等方面展开个案的访谈。

在个案访谈的基础上，我们设计和修改了调查问卷，进行信度和效度分析，然后在杭州市的15个区展开问卷调查，共回收200份问卷，其中有效问卷183份，占回收问卷的91.5%。分为四类群体，女大学生创业者30份、下岗再创业者48份、在岗辞职创业者80份和继承父辈创业者25份。

有关调查样本的年龄分布，女大学生创业者比较年轻，其中30岁以下占60%，30~40岁占30%，40~45岁为0，45岁以上占10%。下岗再创业者年龄偏大，普遍在40岁以上，75%的创业者年龄在50岁左右。在岗辞职创业者也是年龄偏大，73%的创业者年龄在50岁左右。继承父辈创业者年龄层次不是很集中，从30岁以下的年轻人、35~45岁的中青年人到45~55岁的中年人都有。

女大学生创业者公司创建时间相对比较短，创建时间为10~15年的占到100%。下岗再创业者公司创建时间比较长，75%的公司创建历史在15年以上。在岗辞职创业者公司创建时间比较多样化，53%的公司创建历史在15年以上，33%的公司创建历史为10~15年，13%的公司创建历史为5~10年。继承父辈创业者公司创建时间也比较长。

四类群体公司当前资产总额都在千万元以上，继承父辈创业者公司当前资产总额部分甚至过亿元。近三年税前利润都有5%~8%的增长，部分增长速度在10%以上。

总体上，创办企业规模偏小，以女性雇员居多。女大学生创业者公司员工数不多，150～200人的占60%，50～100人的占20%，50人以下的占20%；其中女性员工比较多，女性员工比重为30%～40%的占60%，80%～90%的占40%。下岗再创业者公司正式员工数不多，50～100人的占60%，达到200人规模的只占10%，50人以下的占25%；更偏爱雇用女性员工，公司中女性员工比重最低一般也会保持在30%～40%，高者在80%～90%的占40%，60%～70%的占25%。在岗辞职创业者公司规模比较大，聘用的员工比较多，员工数在200人以上者占60%；同样偏爱雇用女性员工，比例呈现两头低中间高的趋势，53%的公司雇用比例在50%～70%，80%～90%的占13%，30%～40%的占33%。继承父辈创业者公司规模比较大，聘用的员工也比较多，调查样本中女性员工占40%以上。

2. 创业动机差异

胡怀敏（2007）指出，创业动机是创业行为背后的驱动力，是个体的动机因素，激励创业者去寻找机会，把握机会，实现创业成功。Robichaud等（2001）认为，企业家创业动机是企业家通过经营企业的所有权来寻求的目标，企业家的目标决定了企业家的行为模式，并且间接地决定了企业的成功与否。

学者们往往把女性创业的动机划分为生存型创业和机会型创业。生存型创业，是由暗淡的前景、生活的压力所导致的。具体来说，为了维持她们自己或家庭的社会及经济地位而创业；为了赚取更多的钱以改善生活而创业；为了谋求工作满意感而创业；为了拥有选择工作类型、工作时间、工作环境和工作伙伴的自由与弹性而创业；为了取得工作和家庭责任之间的平衡而创业。机会型创业，往往由于更好的机会驱动：工作也还满意，但是有更好的机会存在。具体来说，将预期的机会转化为市场行为的渴望；为了发挥个人在某一专业上的兴趣，或者希望能够学以致用；为了证明自我的能力；出于帮助别人的兴趣；等等。

调查显示，女大学生创业者在创业动机上，更多的是自我价值实现型的创业，为了兴趣、喜欢冒险和接受挑战、为了锻炼自己的才能、满足成就感、利用国家政策和时机赚点钱是促使女大学生开始创业的主要动机。下岗再创业者在创业动机上，更多地属于生存型创业，创业动机排在第一位的是为了能独立自主，占37%；其次是为了挣更多的钱以及来自家庭的压力和要求，各占25%。在岗辞职创业者在创业动机上，更多地属于机会型创业。她们创业前的职业多为公司职员，创业动机排在第一位的是为了锻炼自己的才能，向他人证明自己能行；排在第二位的是喜欢冒险和接受挑战；排在第三位的是为了挣更多的钱。很少有人是对原单位不满意，比如因制度不灵活、工作不理想、人事关系复杂等而辞职，这些辞职创业者在原单位也是干得不错的。继承父辈创业者在创业动机上，更多地属于被动型创业。创业动机排在第一位的是来自家庭的压力和要求；其次是为了锻炼自己的才能，向他人证明自己能行，以及满足成就感。

关于创业行业的选择，不同女性群体都表现出很强的服务业创业偏好，但是具体的服务业创业的领域则有区别。下岗再创业者期望创业的主要领域为传统的商业服务业、餐饮服务业以及社区服务业，相对于制造加工业等传统行业以及新兴产业，这些服务行业在技能水平、资金投入、场地规模等方面的要求都比较低，降低了开始创业的门槛。随着人民生活水平的不断提高，以及对物质精神需求的不断增加，再加上市场的逐渐细分，诸如餐饮副食、美容美发、家政护理等项目需求会逐步增加，这些都预示着社会服务和居民服务领域创业的良好前景。女大学生创业者对社区便民便利服务业并不偏好，她们比较看重传统的商业服务业、餐饮服务业和以技术为工具的现代服务业、知识服务业。在网络及电脑科技如此发达的情况下，大学生拥有相关专长，在包括软件设计、网页设计、网站规划、网络营销、翻译在内的领域创业都有相当的机会。白领辞职创业者知识水平更高，自身经济状况也更好，在以科技为基础的现代服务业领域创业具有明显优势，她们对现代服务业、知识服务业和高新技术产业的创业期望显著高于其他女性。继承父辈创业者也就是"创二代"，在创业行业选择上，紧随着上一代的创业路径。

选择该行业的原因是多方面的（见图1）。女大学生创业者表示选择进入行业时，是否有个人兴趣和技术优势是她们主要考虑的因素，所占比重均为60%，其他的如工作经验（20%）、政策扶持（20%）、人脉（20%）、机会机遇（20%）并不是主要考虑的因素。下岗再创业者选择进入行业时，主要考虑机会机遇和工作经验，所占比重都是63%，其次才考虑技术优势（37%）。无论是女大学生创业者还是下岗再创业者，一旦进入某个行业创业都较少有换行业者，体现了女性创业的坚韧性。在岗辞职创业者选择进入行业时，主要考虑工作经验，所占比重是67%，其次是机会机遇，所占比重是53%，技术优势和人脉分别只占到26%。这一群体比较擅长立足自身的工作经验，对机会机遇比较敏感，在创业过程中果断抓住机遇进入新行业，使公司越做越大，而女大学生创业者和下岗再创业者则未体现出这个特点。继承父辈创业者选择进入行业时，主要考虑个人兴趣、机会机遇。

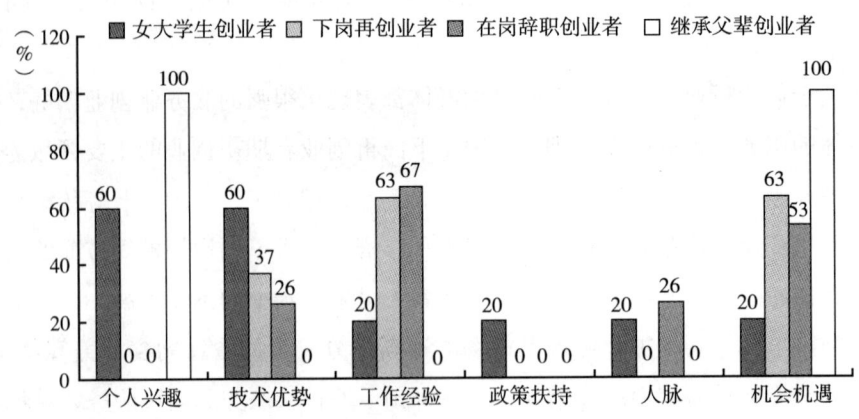

图1 创业时选择该行业的原因

案例：工农新村下岗女工张志琴的创业动机和行业选择

55岁的张志琴是工农新村的一位居民，1997年到医药公司上班，十几年来每天从事着重复的工作，虽然很辛苦，却很知足。但是，天不遂人愿，2005年4月末的一天，医药公司突然临时决定召开职工大会。会上，领导非常严肃地说："我很对不起大家，市场经济放宽后，医药越来越难做，我们奋斗多年的医药公司就要改制了。这不是传言，是千真万确的。请大家一定要理解，理解政府，理解公司。"……2005年5月，就这样，她光荣地下岗了。从此，她成了下岗失业大军中的一员。

下岗后，张志琴每天心事重重，可以说是寝食难安。没了收入，家里的开

杭州市不同群体女性创业特征及其促进策略

销就靠丈夫的那点开店工资,孩子上学需要钱,赡养父母需要钱,面对家庭的重重困难,她觉得不能再这样下去了,必须做点什么,不能让这些困难把自己压倒,于是她就想到了创业,以此来谋求出路。丈夫1998年开始在新大地租铺面卖男装,但是新大地铺面多,卖男装的摊位也很多,竞争激烈,生意也逐年难做。现在她又下岗了,一家人的生活一下子变得紧张起来。为了生计,她拿着单位给的几万元钱一直在思考选择什么样的创业项目。有一天吃晚饭时丈夫说:"咱们接下去该怎么办呢?店里生意也不好,主要是没什么特色,大家卖的都是差不多的服装,没什么竞争力,要是有特色就好了。"这句话提醒了张志琴,她灵机一动说:"我以前在服装厂干过,做服装我在行啊,裁剪、缝纫、熨烫,以前不都是老本行吗?临平好像缺做棉毛衫和棉毛裤加工的,为什么我们不开一家这样的特色服装加工坊?"丈夫听了觉得可行,一拍即合:"好,那我们就做这行试试。"

张志琴是一个办事雷厉风行的人,有了这个创业想法后便马上投入服装加工坊的筹建中。处理了原来店铺中的男装库存后,她便去杭州布料市场了解目前市场上较受大众欢迎的布料品种,由于刚刚创业,不敢贸然进许多货,她就选择了几种比较受大众欢迎的布料。店铺还投入资金买入了缝纫及加工设备,她负责做服装,丈夫负责进货和店铺的日常运作。就这样,她和丈夫的服装加工坊开张了。

在服装加工坊刚刚建立时,他们对加工坊的未来充满了憧憬。可是开业后的两个月时间里,加工坊只接到了两个订单。接不到订单,就意味着没钱赚,没钱交水电费,没钱交房租,那段时间张志琴几乎没有睡过一个好觉,满脑子想的都是怎么会接不到订单,怎样才能接到更多的订单。后来她发现由于加工坊刚开张,居民们对她的手艺还不了解,再加上加工坊不能盲目加工成衣出售,而需要根据客户需求为其量身定做,另外,新大地附近住的都是居民,居民日常的棉毛衫和棉毛裤也都需要加工制作。"金碑银碑不如老百姓的口碑",满足每个客户的需要,按客户需求做,一定能把口碑做出来,这样就不怕没客源了。

张志琴重新拾起创业热情,通过对市场的分析和自己经营的经验,她决定关闭其他业务,集中力量经营服装加工。对于上门的客户,张志琴会根据客户的体型和特点，给他们提供建议，告诉他们做什么样的款式适合他们，有些客户还是非常乐于听从她的专业建议的。就这样一传十，十传百，张志琴做服装的手艺得到了附近居民的认同，上门找她做衣服的人也越来越多了。凭借着精湛的加工手艺和细致的服务，张志琴逐渐赢得了客户的信任，知名度也渐渐提高，加工坊的效益慢慢好转，生意蒸蒸日上，越做越红火。现在光靠她和丈夫两人已经忙不过来了，所以请人来协助裁剪布料，就这样每天还是非常忙碌。

到现在，张志琴创业已经8年，加工坊发展成为集服装设计和加工制作于一体的加工坊，年收入十几万元。她说如果在以前，这些都是不敢想的。其实创业就是要认准目标，敢于冒险，不管困难有多大，都要咬紧牙关，想办法解决，最终还是会成功的。

案例总结：下岗工人创业一般是为了维持她们自己或家庭的社会及经济地位，为了赚更多的钱以改善生活。在行业选择上，下岗工人抵御经济风险的能力很弱，在创业时一定要慎之又慎，最好从创业门槛比较低、自己熟悉的行业做起。把自己的优势发挥到最大，想办法弥补自己的不足，是创业成功的关键。

3. 创业心态差异

美国成功学学者拿破仑·希尔关于心态的意义说过这样一段话："人与人之间只有很小的差异，但是这种很小的差异却造成了巨大的差异！很小的差异就是所具备的心态是积极的还是消极的，巨大的差异就是成功和失败。"不同的人面对失败往往有不同的心态，不同的心态则决定他一生的命运。积极的心态有助于人们克服困难，使人看到希望，保持进取的旺盛斗志。消极的心态使人沮丧、失望，对生活和人生充满了抱怨，自我封闭，限制和扼杀自己的潜能。

对于创业者来说，创业是长期奋斗的过程，是成功和失败交替而来的过程。创业不能急功近利，只有不断调整心态，才能从容面对一切问题，才能步入成熟、走向成功。第一，创业者要积极、乐观和自信，战略上藐视敌人，战术上重视敌人。要相信自己的选择是正确的，相信自己能成功。第二，要有吃苦的心理准备。一旦开始创业，可能就意味着经常没有休息日，意味着没有固定的休息时间。创业者必须什么活都做，重的、轻的、精通的、不熟悉的，都要能拿得起。第三，要有独立分析和决策的心理准备。创业者必须自己给自己制订工作计划，学会时间管理和事务管理。必须自己决定经营和发展方向，自己决定怎样调配资源。第四，要有承受压力和挫折的心理准备。市场一时打不开怎么办？客户纠纷怎么处理？员工工作没有积极性怎么办？工商税务怎么对付？现金流中断怎么办？遇见突发事件怎么办？每一个问题都足以使创业者辗转难眠。

调查中，创业者都体现出了突出的不怕困难、积极进取、做事果断的创业心态。但是在不断进取方面呈现一些差异。比如，当问到"对企业/公司将来的希望是什么？"时，虽然大部分都计划进一步开拓主营业务发展规模或者公司业务转型，向其他领域拓展，但是部分下岗再创业者和继承父辈创业者出现了自我满足的心态，只是希望保持目前的市场规模和赢利状态。

当问到"您如何评价自己的经营工作"时，她们都对自己的工作状态比较满意，认为自己能胜任本企业的领导工作，如果可以重新选择，还会继续选择创业之路。但是在岗辞职创业者体现出了更大的雄心，认为自己能胜任更大或更多企业的领导工作。

不同群体的创业心态差异主要体现在心态调节方式上。这可能和教育程度、学问素质有关。教育程度比较低的群体一般用"一切都会好起来的""睡一觉，一切都过去了"等平实的语言调节情绪。教育程度比较高的群体一般会用自我激励和暗示的方法，甚至寻求宗教哲学上的帮助。

案例：创业者的心态调整方式

昌盛家政公司经理张莉，是杭州开元职高1992届商品经营专业的毕业生。毕业后曾担任普通员工、统计员、会计、办公室主任等职。2000年9月，张莉进入杭州某综合服务公司工作，这是她人生的一个转折点。在该公司，她接触到了家政这一行，知道了什么是家政，家政包括哪些。在强化训练的半年中，她深深地体会到了服务行业的琐碎和艰辛。服务行业是没有休息日的，只要客户需要，随时都要待命。她学会了如何接电话。因为行业的特殊性，每笔业务都是在电话中谈妥的，在电话里和客户交谈，获得客户信任。因此，如何接好电话是她们这一行的基础功课。她每天工作14~15个小时。本来，她是一个不善言辞的人。半年的刻苦训练,使她的口才得到了极大的提高,这为她今后自己开公司打下了很好的基础。

2002年9月,张莉自己的家政公司"昌盛家政"在鞭炮声中开张了。公司开张后,问题和困难也接踵而至。由于是新开的公司,没有知名度,基本没什么生意。没生意就没有钱,也就留不住人。一连几个月亏损,转眼投入的十万元已所剩无几。雪上加霜的是,合伙开公司的亲戚开始按捺不住了,提出撤资。面对困境,她和丈夫没有退缩,而是背水一战。为了节省费用,她和丈夫都是一人身兼数职。她既是接线员又是会计和调度员,丈夫既是司机又是采购员和操作工。功夫不负有心人,经过一年多的努力,公司终于扭亏为盈。

采访中当我们问及创业初期面对公司亏损、投入的十几万元所剩无几、合伙人分崩离析的局面,是怎样走过这种困境的?张莉的回答很朴实:"创业过程中的困难一茬接一茬,我就一个信念——我难,别人也难;别人能过,我也能过。"这个信念,使张莉每每都能保持一个良好的心态。

现在公司业务逐渐发展,经营项目不断扩大,目前有正式员工60多人。2003年,公司被浙江省商业总会评为"家政服务公众满意单位",被杭州市消费者协会评为"营造放心消费环境金承诺单位",成为家政行业的一颗新星。

杭州美通家居集团有限公司董事长徐力女士是一位优雅与智慧兼具的女性,在大学里数学专业知识和技能的学习,使她具备了缜密思维、清晰判断、冷静决策的能力,对人文和社会科学的爱好、对人生的思考体验以及对人类精神生活的关注和同情又使她身上时时刻刻体现出优雅和淡定。对于财富,徐女士认为应通过自己的努力去帮助别人获得。创造的财富越丰富,意味着有更多的机会和更大的能力去帮助别人和为社会尽更多的义务和责任。对于人生,她的态度是放下该放下的,追求该追求的,付出该付出的,时刻保持豁达的胸襟和"不以物喜,不以己悲"的生活态度。她说,平时她喜欢看很多有关精神和宗教方面的书籍,创办企业难免要面对接踵而至的问题和困难,每当困难来临,这些书籍都能使她找到渡过心灵难关的营养。

案例总结:不同类型的创业者都必须拥有一个良好的心态,心灵环保是非常重要的。至于心灵环保的方法则随着生活阅历的不同、性格的不同、学识修养的不同而有所差异。

4. 心理特质差异

谢雅萍等（2012）指出，成功的创业女性拥有的一般个人特征包括自主、韧性、努力工作、竞争力、对个人成就和高收入的适应、相信理想、目标设定、风险承担和具有领导能力的天赋。

在要求创业女性总结自己的个性特点并按顺序排列时，女大学生创业者的排序是不怕困难、有主见、渴望取得成就、对未来充满希望。下岗再创业者的排序是不怕困难、顽强坚韧、不惧失败、吃苦耐劳。在岗辞职创业者的排序是不怕困难、善于把握机会、做事果断、高度自信。继承父辈创业者的排序首先是不怕困难，其次是有领导能力。总结起来，所有的创业者都把不怕困难的性格特点放在首位。1/3的创业者提到了自己善于把握机会，但是具有创造性几乎没有人提及，喜欢支配他人也几乎没有提及。

在问到"女性创业的优势在哪里"时，女大学生创业者的前三位排序分别是更有韧性、更细心、更稳健。下岗再创业者的前三位排序是更细心、沟通能力更强、更有责任感。在岗辞职创业者的前三位排序是更有责任感、沟通能力更强、更细心。继承父辈创业者的前三位排序是沟通能力更强、更细心、女性魅力。总结起来，女性创业的突出优势体现在坚韧或者说有责任感。这一特质使女性一般更加关注企业的长期效益和发展，不为暂时的局部困难所吓倒，不为暂时的局部利益而心动，对待目标具有专一性。与男性同行相比，女性企业家们一旦确立创业目标，就会下决心走下去。

在问到"女性创业的劣势在哪里"时，女大学生创业者的前三位排序分别是市场多为男性垄断、较脆弱、社会对女性评判标准较为苛刻。下岗再创业者的前三位排序是社会对女性评判标准较为苛刻、较优柔寡断、难以获得权力资源。在岗辞职创业者的前三位排序是社会对女性评判标准较为苛刻、较优柔寡断、较脆弱。继承父辈创业者的前三位排序是较优柔寡断、社会对女性评判标准较为苛刻、市场多为男性垄断。

<h3 style="text-align:center">案例：做一位美丽优雅的创业女性</h3>

杭州意汇文化艺术有限公司董事长周意最喜欢的一句名言是："当你看到

那些成功人闪耀的成绩时,你并不了解他们背后奋斗时所经历的艰辛。"在创业过程中,人们总是羡慕人前的光彩夺目,却不知道创业女性享受孤独的勇气以及为成功付出的努力。创业使她在心理上经历了许多历练,养成了一些有助于成功的特点。

(1) 学会拥抱拒绝。周意说,创业就像是其貌不扬的小伙努力去追求靓妞。创业有时候真的需要一种天不怕地不怕的勇气。可能你发出的客户邮件没有一封得到回复,可能你拜访客户时经常遭遇闭门羹,可能你的创业伙伴因困难而离开,没有关系!要学会拥抱拒绝,不要被拒绝搞得心灰意冷。你能做的只有保持前进,要知道不进则退。

(2) 强迫自己以更积极的心态去面对。每当自己有懒惰的想法或者遇到阻碍时,就会看一些励志的故事或者想一些美好的事情,心理默默地告诉自己,越是在面对困难的时候,越是说明成功就在黑暗过后,这样的情感就会推她一把,激励她一直向前。她会避开那些消极的人,消极的人就好像SARS病毒,会扩散很多不好的想法。

(3) 专注于自己做的事情,不为其他的事情所干扰。周意说,创业时间虽然不长,但是她觉得对其心态的磨炼和转变是令人欣慰的,不强求,只做好自己现在眼前的就很充实满足。

(4) 不钻牛角尖。女性看重的东西太多。做钻牛角尖的事情实在是最坏的情况,这样容易让我们的心态变得消极。即便是出个差错也要比待在原地花大量的时间、损耗大量的脑细胞去想象无数种也许根本不会发生的"糟糕情况"要好很多。

(5) 不低估自己。每当周意处在自我怀疑、批评的边缘时,她都会努力克制自我怀疑的想法。她说,不能将宝贵的时间浪费在自我怀疑上。所以一直都很乐观积极,觉得创业需要勇气,女性创业更需要平衡各种心态的不平衡变化,积极乐观可以给女性很大的鼓励与支持。

(6) 拥抱不确定性。以前,周意是那种特别害怕变化的人,也怕事情有超出之前自己预期的情况出现。现在,她觉得这样会让自己很累且不能应对变化风险。创业以来,有太多的不确定性。所以相信自己是很重要的,并且以不变应万变也是很必要的,世界上永远不会改变的就是变化。作为女性,只有在不同阶段转换改变好自己的角色和状态来适应变化，才能变得更有魅力、做得更出色。

5. 社会关系网络差异

Steven Balkin（1989）指出，创业必须拥有一定的资源，企业家的社会关系网络有利于其获得所需的各种资源，社会关系提供了企业家、资源和机会之间的联系。普林斯顿大学社会学教授亚力山德·波茨将女性通过其社会网络可获得的社会资源的总和定义为社会资本，认为社会资本有三种形式：社群、家庭和外部网络。美国经济学家舒尔茨和贝克尔则提出"人力资本"的概念，他们认为个人对于教育职业培训、保健以及迁移的投入都是一种有效的投资，其结果最终形成个人的"人力资本"。人力资本不仅来自正规教育，也来自工作中得来的经验与实际知识。创业女性拥有的社会资本和人力资本的质和量在创业过程中起到了不可或缺的重要作用，她们通过社会资本获得了企业存在和发展的关键性资源、机会和支持，而人力资本对她们的创业管理技能有很重要的意义。

在对在岗辞职创业者的机会驱动型创业进行分析时，我们发现是性格特点决定了她们的创业倾向，而在商业机会的搜寻和发现过程中，则充分体现了她们作为潜在企业家的敏锐的市场意识、善于把握商机的才华、果断决策的魄力，这些都是企业家的人格特征。必须提到的一点是，她们的社会资本、人力资本帮其筹集到了创业资金——创业所需的关键资源。而工作经验增加了她们的人力资本，这为她们管理好企业打下了坚实的基础。在下岗再创业者的生存型创业状态下，创业的作用被无限放大，因为关乎生存或是死亡，所以这些创业者身上都拥有一些共同的品质，那就是顽强坚韧、不惧失败、吃苦耐劳、勇于拼搏。她们没有可供利用的人力资本或社会资本，即便有，数量也是远远不够的。这一类型的创业，对创业者的资源禀赋要求很高，她们身上体现的某些特质已经远离了传统上认同的女性标准。这一类型的创业中心体现在创业者的自身素质上，而机会驱动型的创业中心则体现在创业动机的激发上，两者有很大的差异。这一差异在不同群体女性对自己的性格特点的描述上得到了验证。

在如何编织社会关系网络的问题上，亲属关系与邻居关系扮演着越来越重要的角色。一般来说，以配偶为主的家庭成员的支持成为创业女性取得成功的主要因素。非亲属关系构成的网络比较薄弱。但在高职级的女性中则不尽然。高职级女性的社会关系种类呈现多元化的趋势，如行政管理阶层、专业技术阶层、普通白领阶层的非亲属关系种类都高于工人阶层。这些特点在几类创业群体中的差异也比较明显。比如在创业初始资金及其来源的问题上，无论女大学生创业者还是下岗再创业者，创业初始资金投入都比较少，没有超过300万元的。创业资金来源按顺序主要来自自有资金、亲戚朋友借款以及银行贷款。而在岗辞职创业者的创业初始资金投入和来源都显得多样化，少者10万元以下，多者为500万～1000万元。创业资金来源虽然也是以自有资金、亲朋借款和银行贷款为主，但是已呈现多渠道的优势，也有一些是来自民间借贷、办会以及吸引外商投资，体现了在岗辞职创业者人脉广、方法多、胆子大的优点。这也说明职业地位高的女性或许有更多可调用的资源，维持与再生产有利于自身职业发展的社会关系网络较容易，能够不断利用弱关系的力量来扩展自己的社会网络，获取创业技能与信息。

每年参加与业务有关的培训、会议和论坛也是女性拓宽社会关系网络的有效途径。通过这些会议和论坛，可使自己的社会网络由配偶、家人和亲戚形成的狭窄的家庭关系网络，拓宽到由朋友、老同事和生意伙伴等形成的家庭外关系网络，然后进一步拓宽到由私营企业协会、工商联、妇联等形成的社团关系网络。

一般来说，女大学生创业者很积极地参加与业务有关的培训、会议或论坛，每年参加10次以上的比例达到60%，每次培训时间以1～3天居多，达到40%的比例，也有20%的人每年参加30次以上。下岗再创业者不是很积极地参加与业务有关的培训、会议或论坛，以每年3次左右、每次2～3天居多。在岗辞职创业者和继承父辈创业者也是积极地参加与业务有关的培训、会议或论坛，40%的创业者每年参加5～10次培训，另有40%的创业者每年参加1～5次培训，多者可达每年20次。培训时间分布比较分散，1～3天的比例达到27%，1天以内达到20%，10～15天的比例也占27%。

案例：善于编织社会关系网络使吴莹实现了创业三级跳

2000年底，当人们沉浸在迎接新年的喜悦中时，吴莹却意外地下岗了。下岗以后，吴莹经人介绍，来到世纪新面料市场帮别人卖布。有一天，她用嫁妆里的蓝印花布给自己做了身套裙，竟然得到了很多顾客的赞赏，纷纷问她是从哪里买的。这让吴莹感到很开心，也使她萌动了用传统蓝印花布制作服装的念头。吴莹打听到上海有一家蓝印花布博物馆，便急忙赶去看个究竟，可她发现这家中国传统布艺博物馆的主人竟然是一位日本人。这让吴莹感到羞愧，也让她意识到了其中蕴藏的巨大商机。2001年9月，吴莹在杭州西湖边租下最小的一个店面，办起了一家蓝印花布用品店，取名"吴越人家"。吴莹用蓝印花布做了一些工艺品，可生意不如她预料得那么好，小店面临倒闭的危险。恰在这时，杭州举办西湖博览会，湖南毛家饭店的老总来杭参展，偶然走进吴莹的小店，他看到蓝印花布后爱不释手，当即要求设计两套适合饭店员工穿的职业服装，并付了定金。吴莹连夜设计了图样，毛家饭店的老总看后非常满意，和她签订了供货合同。这笔生意让吴莹的小店有了转机，也启发了她要主动寻找生意机会。她跑遍了杭州市各大茶楼和饭店，根据每个地方的特点设计出各具特色的职业服装。半年下来，生意终于扭亏为盈。

2002年春节，适逢国家旅游纪念品大赛征集作品，吴莹马上用蓝印花布做成一条"吉祥中国鱼"送去参赛。没想到竟一举夺得了银奖。在宁波举办的颁奖晚会上，她受到了当地旅游局的热情邀请，很快在宁波开了一家分店。但是由于商店建在一个偏僻的县城里，几乎没有顾客，支撑了一年，就关闭了。

2003年夏天，吴莹接到在宁波颁奖晚会上结识的来自绍兴的王书记的电话，他邀请吴莹到所辖的鲁镇景区来开店。在经过严密的市场考察后，吴莹在浙江鲁镇开出了她的分店。开张的第一天，商店就吸引了大批游客，成为鲁镇最热闹的风景。王书记又请吴莹用蓝印花布为鲁镇的每家店铺制作不同的旗子。经过几天几夜的琢磨，吴莹终于通过了王书记的考验，凭借自己的实力在鲁镇站稳了脚跟。

2004年4月，中国服装服饰博览会在北京召开，吴莹带着自己的蓝印花布作品来到了北京，一下子就引起了轰动。幸运再次眷顾吴莹。吴莹在展会上发现了一位东瞧瞧、西看看，还不停地做笔记的客人。原来他是友谊商店服装部的马经理。吴莹当即邀请马经理到杭州总店进行考察,马经理则向吴莹提出了一些针对外国人身材特点的改进建议,双方一拍即合。2004年6月,吴莹的蓝印花布服装正式进驻北京友谊商店,走上了通向世界的大舞台。短短3年时间,吴莹实现了梦想中的三级跳。

案例总结:回顾吴莹的创业经历,不难发现她很擅长主动给自己搭建平台并且编织网络关系。她天不怕、地不怕,虽然不懂茶,但是却"混进"中国国际茶文化研究会去当理事,获得了跟更多的人交流、谈生意的机会。后来她又利用商会的关系,获得参加博览会的机会,一举进入北京的市场。联合各种各样的工商联、各种各样的商会和协会,参加各种各样的展览会。吴莹的产品,就是通过了无数次自己创造的机会,从杭州市场,走向了餐饮店,走向了茶楼,然后走向了鲁镇和周庄,甚至走向北京、走向世界。

案例:事业、家庭兼顾的朱继来

杭州余杭区百丈镇一顺竹木工艺品厂创建于2007年,主要从事竹木工艺品的加工和销售,同年开展电子商务网络营销,工厂不参加展会、不跑客户,所有的订单都来自网络。公司女总经理朱继来希望通过自己的创业基地充分发挥示范带头作用,引导妇女敬业爱岗、心系家庭、享受事业、兼顾家庭。

朱继来的模式是"女性内外兼顾",在工作上有再大的本领和能力,最终的心灵港湾还是家。能在一顺竹木厂做得那么好,也主要是得到家里人的支持和理解。她在回到家之后,绝不把公司的工作状态带给家里其他人,给家里带来紧张气氛。她常常跟公公婆婆聊新鲜事,做到公婆不出门、却知天下事,并时常早回家做饭,特别是在节假日,也会做点新奇的美味,给家里人打打牙祭,与家人聊聊家常。时常观察公公婆婆的身体状况,觉得公公婆婆的脸色不好或是生活有异样,就带他们去医院检查。对老公提出的一些公事也会给出自己的一点建议,但是会让他自己做决定。一些家里需要做决定的小事绝不麻烦老公,只是在做好决定后,告知一声,再去做。遇到大事时,就先跟老公通个气,再开个家庭会议,做出最后的决定。就像朱继来自己说的,怎么跟你聊起家里的事情来,我心里就特满足呢,眼睛都有点酸酸的,我的事业做得再好,但是我总是女人，我需要更多的是家里人的信任，所以我真心庆幸有这么好的家人。

女人在生孩子之后，更多的挂念是孩子。朱继来也不例外，每次会想着自己的孩子在学校有没有淘气，有没有吃饱饭，虽然只是一些很细小的生活细节，但是在女人心里就显得不那么小了。明明知道不管自己想不想，孩子大了，总会懂事的，但是自己在闲暇的时候就是这么想想就很开心了。朱继来说，刚生孩子的时候，就是考验她的时候。家里有一个嗷嗷待哺的孩子，外面有自己的事业，自己很长一段时间都是处于一种犹豫不决的心态生活着，是当一个完完全全的家庭主妇？还是当一个狠心的妈妈？最后还是因为家里的支持，才让她找到了一个双方都能顾及的办法。细想那段时间，过得还真是艰辛，但是现在想想，正是因为那个时候有家人的鼓励，最终才会有现在的成功。现在也经常有职工跟她聊孩子的事情，但是带来更多的是欢笑和欣慰，这让每位职工都动力十足，只为未来过得好一点。

女人要顾及的不仅仅是工作、家庭，更要对自己好。朱继来每次出去都穿得精精神神的，并经常跟职工聊穿着，让这些职工也在平时穿得新潮点，将好的形象展现在家人、周围人面前，这样平时生活得开心，工作就会更认真努力。定期开展一些跳排舞的活动，由于朱继来的底子好，经常会被村委请去教村民跳排舞，所以自己教厂里的职工跳排舞更是如鱼得水，这让大家身心愉快。半山村村委定期给村里的妇女和外来打工妇女做免费的身体检查，朱继来会发动厂里的所有妇女都来村委做检查，要是时间紧张，还会亲自接送。正是这些看起来不起眼的小细节，温暖了大家的心，让大家觉得这个厂就是自己的家，做事要尽心尽力。

千头万绪的职工家事、工作问题，让朱继来放弃了不知多少休息日，就是凭着这种务实的工作作风，在平凡的岗位上辛勤耕耘，虽然难有显山露水的表现成绩，但她无怨无悔，倾心热爱这一工作，就像热爱自己的家庭那样。

6. 战略决策风格差异

与男企业家相比，女企业家所主导的企业，总体上来说，上规模、占领先地位的还不多。历史上曾进入"浙江民营企业100强"排位，以女企业家当家的民营企业只有海亮集团、万事利集团、万丰奥特集团、永通集团、荣盛集团5家。只有海亮集团进入"2011中国民营企业500强",位列第七。而2012年的数据显示,浙江以女性为法人代表的企业有97万家。做大和做小,对女企业家来说,既有外部原因,也有其自身的问题,比如对企业发展缺少战略规划、见好就收、比较谨慎、不愿意扩大等。在对待企业长远发展的规划上,几大群体也有一些差异。

比如,在问及"企业/公司是否与高校或者科研机构建立了产学研合作关系"时,发现女大学生创业者比较重视与高校或者科研机构合作并建立产学研合作关系,已经建立的占80%,洽谈中的占20%。下岗再创业者比较不重视与高校或者科研机构合作并建立产学研合作关系,没有建立的占63%,已经建立的占37%,原因可能是缺少关系或者缺少项目。在岗辞职创业者也比较不重视与高校或者科研机构合作并建立产学研合作关系,没有建立的占53%,已经建立的占40%。继承父辈创业者比较重视与高校或者科研机构合作并建立产学研合作关系,已经建立的占50%,洽谈中的占25%。

调查中还问及"企业/公司是否通过了ISO 9000或者ISO 14000认证"。ISO 9000是由TC176制定的国际标准,是ISO发布的12000多个标准中最畅销、最普遍的产品。ISO 9000系列质量体系被世界上110多个国家广泛采用,既包括发达国家,也包括发展中国家。ISO 14000系列标准融合了世界上许多发达国家在环境管理方面的经验,是完整的、操作性很强的体系标准,包括为制定、实施、实现、评审和保持环境方针所需的组织结构、策划活动、职责、惯例、程序过程和资源,以达到规范企业和社会团体等所有组织的环境行为,节省资源、减少环境污染、改善环境质量、促进经济持续健康发展的目的。对于这两项标准,女大学生创业者全部通过的占20%,通过其中一个的占80%。继承父辈创业者和在岗辞职创业者比较重视ISO 9000或者ISO 14000认证,有一定的国际视野,不少企业具有向国际拓展的眼光和计划,两项标准全部通过的占53%。而下岗再创业者两项标准全部通过的仅占10%,均未通过的占37%。

案例:嘉德威钢琴和美通集团掌门人的战略眼光

回顾过去发展的历程,唯有创新,嘉德威钢琴方显非凡。正是敢于摸索、敢于创新的精神,让人们记住了这个专注做钢琴、勇敢过河的嘉德威公司。目前,嘉德威专卖店已经遍布全国大中小城市,跻身钢琴行业一线品牌。

与任何企业一样,嘉德威公司最初的发展并不是一帆风顺的,面对国内外大环境的变化,成立之初的嘉德威公司面临各种各样的挑战。2001年,嘉德威公司推出"嘉德威"品牌系列产品。在国内市场尚未完全打开的时候,嘉德威公司做了一个重大决定——进军海外,直击国际市场。2002年,嘉德威公司参加"德国法兰克福乐器展览会",在展会上光芒四射,让钢琴文化发源地记住了这个来自中国的新兴品牌,这种创造性的发展模式为嘉德威公司的发展开启了全新的天地,展会现场获得大量订单,顺利打开国际市场。嘉德威公司在欧洲乐坛上崭露头角,大放异彩,这在全球乐器企业发展史上是一个奇迹。也正因为此,嘉德威钢琴远销美国、意大利、德国、法国、马来西亚、新加坡、冰岛等39个国家和地区。

企业在发展过程中,必须注入新鲜血液,才能够保持企业发展所需的旺盛的生命力。世纪伟人牛顿说:如果说我比别人看得更远,那是因为我站在巨人的肩膀上。嘉德威公司认真学习了世界众多企业发展之路后发现,真正成功的企业善于借助更强大的力量来发展企业自身。经过多番考察世界级钢琴企业,2006年,嘉德威公司与德国斯瑞特钢琴公司达成战略合作,成功收购斯瑞特钢琴品牌。

德国斯瑞特钢琴公司始创于1770年,精湛的制作工艺和一流的音质受到业界广泛好评,1775年被封为皇室御用钢琴,威廉一世、路易十七、查理十世等欧洲皇帝成员首选使用,成为贵族象征。经过两百多年的发展,德国斯瑞特钢琴成为国际一线的经典钢琴,德国皇室的熏陶使得斯瑞特钢琴更具优雅、高贵魅力。嘉德威公司与国际一线品牌合作,使其国际知名度又上了一个台阶,企业发展迈入全新的里程。

与大多数企业不同,拥有近2000名员工的美通集团的起点在国际市场。欧美人在聚会和沙龙中喜欢有淡淡的香气围绕,因而培育出一个上百亿美元的香薰行业。1995年,掌门人徐力敏锐地捕捉到这一商机,开始了香味蜡烛的生产。从法国进口香料,在中国生产,然后再运回美国销售,美通集团逐渐成为一家从事集香薰蜡烛产品、时尚家纺产品和家庭香薰产品研发、设计、生产、销售于一体的国际化企业。现代化的生产基地、成熟的物流配送平台、高效的 EDI 系统和人性化的管理模式为公司的不断发展提供了有力的保障。

在产品制作中，徐力坚持像做高科技产品一样来制作每一支蜡烛。灯芯线如何与原料匹配？如何防止黑烟、结炭？如何实现色彩与外观材质的最佳搭配？她们不断地尝试，不断地寻找新奇的"配方"。当然，努力没有白费。公司设计与综合能力迅速超越了众多美国本土品牌，与 Yankee、Blans 等品牌并驾齐驱。

公司前十年的发展非常顺利，然而在 2004 年后，从美国开始蔓延到欧洲，先后对来自中国的香薰产品征收反倾销税，仅美国的反倾销税税率就高达 108%。徐力果断决定缩减国内工厂规模，将核心生产业务转移到越南。杭州的总部主要是设计和营销，在越南的两个工厂进行制造。2009 年后，出于国际化战略的考虑，决定在美国马里兰州投资建设全自动的灌装蜡烛制造工厂，该工厂具有 3000 万美元的年销售产能，也是公司第三个海外生产基地。波士顿大学对"设计销售在欧美、运营研发在杭州、生产制造在越南"这一先进的全球化运作模式产生了极大的兴趣。

7. 管理风格差异

在管理风格上，女性创业者喜欢采用"母性管理"或"亲情管理"的方式，她们把女性管理家庭的素质和人格力量展示在职业角色之中，主要采取了"注重培养员工与企业的感情"和"与员工协商办事"的管理方式。她们善于并注重人际关系，把对他人的理解、关爱和细致的母性自然转移到工作伙伴身上。此外，她们还注意从生活上照顾员工，培育员工对企业的归属感，如借钱给员工看病、帮助解决家庭困难等，所以在管理上更能与员工产生亲密的互动关系（费涓洪，2005）。

调查中，几大群体都强调只有"注重培养员工与企业的感情"员工才会听话，营造员工合作氛围比竞争氛围更重要，集体协商更有利于管理，女性管理企业更需要以情理取胜。但是也有 25% 的在岗辞职创业者和继承父辈创业者认为女性管理企业更需要树立自身的权威，营造个体竞争氛围比营造合作氛围更重要,体现出偏男性化的管理风格。

在员工关系上,女大学生创业者和下岗再创业者认为表扬员工比批评员工更有效,与工作效率相比更倾向于建立和谐关系,但是也有25%的在岗辞职创业者和继承父辈创业者认为员工工作效率和结果比和谐关系更重要,体现出偏男性化的管理风格。

在问及"是否组织员工开展相关的岗位学习和培训"时,发现女大学生创业者和下岗再创业者都会组织员工开展相关的岗位学习和培训。但是女大学生创业者更重视员工培训,80%的人每年都会组织员工培训,20%的人不定期组织培训。下岗再创业者倾向于不定期组织员工培训,占75%,而每年组织只占25%。在岗辞职创业者也倾向于不定期组织员工培训,占47%,而每年组织占40%,很少组织占13%。继承父辈创业者不定期组织员工培训占75%,每年组织占25%(见图2)。

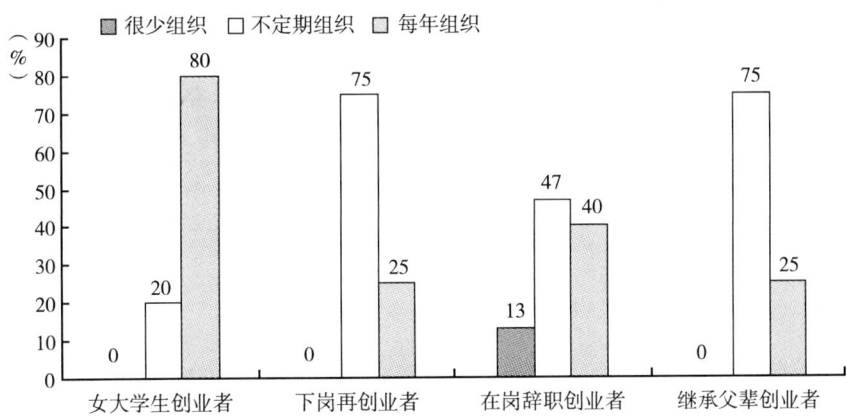

图2 组织员工开展相关的岗位学习和培训情况

在问及"是否组织员工进行体检"时,发现下岗再创业者比女大学生创业者更重视员工的健康,每年体检一次占50%,不定期检查占50%。近半数在岗辞职创业者也是每年体检一次,但也出现了两年体检一次的,甚至不检查的。80%的继承父辈创业者每年体检一次,不定期检查占20%(见图3)。

在问及"怎么看待企业获得利润和承担社会责任"时,几大群体无一例外地都主张企业应主动承担社会责任,但是在承担社会责任的方式上呈现差

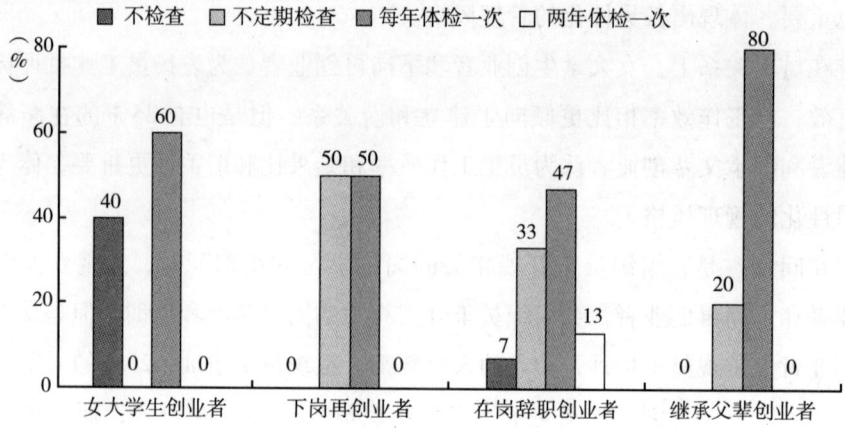

图3 组织员工体检情况

异。女大学生创业者和下岗再创业者回馈社会的主要方式是向慈善机构或组织捐款、参加或组织爱心助学活动、帮助残疾人。在岗辞职创业者和继承父辈创业者在回馈社会的方式上不是单纯的捐款,而是更看重对教育事业的扶持,组织爱心助学活动的比重高于捐款的比重,也出现了向母校捐款的行为(见图4)。

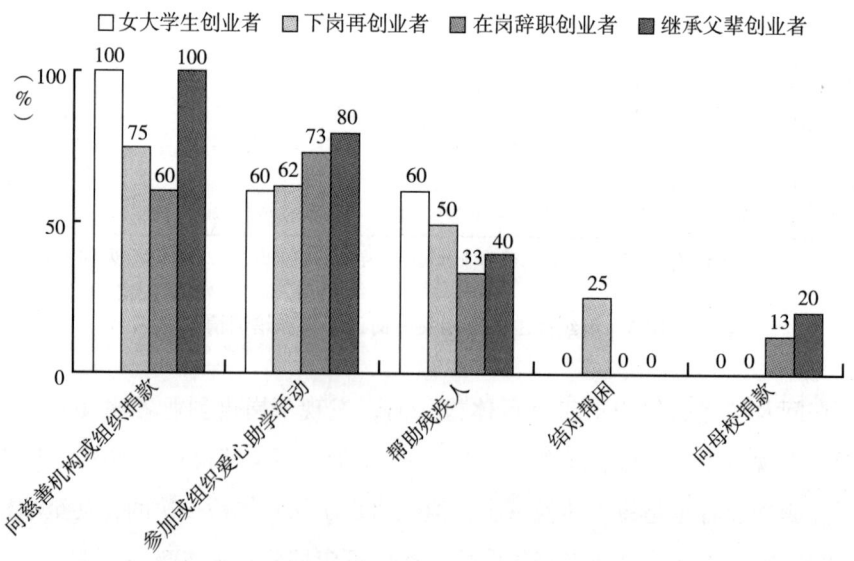

图4 承担社会责任情况

在领导风格上,与男性的高定规方式不同,女性创业者多采用高关怀的方式(王重鸣,2012)。在是否放权的问题上,几大群体比较一致,体现出开放大度的特点。虽然都认为如果精力允许最好亲力亲为,但是放权给有才华、有管理能力的员工,不论是否亲友也是放心的。此外,她们都很少拒绝向部下解释自己的行为,很少以不容置疑的语气说话,在推行重要的事项之前,先取得部下赞同,会让部下知道对他们的要求是什么,虽然坚持一定的工作标准和工作原则,但经常给部下私人帮助。比较有意思的是对中层干部的使用,下岗再创业者偏爱使用女性,女大学生创业者偏爱使用男性。女大学生创业者的公司中,男性干部居多者占60%,女性干部居多者占40%。下岗再创业者的公司中,女性干部居多者占63%,男性干部居多者占26%。在岗辞职创业者的公司中,男性干部居多者以及男女干部各一半的情况各占47%,虽然员工中都是女性居多,但在中层干部队伍中,明显偏向男性,以男性干部居多,或至少男女干部各一半,而不是女性干部居多。继承父辈创业者没有明显的偏好,基本上男女干部各一半(见图5)。

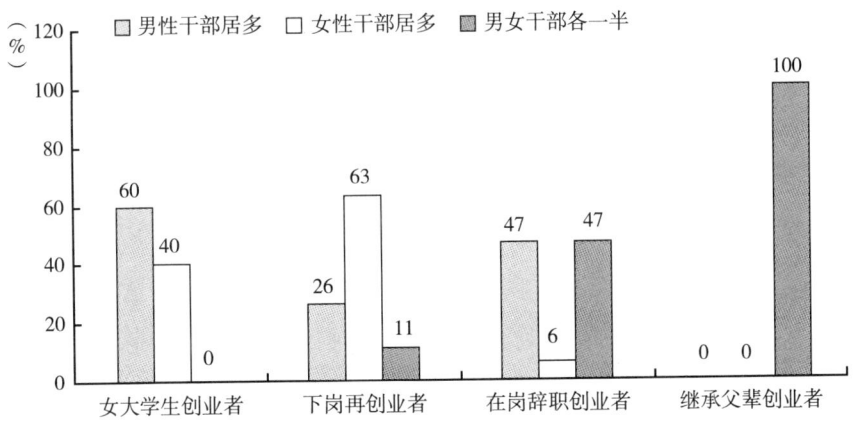

图5 中层干部性别比例

案例:万事利的和谐文化和天堂伞"以人为本"的管理方式

万事利集团是以丝绸文化创意为主业,以资产管理和资本运作为两翼发展格局的大型多元化现代企业集团。万事利集团卓越成就的背后,处处闪动着和谐文化的光辉，其核心价值观是天地人和万事利，其精髓是"万事以人为本，事利以和为重，利以社会为责"。

首先，万事以人为本。以人为本指导思想的灵魂是用"爱心"营造一个充满温情的企业。每年三八妇女节、五一劳动节、七一建党节等特殊的节日，万事利集团都会组织优秀基层员工和管理者出国游或境内游或户外拓展；员工生日送上生日蛋糕，员工住院走访慰问；高温季节发放高温费；对于困难和特困职工、发生意外事故职工，工会组织开展"送温暖"；开展每年一次的员工体检；等等。

人才培养方面也体现了以人为本。万事利集团的人才培养体系包括"送出去，请进来，扶起来"三个层次：把企业管理层送到全国各地的高校、管理学院、优秀企业去学习；把技术骨干送到拥有最先进理论和技术的研发机构去深造；把富有管理实践经验的学者、企业家请来对中层管理骨干进行培养；把富有生产实践经验的技工请来对一线工人进行培训；把富有创新理念和技术实践的专家教授请来为技术创新出谋划策并教导提升自身的研发团队。

其次，利以社会为责。万事利集团非常重视环境保护，节约、精简生产流程，推广应用清洁生产技术，厂区环境做到优美、舒适。将污染重的下属工业企业都进行了外迁，严格按照 ISO 14000 环境标准体系的要求对工作固体废弃物、废水、废气、噪声等进行操作处理。

最后，事利以和为重。对于和的理解，一是和谐，是顺天时、应地利，天地人和；二是和而不同，包容个性。万事利集团董事局荣誉主席沈爱琴有一句话常挂在嘴边："财富不是企业的、个人的，而是社会的。财富来源于社会，创造财富、回报社会是每一个有社会责任感的企业义不容辞的责任。"说到做到，近十年间，沈爱琴每年都积极主动参与各级慈善机构和红十字会举办的公益、基金会等活动，累计捐款捐物价值 3000 余万元。资助困难学生 156 人，帮助困难家庭 52 户，解决再就业人员 1200 余人，用于结对三助活动的资金逾 500 万元。在"非典"、海啸、雪灾、地震、泥石流等灾害面前，沈爱琴每次都亲自挂帅，带领万事利人捐钱捐物，十年间万事利集团用于灾害性事件的捐助资金超过 1000 万元。2011 年 1 月，万事利集团还创设 2000 万元"爱宝"基金，主要用于发展丝绸事业和公益事业。

与万事利集团的"创二代"接班管理不同，淳安天堂伞加工企业的创始人则是一名下岗女工。在淳安县宋村乡党委政府和淳安县妇联的牵线搭桥下，这名下岗女工承接了天堂伞的加工业务，借贷20多万元创办了来料加工厂。

回顾将近十年的创业历程，她感觉最难的不是业务承接、加工技术、设备维修等环节，而是员工管理，尤其是女性员工的管理。公司员工有300多人，且90%以上是女性员工，60多人在缝纫机上踩踏，300多人在家门口吊伞。对于如何管理这些员工，她最大的体会是：相信"人之初，性本善"，遵循"以人为本"。

一是舍得赞美。赞美对人的激励程度远远大于规章制度和严厉的批评，尤其是对女员工。女人更知性，也是感情动物，她们需要得到感情的满足，要想管好她们，赞美比责怪更有用。在生产中她就经常鼓励员工、表扬员工，果然，这些放下锄头、离开厨房的妇女同志工作起来更加努力了，效率也就自然提高了。

二是给予安全。女性员工更追求安全感，当遇到问题或困难时，她们会聚在一起，互相探讨，互相交流，这是她们的特点。她就依据这样的特点去帮助她们，并且鼓励女性员工依靠团队解决问题，尤其是遇到困难的时候。所以在厂里，当有员工遇到难题时，首先她会站出来，帮忙想办法，同时也会发动大家一起帮助解决问题，给员工一种安全感。

三是接受抱怨。女性员工的另一个特点是喜欢抱怨，这也是很多女性管理者头疼的地方，而且女人唠叨起来喋喋不休。女性员工抱怨其实是一种倾诉、宣泄，是释放压力的一种方式，更多的时候如果我们的心情平静就会明白，我们从她们的抱怨中，会了解到她们目前的心态、工作生活中遇到了什么样的问题，以及她们抱怨的目的和问题的所求。学会耐心地倾听，我们不需要给她们建议，因为她们本不需要一个建议，她们需要倾诉，需要一名真正的倾听者，你耐心地听完之后，女性员工的那种释放、那种快感，犹如大哭一场，如释重负。女性沟通方式与男性员工不同，男性经常喜欢说这样一句话：有事拿到桌面上讲。女性则不然，更喜欢在私底下说，会上不说，会后乱说。这种沟通方式未必是坏事，也许在某种程度上更利于企业制度的执行。会后乱说的消极影响，以女性喜欢的非正式渠道，在休息时间、午餐时间、娱乐时间，以非正式沟通的形式消除掉就行了。若还未消除,那就得扪心自问自己的沟通技巧、管理艺术了。

四是弹性工作。无论是管理者还是普通员工,女性更容易陷入工作与家庭的冲突。当今社会对女性的社会角色期待和家庭角色期待是矛盾的。社会角色期待是要她们胜任职业,跟上社会潮流,顺利出色地完成工作任务。家庭角色期待是要女性成为贤妻良母,履行相夫教子的职责。所以,女性不仅要顺利完成工作任务,同时要操持大部分家务,更多地承担教育孩子、照顾老人的责任,让男性在外安心打拼。但又受到时间和精力的限制,结果就不可避免地陷入了工作与家庭的冲突,长期疲惫的状态,会造成一定的心理压力,显然会影响她们的工作、生活质量,降低工作绩效。针对这一现实,管理者不妨设计弹性的工作制度,在工作计划和时间上给予更多的主动权,关注任务的完成和工作的质量,而不是硬性规定员工的工作时间和精力的投入。比如厂房开门时间定在早晨6点至晚上10点,早晨8点前和晚上6点后允许员工自由安排,带孩子的可以提前下班,孩子去学校上学了,可以提前开工弥补提前下班的不足;照顾老人的允许中途去适时地照看;家庭负担轻的加班时间可以根据自己的身体状况自行安排;等等。采取工作分担和工作轮换的方式,由两人或多人组成小组,各小组可自主安排工作任务,轮流承担不同的任务,这样可以确保每道工序有人操作,以免因个别工序跟不上而造成整体的瘫痪。

五是学会示弱。当民主、公平成为口头禅,尊重人才、留住员工成为企业的共识,员工管理的难度自然增加。作为一名管理者,无形中你的地位就高于一般员工。如何拉近与员工之间的距离,如何让员工敞开心扉,如何让员工以厂为家,作为一名管理者要学会"示弱",在这一点上女性管理者或许有优势。"示弱"不是低声下气,而是更加关心、关爱员工,注重细节管理,充分发挥员工的主人翁精神,把自己定位于普通的社会人,你的"示弱"就成功了。

案例总结:女性创业者更注重合作与沟通的价值,在决策前更多寻求建议、更多依赖直觉。女性更注重理想的实现,所以在管理上更能与员工产生亲密的互动关系。

8. 学习与提升的差异

拥有高质高量的人力资本是创业成功的关键。高质高量的人力资本主要通过在校学习和校外多渠道提升获得,学习与提升也就在一定程度上决定了创业能力的高低。调查发现,在岗辞职创业者和继承父辈创业者的人力资本优势更加突出。失业下岗等弱势女性在年龄层次上大多处于中年阶段,由于教育程度的限制,一般缺乏相应的专业背景和特殊的专业技能。在下岗以前,她们基本上都是在劳动密集型的行业就业,她们的知识技能较弱,自我创业的劣势尤为突出。她们的学历比较低,一般是在大专以下,小部分在创业以后通过非学历教育取得本科文凭。在岗辞职创业者和继承父辈创业者在创业能力上具有绝对的优势。58%的在岗辞职创业者的学历在本科以上,其中1/4是硕士。继承父辈创业者的学历均在本科以上,有不少是硕士,半数有海外留学经历。在岗辞职创业者所学专业分布很广泛,门类齐全,既有法律、经济、管理、行政、教育等文科类专业,也有计算机、电子、化工、建筑、机械等理工科专业。总体上,在岗辞职创业者教育水平比较高,专业技术性也较其他女性群体更强。同时,她们大多在政府、科研和教育机构以及高科技产业等行业就业,社会交往系统的丰富为创业打下了良好的关系基础。她们拥有的较高人力资本和社会资本决定了她们自我创业具有很强的能力,创业前她们缺乏的只是创业信息和对于创业流程的认识。

在最有效的学习方式的选择中,女大学生创业者偏爱参加相关论坛,所占比例达到60%;其次是国内考察,占40%(见图6)。下岗再创业者最有效的学习方式中偏爱国内考察,达到62%的比例;其次是去大学进修,占38%;以自己读书或上网查资料以及参加相关论坛为有效学习方式的很少(见图7)。对于国内考察,无论是女大学生创业者还是下岗再创业者都很重视。在岗辞职创业者最有效的学习方式中偏爱去大学进修,占47%;其次是参加相关论坛和去国外考察,均占33%;自己读书或上网查资料占27%,较少选择国内考察和参加会议。在继承父辈创业者最有效的学习方式中偏爱参加相关论坛和国内外考察。

在计算机应用能力方面,无论哪一类群体的创业者都认为很有必要学会使

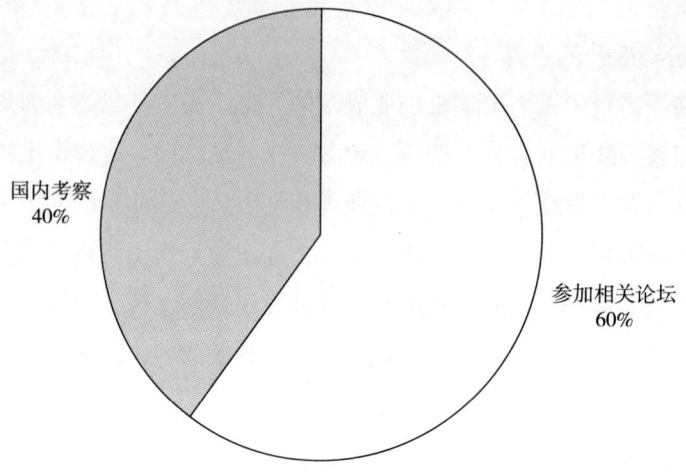

图6　女大学生创业者学习方式选择

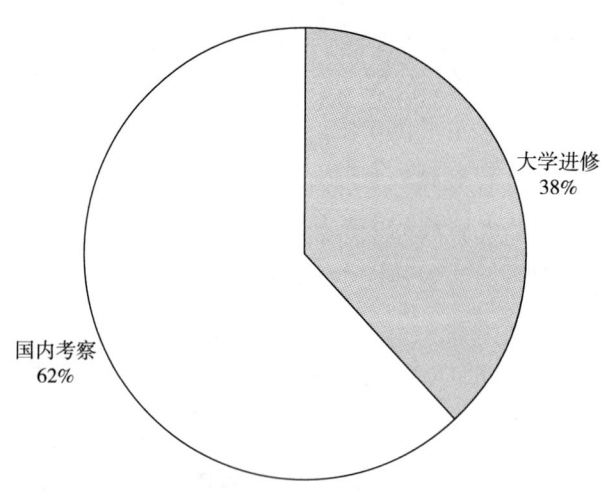

图7　下岗再创业者学习方式选择

用计算机,但是计算机能力的掌握程度有差异。女大学生创业者一般都能利用计算机进行文字处理,下岗再创业者中87%的人计算机应用能力比较差,表示自己只是略懂一点计算机,但是一致认为学会使用计算机很重要。在岗辞职创业者和继承父辈创业者计算机应用能力比较强,能利用计算机进行文字处理,熟练操作各类办公软件,也一致认为很有必要学会使用计算机。

在外语水平上,约40%的女大学生创业者能借助字典阅读,少部分能和外国人进行口语交流。下岗再创业者的外语能力也不够理想,75%的人表示只认识几个单词;对于重要性的认识也存在差异,部分人认为重要,部分人认为说不清。在岗辞职创业者外语能力普遍较好,能和外国人进行口语交流者达到40%,能借助字典进行阅读者达到27%;对于外语的重要性,53%的创业者表示很重要,40%的人认为说不清。继承父辈创业者学历一般较高,因此外语能力普遍较强,能和外国人进行口语交流,能借助字典进行阅读;对于外语的重要性,表示很重要,也有部分人认为说不清。

案例:不断学习的"创二代"练梦丹

杭州丹霞科技有限公司是1997年成立的,企业发展了十多年,仍然不愠不火。生产一支笔利润只有几分钱,甚至几厘钱。近年来,随着原材料和劳动力成本价格的不断上涨,企业举步维艰,可以说是产值年年增,利润却年年减,还有产品的质量、新品的研发、市场的开拓……诸多问题,对于学酒店管理的练梦丹来说,肩上的担子并不轻松。她决定从最基本的学起:掌握产品的流程,了解瞬息万变的市场和客户日新月异的需求变化。慢慢地,练梦丹摸到了企业经营管理的门道。她说,现在公司产品较为单一,还是以生产中性笔为主,无法和那些上规模的制笔企业相比,它们产品种类齐全,有很多的供应商,还有很好的营销策略。

练梦丹意识到企业要打实基础,充分了解客户需求,做好市场定位,不断地推陈出新,打响"丹霞"这个品牌,企业才能长久发展。接下来的两年多,她用实际行动,抓生产、抓管理、抓质量、抓业绩,带领公司骨干学习国内先进生产工艺,提升自身企业管理理念,自己跑遍了大半个中国,把公司的销售范围扩大了一圈,不光提升了业绩,更为企业赢得了良好的声誉和信誉。

随着公司的不断发展,扩大生产规模、用科技赢得未来已是大势所趋。不掌握核心技术,一支笔只能赚到利润的二成,不掌握核心技术,企业要做大也就非常困难。企业走上正轨后,练梦丹就把技术创新作为企业发展的引擎,不断加大科技研发的投入,成立专门的团队,打造研发平台,负责新产品的开发和关键技术的突破,以增加产品的高科技含量,使产品往高端化发展。在探索产品含金量的同时，练梦丹不断思考如何让企业实现更大的发展。经过多方的学习考察，她得出这样的结论：单打独斗无法占领市场，必须实现抱团经营。于是，她积极参加浙江大学MBA总裁研修班，加入归国华侨联谊会，与杭州君鼎科技等有先进理念和技术的企业结盟。积极拓展公司业务，扩大生产线，实行多头发展。承接格力、美的空调配件生产，拓展一次性塑料制品、电子产品、医疗产品等业务，逐渐带领公司向更宽、更广的新领域发展。同时，她个人优异的表现也赢得了当地许多"创二代"的赞誉。

说起小自己两岁的妹妹练梦霞，练梦丹赞赏有加："妹妹很有思想，15岁时就决定去澳洲求学，在那里一待就是8年。"练梦霞先是在南澳首府、世界顶级的教育基地阿德莱德的一所高中学习。在那里中国人很少，异国他乡的求学生活很是孤寂，但练梦霞不以为然，平时只是潜心求学。随后考入全球排名第27位的南澳理工大学经济管理专业学习。"现在她那一口纯正的澳大利亚腔英语，连当地人都很难分辨呢！"练梦丹的言语间满是自豪。如今，练梦霞也已经回国，但她并未直接进入家族企业，而是选择去了上海一家汽车配件贸易公司，学习那里的先进管理理念，为今后接管企业的外贸业务打下基础。

起点高也会有烦恼和压力，练梦丹说："不少人会有这样的认识，父辈们半路出家都能做出今天的成绩，在国外学了那么多年，把企业做好是理所当然的。我们肩上承受了比一般人更大的压力，学校里学的只是书面的知识，而我们更需要经验和实践，因此要比别人加倍努力，才会得到社会的认可。"

9. 创业基础的差异

创业基础的差异最突出的体现是创业经济基础的差异。筹措到足够的启动资金是创业最基本的条件，部分创业者正是由于缺乏必要的资金而放弃了创业。从创业的实际过程看，资金也是制约创业规模扩大的瓶颈。目前，国内的创业信贷体制还不完善，创业初始资金绝大部分还是来自我筹措。因此，个人及家庭的经济基础对其创业活动有重要的影响。

下岗女性的家庭经济状况比较悬殊，但是总体上家庭经济条件较差。创业前，有些家庭每月收入只能维持基本的日常生活开支。家庭缺乏经济实力，没有多余的钱来开创任何事业并保持其良性运转。大部分失业下岗女性考虑的只是维持基本生存，根本不敢考虑去创业。

从创业基础看，女大学生自己的经济积累也很差。创业前，49.6%的生活费用由父母供给，自己以兼职获得一些补贴。在家庭经济条件方面，绝大多数女大学生家庭经济条件一般，家庭在经济方面能对其以后就业和创业的资金资助能力十分有限。因此，难以获得创业的起步资金和运行资金，成为影响女大学生创业的首要难题。

相比之下，在岗辞职创业者的经济条件和筹资能力普遍好于前两个群体。由于辞职前大多是公司职员，有比较不错的工作，创业前家庭储蓄余额和每月平均收入总额相对较高，经济条件方面可以说是女性中的强势群体。

在创业初始资金及其来源的问题上，无论女大学生创业者还是下岗再创业者，创业初始资金投入都比较少，10万元以下占50%~60%。下岗再创业者初始资金投入为10万~50万元的占25%，没有超过300万元的。创业资金来源比较单一，主要是自有资金和亲戚朋友借款。而在岗辞职创业者的创业初始资金投入和来源都显得多样化，50万~100万元的投入占样本的20%，500万~1000万元的投入也占样本的20%，创业资金来源虽然也是以自有资金、亲朋借款和银行贷款为主，但是已呈现多渠道的优势，比如有一些是来自民间借贷、办会，以及吸引外商投资。

10. 创业环境的差异

创业者创业行为的产生是个体内在特性与外部环境相互作用的结果。创业是一个整合的过程，需要考虑个人物质资本和人力资本，也需要考虑政策因素和社会环境。创业环境主要包括金融环境、政策支持、社会文化等方面的因素。在我国，世界第9次妇女大会在北京的召开、《中华人民共和国执行〈提高妇女地位内罗毕前瞻性战略〉国家报告》的问世、《中国妇女发展纲要》的颁发以及其他一系列各级政府发布的关于促进妇女发展、加快培养女性人才的有关政策，为包括杭州市女性在内的我国女性创业者提供了一定的政策支持。经济的快速发展为我国女性拓宽了创业渠道。然而，从创业环境看，政府与社会对大学生和下岗弱势群体的就业和创业问题更加关注，相应的投入、政策设计和创业培训力度较大，而在岗辞职创业者则更多地要依赖市场的自然过程。创业培训是一个典型的例子，创业培训主要集中在创业基本知识、开业指导、企业管理等方面，客观上具有引导创业的作用。虽然总体上各类女性的创业培训都比较薄弱，下岗女性和女大学生的培训比重仍相对较高一些。劳动部门还出台了一系列的政策促进下岗者和大学生的创业行动。

四　女性创业的公共政策支持

女性创业具有共同的特点和需求，同时，由于女性群体的多样性和层次性，又体现出不同的需求、不同的困难和不同的发展路径。针对女性创业呈现的上述特征，我们认为促进女性创业，可以从以下几个方面做出一些努力。

1. 加强女性创业意识和能力的培养

创业意识是创业成功最基本的前提条件，创业能力则是创业成功的保障。大部分女性依旧受到传统观念的影响，认为"干得好不如嫁得好"，相夫教子的观念依旧大有市场。当前急需培育社会创业文化，增强女性个体追求创业的意愿。创业知识、技能和心理素质完全可以通过后天的教育和培养来获得。建议建立性别平等的创业培训与辅导机制，开展女性创业教育，举办研讨班，讲授有关营销和女性企业家精神的课程，尤其要加强创业教育的实践活动培训，培养女性树立良好的创业理念和掌握较高的创业技能。

创业者社会关系网络对创业资源的获取与利用具有关键性作用。从个人层面来说，女性创业者自身要尽可能挖掘并充分利用周边社会关系网络中的各种资源，争取更多"信息交流""资源共享"的机会，力求这些资源发挥最大化的效能。从政府层面来说，要搭建更多女企业家交流、互助的平台并做好平台维护工作，建立一些如行业咨询、管理咨询、女性创业培训辅导、创业信息提供和传播等的服务机构，形成多探讨、多学习、多吸收、多创新的女企业家关系网络氛围。

2. 完善女性创业的环境支持

（1）创业政策体现"性别"意识

一方面，良好的女性创业环境需要政府提供一些鼓励性的利好政策，对女性创业适度地倾斜与照顾，政策的支持将对我国女性创业发挥积极的效用。然而现实情况中，我国女性创业的政策支持程度比较低。当前国家创业政策应纳入"性别"意识,针对女性创业者特殊的创业困难出台一系列的条文和措施,并建立强有力的保障体系推动政策的有效执行。

另一方面,应重视政策的落实工作,加大督察考核的力度。组织专门机构对政策的执行情况实行监控和评估,定期检查政策的落实效果,通过法律和制度保障,降低女性创业的进入壁垒和退出壁垒,促进新企业的创立。

(2) 要求融资机构公平对待

资金是一个企业的命脉,启动资金来源是否多样、资金规模是否客观,将直接关系到企业经营运作是否畅通、企业经营是否成功。国外女性创业者往往会遭遇到一定程度的"信用歧视",在获得相同的贷款时,会被要求承担更高的利率和高附加条件(Coleman S.,2000)。但是调查发现,在杭州这个城市,女性创业者在经营过程中向银行贷款均未遭遇性别歧视。如果说有融资困难,最主要的困难在于缺少针对女性的投融资政策支持,其次是缺少融资渠道,风险资金不愿意投资给女大学生。

女性创业的资金问题,除了来自亲友的更多支持外,融资机构应当发挥更为关键的作用。融资机构在贷款问题上应对女性创业者给予特别关注和支持,帮助已经创业和即将创业的女性在传统金融市场上获得融资,比如为创业女性专门建立贷款担保机构,给予她们贴息小额贷款、低息贷款,工商部门给予减少登记费用和减免税收等政策优惠,建立扶持女性创业的专项基金,保证女性创业管理培训课程得到政府的支持等多种方式。

(3) 营造有利于女性创业的社会文化环境

社会文化环境对提升女性创业意识和创业热情、提升女性创业成功率产生了积极的影响。我们应该加强典型宣传,营造良好的女性创业的社会舆论环境。一方面为女性创业者创造更好的创业机会,另一方面使创业中的性别平等意识成为人们普遍接受的新理念。应该致力于提升女性企业家现有的公众形象,创造一个适宜女性企业家成长的氛围,发扬成功创业女性的模范作用和宣传导向作用,弘扬创业文化,给创业女性造势,为女性创业推波助澜,真正做到让"想创业的有机会、会创业的有舞台、创大业的有地位"。

(4) 帮助女性掌握工作与家庭平衡的技巧

女性创业者在创业过程中会遇到创业者的角色和作为妻子、母亲和家庭主妇的角色发生冲突的情况，如何有效解决创业与家庭之间的平衡对于女性创业企业的发展具有重大意义。

工作与家庭冲突的来源有不同的形式，有些是因为忽略自己的孩子而感到内疚；有些则是因疲劳、无法追求个人兴趣及时间安排冲突而形成压力的主要来源。许多学者提出了一些心理学的方法用来处理由工作与家庭冲突引起的情感问题。还有一些学者则提出了通过许多外部途径来减少工作与家庭的冲突，包括推迟要孩子、雇用保姆、缩减工作量等。

杭州市创业者总体上家庭稳定，因创业而离婚的比率不高。80%以上的男性对妻子的创业活动都是非常支持或比较支持的，男女平等意识比较强。如果夫妻一起创业，也是依专长分工而不分主辅，对内对外以自己为主、丈夫辅佐的情况比较少。可以说，总体上，杭州市女性创业者在创业和家庭的平衡方面把握得比较到位，处理得比较得当，当然这也和传统上杭州地区的男性大男子主义个性不浓、比较通情达理不无关系。

但是从总体上还是应该提供为女性创业者解决工作与家庭冲突的技巧。建议从以下几个方面做出努力：一是加强女性创业者自身与家人的沟通，以获得家人更大程度的支持和理解；二是倡导家务劳动社会化，为最终让女性从家务劳动中解放出来，使女性与男性平等地参与创业活动创造条件；三是考虑男性以及政府在此过程中的作用，构建"有益于家庭"（Family Friendly）的政策，如家庭工作坊、父母亲同休产假等都是值得考虑的政策设计。

3. 对不同类型女性创业提供针对性扶助政策

女性群体创业的需求是丰富的、多层次性的。每个群体在创业过程中具有自身的特殊困难，迫切需要解决的问题也各不相同。因此，促进女性的创业不应该"一刀切"，单一性的创业政策并不能有效地发挥促进女性创业的作用。相反，应该根据每个群体自身的特点，在组织机制和扶持方式上设计不同的促进方案。

（1）强化女大学生创业能力的培养

从不同群体女性创业的个体特征看，本科学历的创业者占主要地位，从这一点看，女大学生毕业后创业是可能的。但是从女性创业的年龄、职业背景、婚姻状况和家庭等方面看，倡导女大学生毕业后马上创业是不太现实的。从年龄上看，本科毕业的女大学生多为 22～25 岁，明显低于绝大多数女性创业时的年龄。实际上，女性的创业年龄往往是在最佳生育年龄（24～29 岁）之后，这样才比较符合女性的生活态度。从职业背景上看，女性创业之前的职业背景与其所选择的创业领域之间有较强的相关性，工作经验可以显著提高女性自主创业的比率，这一点也是刚刚毕业的女大学生所缺乏的。从婚姻状况上看，更多的女性是结婚后才创业的。因此，社会应该鼓励她们先积累工作经验或者为她们提供各种职业培训。各高校实施创业教育时，应侧重对女大学生商业能力与特定心理素质的培养。

社会资本是企业家求得生存和取得成功的必要条件之一。女大学生的创业不能只注重人力资本的积累，还应该关注社会资本的积累。社会资本的积累应该从学生进入高校的第一天开始，学校应该创造各种机会增加不同层次、年级、地区、性别的学生之间的交流，建立比较稳定的校友联系网络。这样，当每个学生走出校门时就已经拥有了比较宽广的社会关系网络和比较丰厚的社会资本。

女大学生创业目标的确定不宜一味地求高、求大，应该立足从小处做起。小型企业在市场上具有较高的灵活性，比大型企业更能适应现代市场的需求，这些小规模企业也正是女性创业成功率较高的一个重要因素。因此，在引导女大学生树立创业目标时，不应该求高、求大，不应该总是用一些"大人物、大企业家"的创业案例暗示她们，而应该更实际地让她们看到"小人物"创办的小企业的成功，从而树立从小处做起的创业信念。

当前应鼓励稳健型的创业策略。女性谨慎、心细，以及趋向规避风险的特征，使得稳健型的创业策略成为更可取的选择。稳健型的创业策略更能提高女性创业的自信度和满意度以及女性对企业发展的把控度。稳健型的创业策略并不是摒弃创业机会的识别与开发，而是在追求稳健发展中寻求偶然性提供的机遇。

（2）为下岗再创业女性提供小额金融支持

下岗女性教育水平较低，劳动技能单一，不太适应现代产业发展的要求，其创业方向和创业形式也更偏好灵活性非正规就业。因此，当前应进一步完善和推进非正规就业管理，加强非正规组织的创业孵化功能，促进非正规组织向正规组织转化，这是促进下岗再创业者脱贫和低端创业的重要手段。这一群体对创业资金的需求不高，对创业风险的承受能力较弱。因此，一方面要加强多形式、多层次的职业技能培训，提高其劳动素质和技能；另一方面要设计和实施针对弱势妇女的小额贷款计划。不妨借鉴其他国家小额贷款的成功经验，促进女性互助基金建设，在小额贷款项目上增加小额保险、小额救助等"小额金融工具"，将脱贫、创业和加强社会保障结合起来。

（3）强化创业培训和风险投资基金的引导

具有创业潜能的在岗女性一般在单位里都有不错的职位，不妨称之为"白领女性"。她们拥有专业知识，创业基础较好，创业能力较强，但是由于现状比较稳定，其创业的积极性不高。总体上，白领女性较缺乏对创业相关知识和创业政策的了解，缺乏对企业的管理能力和对市场运作的组织能力，缺乏发展高新技术企业所需要的风险投资基金。因此，应对白领女性加强创业素质培训和创业管理培训，一方面要增强创业者的风险意识和创业动机；另一方面要增强创业者在企业管理、财务管理、人事管理等方面的知识和能力，鼓励白领女性创办知识含量高的高科技公司。同时，应适应知识服务和高新技术企业的特点，在资金扶持上以风险投资基金为主，力图将其创业风险降到最低。白领女性的人力资本和社会资本比较丰富，因此，对其创业应更多地发挥市场作用，让市场引导企业经营和发展。

参考文献

［1］蔡红蓓：《创业拼盘——女性 VS 男性》，《科技创业》2002 年第 6 期。

［2］陈燕妮：《近 10 年国外女性创业研究回顾》，《妇女研究论丛》2012 年第 6 期。

［3］费涓洪：《女性创业动因浅析——上海 30 位私营企业女性业主的个案调查》，《中共宁波市委党校学报》2005 年第 2 期。

［4］胡怀敏：《不同创业动机下的女性创业模式研究》，《经济问题探索》2007 年第 8 期。

［5］胡怀敏、肖建忠：《人力资本视角下的女性创业研究》，《华中农业大学学报》（社会科学版）2006 年第 6 期。

［6］李成彦、王重鸣、蒋强：《性别角色认定对领导风格的影响：以女性创业者为

例》,《心理科学》2012年第5期。
[7] 李琳琳:《优化哈尔滨市女性创业环境研究》,《商业经济》2008年第10期。
[8] 罗东霞、关培兰、曾伏娥:《女性特质与创业发展绩效分析》,《商业研究》2009年第11期。
[9] 罗建河:《中外女性创业特性的比较与女大学生创业》,《黑龙江高教研究》2011年第8期。
[10] 莫寰、黄小军、杨建锋:《女性创业动机的演化博弈模型》,《广州大学学报》(社会科学版)2009年第8期。
[11] 任远、陈琰:《对城市失业下岗女性、女大学生和女性知识分子自我创业的比较分析》,《妇女研究论丛》2005年第5期。
[12] 芮明杰:《产业经济学》,上海财经大学出版社,2005。
[13] 史清琪:《我国妇女创业和女企业家发展面临的机遇和挑战》,《宏观经济研究》2002年第10期。
[14] 舒尔茨:《人力资本投资》,商务印书馆,1990。
[15] 王华锋、李生校:《国外女性创业研究的历程、动态与发展趋势》,《技术经济》2006年第12期。
[16] 谢雅萍、周芳:《女性创业特征及其促进策略——基于福建省女性创业者的实证研究》,《广西大学学报》(哲学社会科学版)2012年第2期。
[17] 湛军、张占平:《全球妇女创业现状概述与分析》,《河北大学学报》(哲学社会科学版)2007年第3期。
[18] 祝延霞、刘渐和、陈忠卫:《创业环境对女性创业的影响——以安徽省为例》,《科技与管理》2009年第4期。
[19] Bert R. S., "The Network Structure of Social Capital", In Sutton, R. I., Staw, B. M. (eds.), *Research in Organizational Behavior*, JAI Press, Greenwich, 2000.
[20] Buttner, E. H., "Female Business Owners: How Far have They Come", *Business Horizons*, 1993, 18 (2).
[21] Caputo R. and Dolinsky A., "Women's Choice to Pursue Self-employment: The Role of Financial and Human Capital of Household Members", *Journal of Small Business Management*, 1998, 36 (3).
[22] Coleman S., "Access to Capital and Terms of Credit: A Comparison of Men and Women Owned Small Businesses", *Journal of Small Business Management*, 2000, 38 (3).
[23] De Martino, R., Barbato, R., Jacques, P. H., "Exploring the Career/Achievement and Personal Life Orientation Differences between Entrepreneurs and Nonentrepreneurs: The Impact of Sex and Dependents", *Journal of Small Business Management*, 2006, 44 (3).
[24] Fagenson E., Marcus E., "Perceptions of the Characteristics of Business Owners:

Women's Evaluation", *En-trepreneurship Theory and Practice*, 1991, 15 (4).

[25] Kolvereid L., Shane S. and Westhead P., "Is It Equally Difficult for Female Entrepreneurs to Start Businesses in All Countries", *Journal of Small Business Management*, 1993, 31 (4).

[26] Morris, *Entrepreneurship Identity: Sustainable Advantages for Individuals, Organizations, and Society*, Westport, Conn: Quorum, 1998.

[27] Robichaud Y., Egbert M. & Roger A., "Toward the Development of a Measuring Instrument for Entrepreneurial Motivation", *Journal of Developmental Entrepreneurship*, 2001 (2).

[28] Shane S., *A General Theory of Entrepreneurship*, Ed-ward Elgar Publishing Limited, USA, 2003.

[29] Steven Balkin, *Self-employment of Low-income People*, N.Y., Praeger, 1989.

[30] Zhan Jun, D. Deschoolmeester, *How to Appraise Entrepreneurs' Innovativeness: Contextual Framework*, The Proceedings Published by the 48th World Small Business Conference (ICSB), Belfast, U.K., 2003.

B.7 杭州女性创业动机评价体系与应用研究

厉校麟　侯公林*

摘　要：

本文在半结构式访谈成功创业女企业家，分析她们创业动机特点的基础上，进一步通过编制"女性创业动机问卷"的实证研究方法，对当前女性创业动机进行本土化研究。问卷编制研究结果表明，女性潜在创业动机可以由自由动机、生存动机、理想动机和机会动机4个维度构成，问卷具有较好的信度和效度，可以用于女性创业动机的评价。应用研究表明，当代女性创业动机与以往不同，呈现一种更多元的态势，并且越年轻的女性，受到的传统性别观念束缚就越少，她们在创业动机上表现出更具有主动性和积极性的特点。

关键词：

女性　创业动机　评价体系　比较研究

经济全球化的发展为女性创业提供了良好的机遇，近年来，世界各国女性，无论其种族，成功自主创办企业的比率大大增加。2004年全球创业调查（GEM）结果显示，在全球范围内超过1/3的女性参与自主创业活动。截至2010年，全球59个国家中合计有1.9亿名女企业家。在美国，创业女性的人数为世界平均水平的2倍左右，而且创业时间更长。在中国，《2009中国女企业家发展报告》显示，截至2009年，中国女企业家人数占企业家总数的25%，在东部沿

---

* 厉校麟，浙江理工大学心理系教育学硕士，主要研究方向：管理与社会心理学。侯公林，浙江理工大学心理系教育学博士、教授，主要研究方向：管理与社会心理学。

海城市女企业家的比例甚至接近40%。国际劳工组织（ILO）发布的《2012女企业家发展报告》指出，如果女性可以和男性一样平等获得创业资本和社会资源，那么一年之内女性创办的企业就可以提供200万个就业岗位。由此可见，女性创业行为不仅对于女性成功就业具有重要的意义，而且在文化上也具有重要的意义，尤其是在中国这样一个具有五千年传统性别文化的国家中。

早在20世纪90年代，女性创业就已经被认为是摆脱妇女贫困、提高妇女地位、缓解妇女就业压力、取得经济发展与社会进步的重要途径。因此，女性创业行为研究得到了社会学方面的学者，特别是女性学研究者的广泛关注。许多研究结果显示，女性的创业行为受到个体自身和社会经济环境因素的综合影响。Greene等（2003）将女性创业群体作为特别的研究变量，他们认为因为女性和男性创业机制不同，因而区分研究可以更好地探索女性创业行为的特点。然而，由于在创业领域存在的传统的男权现象，我国很少有人从女性角度对女性创业问题进行深入的探讨和研究。因此，从社会心理学的角度，研究女性创业动机，对于帮助女性提高自我效能感、激发女性的创业热情、促进全社会改善女性的创业环境都将产生积极的影响。

一 理论研究现状分析

1. 女性创业的主要理论

心理学家根据马斯洛的需要层次理论，将创业动机进行层次分类。当生理需求得到满足时，个体为了能够实现自我和发展事业进行创业，这是一种带有自尊和自我实现的需求满足。若生理需求没有得到满足，创业则是为了解决温饱和维持生计。该理论构想与"推式"和"拉式"创业动机具有共同的核心思想。Moore（1990）运用社会学和心理学的观点和理论构建了女性的创业动机模型，在一定程度上具有较好的借鉴意义（见图1）。

首先，结构主义、构成主义和动机理论构成了一般理论。结构主义认为女企业家是男性常模标准社会的一种反映形式，社会的结构是男性主导，所以决定了女性在创业过程中会遭遇很多困难和阻碍她们创业的限制因素，认为女性创业多是依赖男性创业成功之后的传承。构成主义强调男女不平等，但是女性

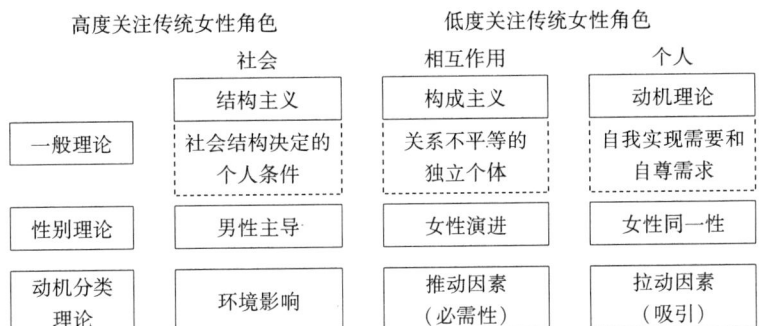

图 1　女性创业动机理论构想

是独立个体，女性创业不依赖男性的创业行为。动机理论则认为创业行为三阶段与个体的个人特点非常相关。

其次，来源于社会学的性别理论。基于对传统性别角色的关注度不同，性别理论可分成三种理论观点。第一，男性主导理论。该理论高度关注传统性别角色，认为女性只需接受较低水平的教育，倾向于对女性采取职业隔离，将女性归为低知识型职位，如秘书、护士。第二，女性演进理论。该理论强调女性接受高等教育，从事知识密集型职位，如医学、工程学。以上两种理论视角都强调教育的主导作用。第三，女性同一性理论。该理论则认为女性做出创业决策与教育水平无关，需要考察的是个人特质和环境因素。

最后，动机分类理论。动机分类理论中的环境影响理论来源于结构主义和男性主导理论，主张这个理论的学者们认为女性创业的决定依赖于男性，或者是家族企业的传承。推动因素理论和拉动因素理论都是从个体出于何种目的而创业的角度来剖析创业动机的，因此，人们从研究中总结出了一些规律性的现象。目前学术界较多地将这个理论统称为"推式创业动机"和"拉式创业动机"。

所谓"推式创业动机"，主要解释了女性创业是由于环境压力的一种负面或被动的反应，如遭遇公司裁员、"玻璃天花板"、金融危机、低就业率或收入不足、不满意工作条件、职业分离等因素。而"拉式创业动机"则将女性之所以创业理解为女性主动追求独立、自由、实现自我、提高社会地位等个人内在价值的实现（Sarri and Trihopoulou，2005）。可见，"推动因素"多源于外部环境，而"拉动因素"多源于个人内在因素。尽管"推式创业动机"和"拉式创业动机"有所不同，但也并非截然分割的。如发现市场机会且产生实现市场价值的意愿属于拉动因素，但市场机会又属于来自外部环境的推动因素。"拉式"和"推式"的结合作用在早期研究中就得到了验证，工作的不满和市场机会的出现一起激发了女性的创业动机。"推式创业动机"和"拉式创业动机"理论可以很好地解释和理解女性创业行为背后的各种动机因素。

从形式上看，"推式创业动机"实质上是生存驱动式动机，行为动机是基于低层次需求的，具体说就是失业、收入不足、无法就业、不满意的工作条件和前景、希望更灵活的时间来平衡家庭和工作之间的矛盾推动了女性进行创业活动。而"拉式创业动机"是一种自我发展驱动式动机，反映了女性希望通过创业来自我实现的行为动机，属于高层次需求的动机行为，具体说就是原先工作的报酬无法满足自我实现的强烈需要、将预期的机会转为市场行为的渴望、希望自己成为企业的主宰者，以及承担某种社会使命等。"推式"和"拉式"两种不同动机产生的创业行为，在一定程度上代表了女性的现实生存状态和对自身的认识，从这两种不同动机出发，对女性的创业活动进行探讨和分析，就可以在很大程度上解释女性自我发展的现状。

2. 女性创业动机结构

Kuratko & Naffziger（1997）在总结以往研究者的研究成果后提出了创业动机四结构模型，包括：外部激励，以金钱或股份的形式；内部激励，个体的内部需求或成就需要；独立自主，通过自己当老板实现；家庭保障，因为遭遇失业、解雇等被迫创业以增加家庭收入。他们通过实证研究设计量表辨别出16个可能的目标性内容，并构建了一个四因子创业动机结构模型（见表1）。

Robichaud & Roger（2001）在 Kuratko & Naffziger（1997）的研究基础上，发现许多女性创业都是因为家庭、工作等。因此，重新设计了一份量表，增加了工作、家庭变量，并对其中维度下的具体项目进行了修正（见表2）。

表1 Kuratko & Naffziger（1997）创业动机四因子模型

维度	外部激励	独立自主	内部激励	家庭保障
指标	个人财富的需求 增加个人收入 增加收入增长的机会	个人自由 个人保障 自我雇用 成为自己的老板 控制命运	公众的认可 接受挑战 个人的成长 证明自己的能力 享受一种激情	成员的未来 传承家族企业

表2 Robichaud & Roger（2001）创业动机四因子模型

维度	外部激励	独立自主	内部激励	家庭保障
指标	个人财富的需求 增加个人收入 增加利润与销售额 提高生活质量	个人自由 个人保障 自我雇用 成为自己的老板 自主决策	公众的认可 接受挑战 个人的成长 社会认可 自我证明	成员的未来 传递家业 退休保障 接近家庭

综合以往国外学者对创业动机的结构和内容的研究可以发现，女性创业动机是由多个不同成分共同作用的结果，其结构是复杂的，因此，人们无法用一个单维动机模型来测量所有女性创业者的动机特点。

3. 女性创业动机国内研究现状

文化传统和经济特征决定了我国女性创业动机和西方发达国家有所不同。20世纪90年代末，我国管理学、社会学界等领域的研究者曾涉足女性创业领域的研究。童亮、陈劲（2004）通过问卷调查发现，教育水平上的差异并没有过多地体现在女企业家的创业动机方面。对于不同学历、不同经历、从事不同行业的被试，女性的创业动机有着很大的相似之处。胡怀敏、朱雪忠（2006）通过案例研究发现，在中国经济转型背景下，女性创业的动机呈现较强的生存驱动性。胡怀敏、肖建忠（2007）采用案例研究法，对生存驱动型和机会驱动型两种不同创业动机的女性创业模式进行探讨后进一步发现，机会驱动型的女性创业需要较高的社会资本和人力资本。莫寰、黄小军、杨建峰（2009）在研究女性创业动机时提出，女性是否将创业作为理想的就业选择，主要取决于女性自身条件和环境状态的博弈。

我国市场经济起步较晚，目前对创业和企业家问题的探讨多借鉴国外的理论，且都不够深入，尤其是对女性创业动机的研究更是起步不久。对动机的研究也多处于横断研究，大多是对处于同一时间点内的不同人口学变量进行差异性比较分析，很少有纵向研究，探讨女性创业动机的变迁以及背后的影响因素的则更少。此外，女性的创业动机结构因子还会随着社会的时代背景变化而发生改变，如社会性别角色文化倾向于男女公正平等的转变，女性社会、政治、经济、家庭地位的提高，女性随着受教育水平的提高其人格特质的演变，等等。所以，Robichaud等人的四因子结构模型是否适合当代背景下女性创业动机结构仍值得商榷。那么，本文的主要目的就是探讨当代背景下女性创业动机新的结构特点。

二 "女性创业动机问卷"编制研究

前文已提及Robichaud等人构建的女性创业动机四因子结构模型主要针对的是他国的研究对象，且处于20世纪末的时代背景。那么，本文基于本土化研究思路，思考以下问题：中国21世纪女性的创业动机会不会存在一些新的结构特点？随着时代背景的变迁，不同年龄女性的创业动机会不会存在差异？为了进一步分析女性创业动机变迁的特点，我们首先进行本土化研究，没有直接引用Robichaud的量表，而是通过访谈采集第一手资料编制了"女性创业动机问卷"用于更深入的研究。

1. 研究方法

（1）半结构式访谈

深度访谈是搜集第一手资料的重要方法，与调查问卷方式不同，不是让被访者阅读问卷并填答，而是有访谈员进行口头提问并进行手记或录音访谈回答的一种调查手段。根据与人交流的方式不同可分为面对面访谈和电话访谈；根据对访谈过程的标准化程度不同可分为结构式访谈和半结构式访谈；根据受访人数不同可分为个体访谈和团体访谈。

本研究访谈范畴属于半结构式、面对面、个体访谈法，具有以下优点。第一，半结构式访谈具有更大的灵活性和适应性，可以根据实际访谈过程和访谈对象做一定程度的改变，可以激发出一些偶然的思路，这样可以使访谈获取更多潜在的内容。第二，面对面访谈能够与被访者互动交流，可以随时观察被访者的心理、表情和肢体语言，调整访谈过程及方式，有助于访谈的顺利进行。第三，个体访谈可以消除团队访谈的群体从众压力，更加关注一个被访者，自由地传达信息，也会使被访者提供的内容更加真实。

当然，半结构式、面对面、个体访谈也存在一些不足之处。第一，个体访谈所需付出的劳力和时间成本较高，而且本次访谈对象基本上是非常成功的女企业家，对于这些高素质、高层次的女企业家难以预约。第二，由于是半结构式访谈，结果资料的标准统一性依赖于访谈员的访谈技巧和后期的资料整理。第三，因为是个体实地访谈，花费的时间较长、经费较多，所以深度访谈的数量有限。

参与本次半结构式访谈的被试为来自杭州市女企业家协会的20名成功创业女企业家。访谈的目的是针对与女企业家"推式"和"拉式"创业动机有关的关键词进行提取和整理，以便对文献研究中形成的关键词做进一步修正，并为下一步的焦点小组讨论提供内容依据。

（2）焦点小组讨论

焦点小组讨论是由一个经过训练的主持人以一种无结构的自然形式就特定的主题与人们进行交谈，其主要目的是通过倾听被试针对主题的头脑风暴式想法获取对问题的深入了解。

被试。本次焦点小组讨论的被试由随机邀请的来自各个行业的人员组成，共12人，其中男性6人，女性6人。

研究方法。先确定主题提纲、主持人、参会人员以及座谈会时间、地点，准备好座谈会记录工具。焦点小组讨论结束后，根据获得的资料，整理并剔除不足和欠缺的内容及关键词，进行完善表述。表3为女性创业动机评价量表的最终关键词，初步根据关键词的动机倾向进行归类。

表3 女性创业动机评价量表关键词

项目	关键词
推式创业动机	失业下岗、维持生计、就业形势严峻、难找工作、赚更多钱 不满意原先工作条件、工作发展瓶颈、家人物质保障
拉式创业动机	自我支配时间、不想为别人打工、自己当老板、足够发挥空间 独立自主、拥有事业、实现理想与梦想、兴趣爱好 社会责任、市场机会、机缘巧合、继承家族企业

(3) 问卷编制

被试。参与"女性创业动机问卷"调查研究的被试共345人,全部为女性,调查样本主要采取在校大学生随机抽取、QQ滚雪球和网上问卷抽样相结合的方式。

被试年龄情况:18~22岁共有151人,占43.77%;23~27岁共有135人,占39.13%;28岁及以上共有59人,占17.10%。被试文化程度情况:大专及以下共有34人,占9.86%;本科共有213人,占61.74%;硕士及以上共有98人,占28.41%。被试职业情况:企业雇员共有73人,占21.16%;公务员/事业单位人员共有49人,占14.20%;在校学生共有223人,占64.64%(见表4)。

表4 样本人口学基本情况

项 目	类 别	人数(人)	百分比(%)
年 龄	18~22岁	151	43.77
	23~27岁	135	39.13
	28岁及以上	59	17.10
文化程度	大专及以下	34	9.86
	本科	213	61.74
	硕士及以上	98	28.41
职 业	企业雇员	73	21.16
	公务员/事业单位人员	49	14.20
	在校学生	223	64.64

问卷的研究方法。调查采用书面问卷和电子问卷相结合的方式进行,分两个阶段发放问卷。第一阶段为探索性研究,共发放160份问卷,回收160份,回收率为100%。其中有效初试问卷为133份,有效率为83.13%,用于探索性因素分析。第二阶段为验证性研究,使用第一阶段修订后的问卷,共发放250份问卷,回收241份,回收率为96.40%。剔除无效问卷,最后得到有效问卷212份,有效率为84.80%。

女性创业动机具体项目按Likert五级计分法,具体评价水平及分值为:5=符合,4=基本符合,3=中间,2=不太符合,1=不符合。

(4) 探索性和验证性因素分析

首先,通过对"女性创业动机问卷"的探索性因素分析,根据分析结果剔除那些无显著性意义的指标,重新确定各维度下的具体评价指标并命名。其次,通过正式发放样本数据对探索性分析结果的 4 个维度构建结构方程模型,对提出的假设模型进行验证性研究。问卷的项目分析、信度分析、效度分析使构建的"女性创业动机问卷"指标体系更加规范和科学。

(5) 校标关联效度分析

根据以往的文献研究结果,采用目前应用较多的 Robichaud 创业动机量表 (Kuratko & Naffziger, 1997; Robichaud & Roger, 2001) 作为校标,对"女性创业动机问卷"指标内容进行校标关联效度检验。

2. 研究结果

(1) 项目分析

为了提高整个问卷的信度和效度,在研究中我们采用项目分析来检测每个题目的区分度和鉴别力,剔除那些鉴别力差的题目。研究中我们采用项目分与总分相关法以及高低组平均数差异检验法两种方法。在第一种方法中,如果每个题目与总分的相关系数不显著,表示该题目鉴别力低,应剔除;如果相关系数达到显著,应保留,可认为量表的效度较高。在第二种方法中,将样本量表的得分总和按高低排列,对高分组前 27% 和低分组后 27% 的题目得分做平均数显著性检验(CR,决断值),如果达到显著性水平,即表示该项目能鉴别不同被试的反应程度。表 5、表 6 为对预试女性样本(N = 133)的女性创业动机项目分与总分相关显著性检验表和项目分析结果表。

表5 "女性创业动机问卷"各指标与总分相关显著性检验

指　　标	总分相关系数
我会因为失业下岗、维持生计而选择创业	0.351**
我会因为就业形势严峻、难找一份好工作而选择创业	0.514**
我会因为不满意原先工作条件而选择创业	0.614**
我会因为原先工作出现发展瓶颈而选择创业	0.509**
我会因为要为家人提供物质保障而选择创业	0.498**
我会因为需要可以自我支配的时间而选择创业	0.620**

续表

指　　标	总分相关系数
我会因为增加收入、赚更多的钱、渴望富有而选择创业	0.619**
我会因为不想为别人打工而选择创业	0.679**
我会因为实现自己当老板的心愿而选择创业	0.634**
我会因为创业可以拥有足够的发挥空间而选择创业	0.750**
我会因为创业可以独立自主地做出决定而选择创业	0.697**
我会因为拥有自己的一份事业而选择创业	0.736**
我会因为实现人生的理想和梦想而选择创业	0.687**
我会因为自己的兴趣爱好而选择创业	0.616**
我会因为履行社会责任、社会使命而选择创业	0.528**
我会因为发现市场机会而选择创业	0.623**
我会因为机缘巧合而选择创业	0.495**
我会因为继承家族企业而选择创业	0.441**

注：** $p<0.01$。

表6　"女性创业动机问卷"项目分析

指　　标	决断值
我会因为失业下岗、维持生计而选择创业	3.162***
我会因为就业形势严峻、难找一份好工作而选择创业	5.231***
我会因为不满意原先工作条件而选择创业	7.239***
我会因为原先工作出现发展瓶颈而选择创业	5.491***
我会因为要为家人提供物质保障而选择创业	5.222***
我会因为需要可以自我支配的时间而选择创业	7.026***
我会因为增加收入、赚更多的钱、渴望富有而选择创业	7.523***
我会因为不想为别人打工而选择创业	9.244***
我会因为实现自己当老板的心愿而选择创业	8.219***
我会因为创业可以拥有足够的发挥空间而选择创业	10.834***
我会因为创业可以独立自主地做出决定而选择创业	9.047***
我会因为拥有自己的一份事业而选择创业	11.650***
我会因为实现人生的理想和梦想而选择创业	9.233***
我会因为自己的兴趣爱好而选择创业	6.970***
我会因为履行社会责任、社会使命而选择创业	5.397***
我会因为发现市场机会而选择创业	8.301***
我会因为机缘巧合而选择创业	5.770***
我会因为继承家族企业而选择创业	4.944***

注：*** $p<0.001$。

(2) 探索性因素分析

对 133 个女性样本进行探索性因素分析，根据 KMO 测度和 Bartlett 球形检验来考察指标间是否适合进行因素分析，同时得到碎石图（见图 2）。

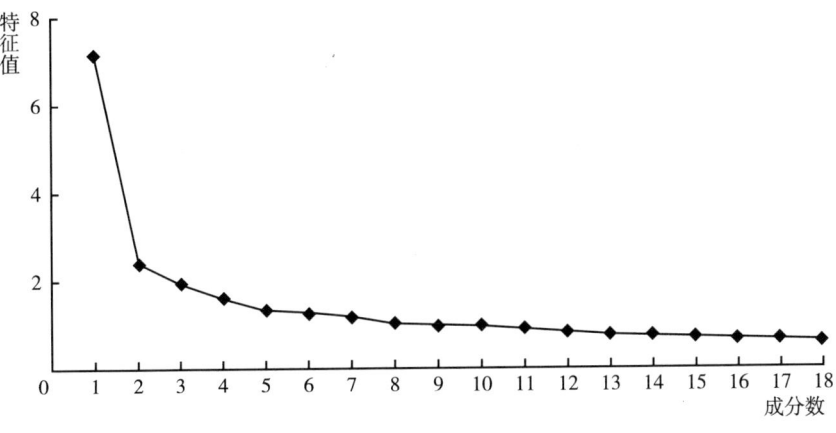

图 2 "女性创业动机问卷"探索性因素分析碎石图

分析结果显示，KMO = 0.854，表示很适合做因子分析；Bartlett 球形检验结果显示，Bartlett 的显著性概率是 0.000，说明数据间具有相关性，适宜做因子分析（见表 7、表 8）。

表 7 "女性创业动机问卷"的 KMO 和 Bartlett 检验

取样足够度的 Kaiser-Meyer-Olkin 度量		0.854
Bartlett 的球形度检验	近似卡方	1039.134
	df	153
	Sig.	0.000

表 8 KMO 取样适当性判断标准

KMO 统计量值	因素分析适合性	KMO 统计量值	因素分析适合性
0.90 以上	非常适合进行因素分析	0.60 以上	勉强可进行因素分析
0.80 以上	很适合进行因素分析	0.50 以上	不适合进行因素分析
0.70 以上	适合进行因素分析	0.50 以下	非常不适合进行因素分析

本次探索性因素分析以特征值大于 1 为抽取原则，在没有限定因素个数的条件下共提取了 4 个因子，累计解释的总方差贡献率达到 61.750%。根据主

成分分析法对因子进行正交旋转后，删除因子负荷量小于0.50的指标和一些模糊指标，结果显示所有指标都达到0.50以上，因此无须剔除指标。然后，我们根据旋转成分矩阵表显示的4个因子对应的具体指标，确定因子名称。结合文献研究和以往关于女性创业的研究成果，我们将"女性创业动机问卷"分为4个维度：将第1个维度命名为自由动机；将第2个维度命名为生存动机；将第3个维度命名为理想动机；将第4个维度命名为机会动机。具体结果见表9。

表9 "女性创业动机问卷"旋转成分矩阵

指　　标	成　　分			
	成分1 自由动机	成分2 生存动机	成分3 理想动机	成分4 机会动机
我会因为创业可以拥有足够的发挥空间而选择创业	**0.746**	0.135	0.156	0.163
我会因为拥有自己的一份事业而选择创业	**0.738**	0.025	0.181	0.240
我会因为创业可以独立自主地做出决定而选择创业	**0.732**	0.172	0.023	0.182
我会因为不想为别人打工而选择创业	**0.726**	0.138	-0.018	0.072
我会因为增加收入、赚更多的钱、渴望富有而选择创业	**0.672**	0.188	0.254	-0.091
我会因为实现自己当老板的心愿而选择创业	**0.614**	0.075	0.277	0.118
我会因为需要可以自我支配的时间而选择创业	**0.595**	0.392	-0.277	0.113
我会因为就业形势严峻、难找一份好工作而选择创业	-0.007	**0.806**	0.149	0.106
我会因为不满意原先工作条件而选择创业	0.280	**0.711**	-0.074	0.111
我会因为原先工作出现发展瓶颈而选择创业	0.353	**0.687**	-0.057	0.006
我会因为失业下岗、维持生计而选择创业	-0.084	**0.663**	0.372	-0.039
我会因为要为家人提供物质保障而选择创业	0.239	**0.577**	0.248	0.115
我会因为履行社会责任、社会使命而选择创业	0.127	0.090	**0.812**	0.189
我会因为自己的兴趣爱好而选择创业	0.217	0.115	**0.679**	-0.035
我会因为实现人生的理想和梦想而选择创业	0.552	0.060	**0.521**	0.215
我会因为继承家族企业而选择创业	-0.040	0.192	0.261	**0.683**
我会因为机缘巧合而选择创业	0.328	0.130	-0.090	**0.644**
我会因为发现市场机会而选择创业	0.438	-0.023	0.126	**0.591**

注：标粗体的为因子负荷>0.5的项目，作为被保留的项目。

其中，"我会因为实现人生的理想和梦想而选择创业"这一指标在"自由动机"上的因子负荷量为0.552，在"理想动机"上的因子负荷量为0.521，统计原则上应归于自由动机因子，但在理论上更契合理想动机，因此将其归在第3个维度"理想动机"之下。

(3) 验证性因素分析

根据探索性因素分析确定的各因子的基本结构，进一步进行验证性因素分析。验证性研究采用结构方程建模的方法，对212位女性被试进行研究，以评价问卷的结构效度。数据分析采用 AMOS 7.0 软件，结构方程模型选用以下拟合指标（见表10）。

表10　量表结构模型适配度的评价指标

统计检验量	适配标准或临界值
卡方自由度（χ^2/df）	显著性概率值 $P>0.05$（未达到显著水平）
近似误差均方根（RMSEA）	<0.05 适配良好，<0.08 适配合理
比较拟合指数（CFI）	>0.09 模型可以接受
良好拟合指数（GFI）	>0.09 模型可以接受
修正拟合指数（IFI）	>0.09 模型可以接受

卡方自由度受样本数量（N=212）影响较大，因此显著性意义不强。初始模型 M1 的 RMSEA=0.096，CFI=0.797<0.9，GFI=0.838<0.9，IFI=0.801<0.9，说明假设模型的拟合指数不够理想，有较大的改进余地（见表11）。通过 AMOS 7.0 输出的模型结构修正指数（Modify Index，MI）和期望改变值的观察，发现 B1 "我会因为失业下岗、维持生计而选择创业"和 B2 "我会因为就业形势严峻、难找一份好工作而选择创业"的 MI 达到了 121.963。通过增加相关路径 B1↔B2，RMSEA 降低到 0.084，CFI、GFI、IFI 分别增加至 0.848、0.862、0.851，模型 M2 适配度大有提高（见表12）。

此时，B12 "我会因为拥有自己的一份事业而选择创业"和 B13 "我会因为实现人生的理想和梦想而选择创业"的 MI 达到了 34.659。这与在探索性因子分析 "我会因为实现人生的理想和梦想而选择创业"统计原则上归于"自由动机"，而理论上归于"理想动机"的结果相一致。增加相关路径 B12↔B13 后，RMSEA=0.070，CFI=0.892，GFI=0.920，IFI=0.904。从表12可以看出，从 M1 到 M3 增加的逐条路径中，$\Delta\chi^2$ 都减小很多，RMSEA 降低到 0.070<0.08，CFI、GFI、IFI 指标都达到了统计要求。因此，模型 M1 和模型 M3 的比较，增加自由参数是有意义的，因此 M3 与样本数据有较好的拟合，

最终选择该模型作为女性创业动机现状的评价依据，其模型结构依然是探索性因子分析结果的四因子模型（见图3）。

表11 初始模型M1拟合指数

模型	χ^2	df	χ^2/df	RMSEA	CFI	GFI	IFI
M1	380.661	129	2.951	0.096	0.797	0.838	0.801

表12 模型M1、M2、M3拟合指数

模型	修正	χ^2	df	χ^2/df	RMSEA	CFI	GFI	IFI
M1		380.661	129	2.951	0.096	0.797	0.838	0.801
M2	M1＋路径 B1↔B2	317.144	128	2.478	0.084	0.848	0.862	0.851
M3	M2＋路径 B12↔B13	285.969	127	2.252	0.070	0.892	0.920	0.904

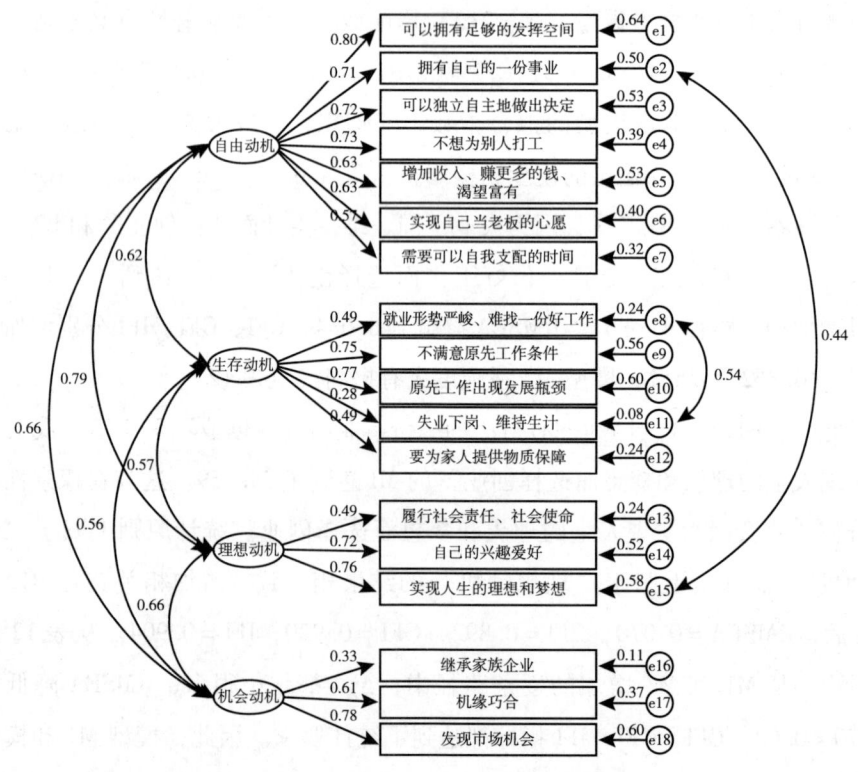

图3 最终结构模型M3相关参数

(4) 校标关联效度分析

由于缺乏专门针对女性群体创业动机研究的"金校标",因此,我们在研究中采用目前被普遍使用的 Robichaud 创业动机量表作为校标,对编制的"女性创业动机问卷"指标内容进行校标关联效度检验。Robichaud 的创业动机量表包含了外部激励、独立自主、内部激励、家庭保障 4 个维度,同样采用五点量表采集数据。对应"女性创业动机问卷"中的指标生存动机、自由动机、理想动机、机会动机进行相关分析,结果显示相关系数分别是 0.281、0.566、0.244、0.165,分别在 0.05、0.001、0.01、0.05 水平上显著相关。以上结果表明了"女性创业动机问卷"的校标关联效度较高。

(5) 信度分析

"女性创业动机问卷"信度分析采用 SPSS 13.0 统计软件,对数据进行内部一致性和折半信度分析,结果显示 Alpha 系数为 0.881,折半信度两组相关系数分别为 0.791、0.825,等长相关系数为 0.808,说明该指标体系有较高的信度。

3. 研究讨论

采用 SPSS 13.0 对"女性创业动机问卷"内容进行内部一致性检验,结果显示 Alpha 系数为 0.881,表明指标体系的信度较高。项目分析的结果显示所有项目的 CR（决断值）结果显著,说明题目具有较好的区分度和鉴别力。KMO 测度和 Bartlett 球形检验显示 KMO 值为 0.854,表示很适合做因子分析。进行探索性因子分析按照特征值大于 1 的原则,对 18 项具体指标提取了 4 个公因子,累计方差贡献率达到了 61.750%。采用主成分分析法对因子进行正交旋转,得出因子载荷矩阵和因子得分矩阵,结果显示因子负荷都大于 0.5,因此无须剔除题目。根据每个因子下的指标内容重新命名因子为自由动机、生存动机、理想动机和机会动机。参照 Robichaud 编制的创业动机量表考察校标效度,4 个维度间均显著相关,表明本研究编制的"女性创业动机问卷"的校标关联效度较高,最终得到了评价当代女性创业动机体系的 4 个维度和 18 项具体指标。

第一,在"自由动机"维度下,共有"足够的发挥空间""希望拥有一份自己的事业""独立自主做决定""不想为别人打工""渴望富有""自己当老板""自由支配时间"7项指标内容。因素分析结果显示，7项指标在该因子上均具有显著性意义，指标内容的核心特征都强调了女性创业追求自由的特点。一直以来，女性最缺乏的就是"自由"，由于社会刻板印象的影响，女性被束缚在家中，无法对自己的事情做主。因此，我们将女性不愿意接受现实环境的限制和约束而选择创业的动机维度命名为自由动机维度。

第二，在"生存动机"维度下，共有"就业形势严峻""不满意原先工作条件""发展瓶颈""失业下岗""保障家人"5项指标内容。因素分析结果显示，5项指标在该因子上均具有显著性意义，指标内容的核心特征突出了女性创业动机是在外部环境因素推动下做出的选择，是为了求生存。生存是人类最基本的需要，它处于马斯洛需要层次理论的最底层，是最基本的生理需求。在自由市场经济体制下，女性就业无法得到很好的保障，因"孕期""哺乳期""经期"等生理特点比男性易处于失业状态，为了维持生计，她们不得不自己创业。近年来，金融危机也使得"80后""90后"女性就业问题严峻；已经工作的女性，由于遭遇到事业上的"玻璃天花板"效应，也会选择离开原先就业公司而自主创业。"保障家人"涵盖了为家人提供更好的生活经济基础的含义。所以，我们将问卷中以生存为目的的动机维度命名为生存动机维度。

第三，在"理想动机"维度下，共有"社会责任""兴趣爱好""理想和梦想"3项指标内容。因素分析结果显示，3项指标在该因子上均具有显著性意义。"社会责任"表明女性创业是为了履行社会责任，这是一种很高尚的职业理想；"兴趣爱好"表明女性创业是为了能够实践自己的兴趣爱好，在现实社会中能够凭着兴趣爱好实现职业目标的人并不多，这在一定程度上也是一种理想。所以，理想动机维度下的指标内容考察的是女性创业理想层面的精神追求。

第四，在"机会动机"维度下，共有"继承家族企业""机缘巧合""市场机会"3项指标内容。因素分析结果显示，3项指标在该因子上均具有显著性意义。"继承家族企业"对女性来说是一种家族所赋予的发展机会，"机缘巧合"和"市场机会"从外部资源机会的角度而非家庭内部来考察女性的创业动机和目标，包括当面对偶然出现的商机或在商业信息的驱使下女性会做出何种选择，以及在获取创业机会的途径相对便利和拥有创业所需的关键性资源条件下女性又会做出何种反应。因此，这3项指标内容可以用来解释女性创业是机会所致。

三 不同年龄女性创业动机比较研究

为了更深入地探讨女性创业动机变迁的问题，我们应用以上编制完成的问卷对1980年以后出生的女性和1990年以后出生的女性被试的创业动机进行比较研究。进一步研究分析发现，随着时代的变化，年轻女性在创业动机上更具有主动性。

1. 被试

接受"女性创业动机问卷"调查的被试共有240人，具有不同年龄、文化程度和职业背景，主要为在校女大学生。

被试年龄基本情况为：18~22岁共有105人，占43.75%；23岁及以上共有135人，占56.25%。在本研究中，18~22岁的被试出生于1991~1995年，界定为90年代出生被试群体；23岁及以上的被试出生于1990年之前，界定为80年代出生被试群体。90年代出生的女性被试有105人，80年代出生的女性被试有135人（见表13）。

表13 被试人口学基本情况

项 目	类 别	人数（人）	百分比（%）
年 龄	18~22岁	105	43.75
	23岁及以上	135	56.25
文化程度	大专及以下	24	10.00
	本科	148	61.67
	硕士及以上	68	28.33
职 业	企业雇员	51	21.25
	公务员/事业单位人员	34	14.17
	在校学生	155	64.58

2. 方法

问卷发放采用书面问卷和电子问卷相结合的方法，共发放问卷250份，回收250份，回收率为100%。其中有效问卷240份，有效率为96.00%。

首先运用SPSS 13.0对女性创业动机进行描述性统计分析，其次采用独立样本t检验考察不同年龄女性在创业动机上的差异。

3. 结果

（1）女性创业动机描述性统计结果

首先对女性样本（N=240）在创业动机4个维度上的平均得分进行初步比较，其次对每个维度下的具体指标进行描述性统计分析。女性潜在的创业动机中，自由动机维度平均得分最高（M=26.35），其余依次是生存动机（M=11.54）、理想动机（M=9.67）、机会动机（M=9.39）（见表14、表15）。

表14 女性创业动机四维度平均得分

维度	自由动机	生存动机	理想动机	机会动机
均值	26.35±6.61	11.54±3.38	9.67±2.62	9.39±2.60

表15 女性创业动机各维度下三级指标评分结果

一级指标	二级指标	三级指标	评分结果（平均值）
女性创业动机指标体系	自由动机	创业可以拥有足够的发挥空间	3.44
		拥有自己的一份事业	3.47
		创业可以独立自主地做出决定	3.35
		不想为别人打工而选择创业	3.36
		增加收入、赚更多的钱、渴望富有	3.48
		实现自己当老板的心愿	2.99
		需要可以自我支配的时间	3.24
	生存动机	就业形势严峻、难找一份好工作	2.79
		不满意原先工作条件	3.02
		原先工作出现发展瓶颈	2.88
		失业下岗、维持生计	2.82
		要为家人提供物质保障	3.05
	理想动机	履行社会责任、社会使命	2.51
		自己的兴趣爱好	3.59
		实现人生的理想和梦想	3.57
	机会动机	继承家族企业	2.45
		机缘巧合	3.38
		发现市场机会	3.57

(2) 不同年龄女性创业动机的比较

本文首先对年龄组做以下处理：将1990年以后出生和1980年以后出生的被试组分别赋值为1、2。重新编码归类年龄组，归类结果为1990年以后出生的女性被试合计有105人，1980年以后出生的女性被试合计有135人，样本量达到代表性要求。

对年龄组进行重新编码处理后，采用独立样本 t 检验考察女性样本（N=240）两年龄组在创业动机上的差异。结果显示，在自由动机、生存动机、理想动机和机会动机4个维度分别做年龄组 t 检验时，生存动机维度上90年代出生的女性被试平均得分（M=11.07）显著小于80年代出生的女性被试（M=11.91），具体结果见表16。

表16 女性创业动机年龄差异 t 检验

分 类	90年代出生（N=105）	80年代出生（N=135）	t	P
	M±SD	M±SD		
自由动机	26.23±6.49	26.45±6.72	-0.347	0.729
生存动机	11.07±3.22	11.91±3.46	-2.620	0.009**
理想动机	9.71±2.58	9.63±2.67	0.314	0.753
机会动机	9.15±2.58	9.57±2.63	-1.701	0.090

注：** $p<0.01$。

4. 讨论

(1) 女性潜在创业动机现状评价

所有女性被试创业动机各维度的描述性统计结果显示，80年代出生的女性和90年代出生的女性选择创业的最大动机是追求自由发展。从三级指标评分来看，"增加收入、赚更多的钱、渴望富有""创业可以拥有足够的发挥空间""拥有自己的一份事业""创业可以独立自主地做出决定""不想为别人打工而选择创业""需要可以自我支配的时间"平均得分均大于3分。其中"增加收入、赚更多的钱、渴望富有"的平均得分最高，达到3.48分。增加收入作为一种外部激励，更容易成为一种外在推力促使女性选择创业，而在本文中，它属于自由动机层面，因为追求更好的品质生活并不是解决了生存问题,而是在解决温饱之后更高层次的追求。

由于生存是人们首先需要解决的问题,所以也是马斯洛需要层次理论最基本的需求,只有解决生存问题,才有可能考虑理想和机会层次的需求。因此,研究结果显示,被试生存动机维度的平均得分要大于理想动机和机会动机。另外,"不满意原先工作条件""要为家人提供物质保障"平均得分大于3分,而"就业形势严峻、难找一份好工作""原先工作出现发展瓶颈""失业下岗、维持生计"得分稍低,表明被试的生存动机更多的不是为了解决生存问题、不满意原先工作条件及要为家人提供物质保障,而是为了追求更好的发展。

理想动机维度下的指标"自己的兴趣爱好""实现人生的理想和梦想"得分大于"履行社会责任、社会使命",说明女性创业更多的是为了满足自己的成就感,对于社会使命诸如"实业报国"此类的动机很少。由于并不是每个人都可以把握创业机会,所以也不难理解机会动机在女性创业动机成分中排名最后的原因。"机缘巧合"和"发现市场机会"指标实质上解释的是机遇话题,创业机会既需要自己去发现,又需要机缘巧合,若没有"发现"的准备,也无法把握住市场机会。而"继承家族企业"指标的得分只有2.45分,是因为在现实生活中,并不是每个女性家庭都有一个家族企业可以让自己继承。

以上分析得出女性创业动机的自由动机维度得分最高,该结果与访谈结果①一致。根据深度访谈的研究结果,我们发现女企业家在三个不同时期(1990～1999年、2000～2005年、2006～2011年)的创业动机呈现明显的时代变迁的特点,即由"推式"向"拉式"变化的趋势。尤其是2005年之后创业的女企业家,她们均表现为"拉式创业动机",创业目的更多地指向自由和自我发展。通过问卷研究我们进一步发现,1980年以后出生的女性和1990年以后出生的女性,其创业动机结构不仅明显地表现出主动的心理特征,而且还呈现自由、独立、发展、理想的特点,这个结果也显示出当代女性的创业动机呈多元结构的特点。

---

① 关于访谈结果的详细论述,可参见侯公林、厉校麟《女性创业动机变迁与自我发展》,《中华女子学院学报》2012年第3期。

(2) 不同年龄女性创业动机差异分析

1980年以后出生的女性与1990年以后出生的女性心理的变化发展，与中国计划生育政策和社会性别观念的变化以及社会价值观趋向多元化有密切的关系。1990年以后出生的女性目前大部分还在学校学习，没有社会生活经历；而1980年以后出生的女性基本上已离开校园，参加到社会经济活动中。尽管这两个年龄组的被试存在社会阅历方面的差距，但是问卷调查结果显示，在创业的自由动机、理想动机和机会动机3个维度上并没有显著性差别，表明当代女性创业动机更趋向于主动。另外，问卷结果显示，1980年以后出生的女性潜在创业动机中的生存动机维度得分要显著高于1990年以后出生的女性，我们认为这可能与已经走向社会的"80后"的心理更加成熟、创业动机在一定程度上更趋向于实际有关。而还在学校读书的"90后"女性，由于没有生活压力，创业动机相对而言要更感性些，其创业动机主要基于追求理想的生活方式。尽管研究结果显示，1980年以后出生的女性基于生存的创业动机要高于1990年以后出生的女性，但我们认为，这主要是与目前我国整体就业难的形势有关，并非她们的性别观念消极和不自信所致。

四 研究结论与展望

根据以上研究结果，主要得出两个方面的结论。第一，"女性创业动机问卷"可以从自由动机、生存动机、理想动机和机会动机4个维度评价当代女性的创业动机；同时，当代女性创业动机与以往不同，呈现一种更多元的态势。第二，出生于1980年以后和1990年以后的女性在创业动机上表现出更为自信、更为主动和积极的心理特征。越年轻的女性，受到的传统性别观念束缚就越少。

由于传统观念的影响，有关女性问题的心理学研究在我国一直是个冷门，尽管今天在我国大量的女企业家不断涌现，并在社会经济发展中发挥着重要的作用，但是对中国女性创业动机特征的研究仍未受到心理学家们的重视。因此，如果能够探讨成功创业女企业家创业动机的时代性变迁特点，重新构建符合当代背景的女性创业动机理论体系，对于提高我国女性心理研究的理论水平，同时对于进一步提高我国女性创业的能力，帮助她们成功创业，提高女性的就业率均具有重要意义。

参考文献

［1］胡怀敏、肖建忠:《不同创业动机下的女性创业模式研究》,《经济问题探索》2007 年第 8 期。

［2］胡怀敏、朱雪忠:《我国女性创业特点:一个学习的过程》,《中华女子学院学报》2006 年第 6 期。

［3］莫寰、黄小军、杨建锋:《女性创业动机的演化博弈模型》,《广州大学学报》（社会科学版）2009 年第 12 期。

［4］史清琪:《2009 中国女企业家发展报告——走出危机 踏上可持续发展之路》,地质出版社,2009。

［5］童亮、陈劲:《女企业家的创业动机研究》,《中国地质大学学报》（社会科学版）2004 年第 4 期。

［6］Acs, Z. J., D. B. Audretsch and D. S. Evans, *The Determinants of Variations in Self-employment Rates across Countries and over Time*, London: Centre for Economic Policy Research, 1994.

［7］Brush, C. G., "Research on Women Business Owners: Past Trends, A New Perspective Future Directions", *Entrepreneurship Theory & Practice*, 1999, 16 (4).

［8］Buttner, H. and Moore, D., "Women's Organizational Exodus to Entrepreneurs Self-reported Motivations and Correlates with Success", *Journal of Small Business Management*, 1997, 35 (1).

［9］De Freitas, G., *Inequality at Work: Hispanics in the US Labor Force*, Oxford University Press, New York, 1991.

［10］Douglas, E. J., Fitzsimmons, J. R., "Entrepreneurial Intentions towards Individual vs. Corporate Entrepreneurship", Paper Presented at the SEAANZ 2005 Conference, Armidale, N. S. W., September 2005.

［11］Fuller-Love, N., Lim, I. and Akehurst, G., "Guest Editorial: Female and Ethnic Minority Entrepreneurship", *Entrepreneurship Management*, 2006, 2.

［12］Greene, P. G., Hart, M. M., Gatewood, E. J., Brush, G. C. & Carter, N. M., "Women Entrepreneurs: Moving Front and Center: An Overview of Research and Theory", 2003.

［13］Gundry, L. K. & Ben-Yoseph M., "Women Entrepreneurship in Romania, Poland, and the US: Cultural and Family Influences on Strategy and Growth", *Family Business Review*, 1998, 7 (3).

［14］Hanifa Itani, "United Arab Emirates Female Entrepreneurs: Motivations and Frustrations", *Equality Diversity and Inclusion: An International Journal*, 2011, 30 (5).

［15］Hisrich, R. D. and Brush, C. G., *The Woman Entrepreneur*, Lexington Books, Lexington, MA, 1986.

［16］Hofstede, G., Noorderhaven, N. G., Wennekers, A. R. M., Uhlaner, L., Wildeman, R. E., "Culture's Role in Entrepreneurship: Self-employment out of Dissatisfaction", In J. Ulijn and T. Brown (eds.), *Innovation, Entrepreneurship and Culture: The Interaction between Technology, Progress and Economic Growth*, 2004.

［17］John Moore, "Property Rights and the Nature of the Firm", *Journal of Political Economy*, 1990, 98 (6).

［18］Kavitha, R., Anantharaman, R. N. & Sharmila, J., "Motivational Factors Affecting Entrepreneurial Decision: A Comparison between Malaysian Women Entrepreneurs and Women Non-entrepreneurs", *Communications of the IBIMA*, 2008, 2.

［19］Kuratko, D. F., J. S., Hornsby, and D. W., Naffziger, "An Examination of Owners' Goals in Sustaining Entrepreneurship", *Journal of Small Business Management*, 1997, 35 (1).

［20］Maslow, A., *Toward a Psychology of Being*, Van Nostrand, New York, 1962.

［21］Orban M., "Women Business Owners in France: The Issue of Financing Discrimination", *Journal of Small Business Management*, 2001, 39 (1).

［22］Robichaud Y., McGraw, E. & Roger, A., "Towards the Development of a Measuring Instrument for Entrepreneurship Motivation", *Journal of Development Entrepreneurship*, 2001, 6 (1).

［23］Sarri, K. and Trihopoulou, A., "Female Entrepreneurs' Personal Characteristics and Motivation: A Review of the Greek Situation", *Women in Management Review*, 2005, 20 (1/2).

［24］Scott, C. E., "Why More Women are Becoming Entrepreneurs", *Journal of Small Business Management*, 1986, 24 (4).

［25］SørenVentegodt, Joav Merrick, Niels Jørgen Andersen, "Quality of Life Theory Ⅲ, Maslow Revisited", *The Scientific World Journal*, 2003, 3.

［26］Stevenson, L., "Against All Odds: The Entrepreneurship of Women", *Journal of Small Business Management*, 1986, 24 (4).

［27］"Women's Entrepreneurship Development, Ten Years Partnering for Women's Entrepreneurship: Suppoting Job Creation and Economic Empowerment", International Labour Organization, 2012.

B.8 当代社会对女性创业态度评价体系与应用研究

厉校麟 侯公林*

摘 要: 本文通过半结构式访谈成功创业女企业家,对于她们关于自身创业的态度进行定性研究。在此基础之上进一步编制"女性创业态度问卷",通过实证研究,对当前社会对女性参与创业活动的态度进行探讨。问卷编制研究结果表明,可以从"女性创业社会认可度""女性创业社会公正度""女性创业能力""女性创业适合度"4个维度对当代社会群体对女性创业的态度进行评价,问卷具有良好的信度和效度。年龄比较研究表明,越年轻的女性呈现对女性创业活动更加包容和开放的态度。性别比较研究表明,同一年龄段的男性在看待女性创业的态度上表现出更为保守的特点。

关键词: 女性 创业态度 评价体系 比较研究

中国正处于创业活动蓬勃发展的时期,女性创业者在这样的经济活动中扮演着积极主动的角色,女性创业者队伍的崛起和壮大也是中国经济发展中一道独特的"风景"。2004年全球创业调查(GEM)结果显示,在全球范围内超过1/3的女性参与自主创业活动。2010年的胡润百富榜单显示,中国女富豪

---

* 厉校麟,浙江理工大学心理系教育学硕士,主要研究方向:管理与社会心理学。侯公林,浙江理工大学心理系教育学博士、教授,主要研究方向:管理与社会心理学。

在全球最富有。数据表明,中国女性企业家仅占中国企业家总数的25%,但她们掌管的企业却有98%处于盈利状态。女性创业者通过创业不仅获得经济权利,提高社会地位,同时向社会提供就业岗位,女性创业活动所具有的多重意义近些年来也成为学术界的研究热点。

Greene 等(2003)将女性创业群体作为特别的研究变量,他们认为因为女性和男性创业机制不同,因而区分研究可以更好地探索女性创业行为的特点。然而就个体的创业行为而言,其产生一般要经历三个阶段,即产生创业动机、发现制造利润的创业机会、实现创业的途径和条件。因此,女性创业动机是研究的焦点,而与活跃的动机研究不相适应的是学者对态度的研究较少。一些研究者认为,研究创业者的态度,对于进一步研究创业者的创业动机具有重要意义。从这一点看来,对态度的研究始于对动机的分析,那么本文感兴趣的是处于中国五千年性别文化下的社会群体特别是年轻一代对于女性创业这个行为事件的认知和评价,之后分析年龄和性别差异,希望借此浅析女性创业所处的环境及面临的问题,以及女性自我意识发展水平和觉醒程度,这对于女性获得平等、公正的创业环境具有重要的意义。

一 理论研究现状分析

1. 态度与创业态度的概念

心理学中的态度,是指人们在自身道德观和价值观基础上对人或事物的评价和行为倾向。态度表现了人们对外界人或事物的内在感受、情感和意向三方面的构成要素,具体反映过程为内心的认知、认可、服从、反对、迷茫、不安。Ajzen(2001)通过研究认为,态度是个体指向某个事件的积极或者消极程度,并且态度的稳定性在具体条件操作下可以转变。延伸到创业研究领域,创业态度就是个体对创业的看法和喜好程度,人们对事物的态度对个体参与该事件的动机可能具有影响作用。Phillip(2002)的研究表明,创业态度分为内生态度和外生态度,包括独立、权利、能力和社会认可等态度。

所谓创业态度,是指人们在自身道德观和价值观基础上对创业行为做出的评价和行为倾向。目前,学术界在认知创业态度的本质方面存在两种不同的观点。第一种观点认为，创业态度属于情感反应的单维度结构；第二种观点认为，创业态度应该是一个三维度的模型，由认知、情感和行为三种成分构成，态度就是上述三个成分的综合反应结果。其中，认知态度是对创业行为的评价和看法，是个体道德观和价值观的体现；情感态度是个体对创业行为的厌恶或喜好；而行为态度是个体对创业行为的反应倾向。Robinson 等（1991）用测量的手段建构创业态度模型。个体的创业态度形成是一个复杂的过程机制，女性由于受到社会文化和社会刻板印象的影响更是如此。从现象上来看，影响女性创业态度的社会外部环境因素，包括政治的开明程度、社会文化的进步程度、经济的发展程度、社会对女性的宽容水平等；影响女性创业的内部环境因素，包括女性的心理和生理特点、自我意识和自我效能感等。所有内部因素和外部因素结合成一个多元机制，从而对女性创业的态度产生影响。

2. 创业态度的测量方法

目前，创业态度的测量主要采用量表法。Robinson 等（1991）首次采用科学规范的测量手段构建了创业态度倾向（Entrepreneurial Attitude Orientation，EAO）模型。为了对创业心理有更全面的理解，Robinson 分别从认知、情感、行为三个方面出发，编制了与创业活动有关的态度评价量表，分别包括成就态度、个人控制感、自尊知觉和创新态度 4 个维度，共计 75 道题目。其中，成就态度用于考察个体在创办企业初始及发展过程中对成功结果的感知及预期；个人控制感主要考察个体在创业活动中对影响控制能力的认识；自尊知觉主要考察个体创业的自信能力态度；创新态度则试图探讨个体创业过程中对创新重要性的认识。量表中，有关认知态度评价的问题共有 24 道。

EAO 模型的建立依据是个体的心理特质，之后 McCline 等（2000）创建了创业机会的认知态度（Entrepreneurial Opportunity Recognition，EOR）模型，该模型侧重于评价个体的冒险倾向性。因此，许多人在研究中将以上模型结合在一起，用于测量个体的创业态度，并在此基础上形成了成就需求、个人控制知觉、自尊、创新以及机会认知五个成分。近年来，Athayde（2009）提出了针对大学生的创业态度（Attitudes Toward Enterprise Test，ATE Test）模型，在 Robinson 模型的基础上，他通过研究构建了大学生创业动机四因子，分别为创造力、内部控制、成就需求、领导力。

国内有关创业态度的研究成果较少,到目前为止,中国知网有关创业态度研究的论文仅 20 篇,而且没有一篇是研究女性创业态度的。

3. 创业态度和创业动机的关系

Ajzen(1991)在行动计划理论模型中对态度、意图、行为之间的关系做了明确的阐述。他认为,意图主要依赖于个体对行为结果的态度、社会规范知觉、行为控制知觉的理解。对行为结果的态度是个体对特定行为的积极或消极的评价。当面对问题需要进行评价反应时,人们会利用储存在记忆中的认知信息,对该问题进行评价,自动形成态度。社会规范知觉是指衡量执行或不执行某行为的社会压力,即个人感知到的来自家属、朋友、同事等重要参照个人或社会群体对该行为的期望和看法。行为控制知觉是个体感知到的实践某行为的困难性或容易性的知觉。该理论确定了意图形成的三个前因变量,其理论模型见图 1。

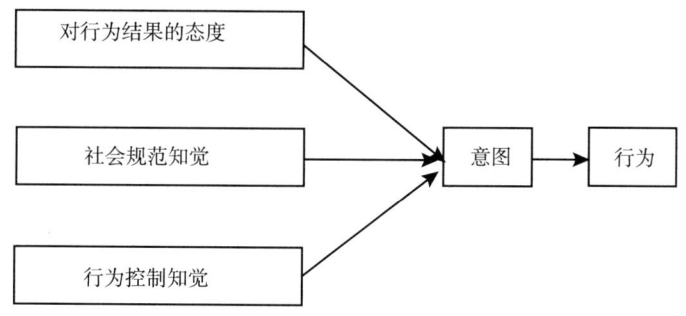

图 1 Ajzen 的行动计划理论模型

Shanea 等(2003)将创业动机看成一种自发性的意愿,认为个体在发现市场机会、开发该市场等一系列过程中存在一种"意愿"支配整个过程,而该意愿就是"创业动机"。如果结合行动计划理论模型和 Shanea 的观点,将意图或意愿界定为"动机"的一种形式的话,那么在人们的创业过程中,态度、动机、行为之间就存在着不可分割的逻辑关系。该观点得到很多学者的支持,Robinson 等(1991)认为创业态度的倾向程度可以预测个体的创业动机从信念变成行为的可能程度;Akmaliah 等(2011)在探讨大学生创业态度和自我效能感时提出两者是决定大学生创业动机以及创业成功的重要因素;

Mohammad 等（2012）在研究大学生的创业态度和学校创业教育之间的关系时提出创业态度在创业行为中处于始发位置。

延伸到女性创业态度，对行为结果的态度就是指人们对女性作为一名创业者持有的消极或积极的评价；社会规范知觉是指个人知觉到社会对于女性参与创业的期望和看法；行为控制知觉是指个人知觉到女性创业成功的容易性或困难性。这三方面的态度知觉对女性的创业动机可能存在重要的影响，而女性创业态度的形成取决于个体所处的社会外部和内部环境因素。

二 "女性创业态度问卷"编制研究

本文的研究目的是探讨处于中国五千年性别文化下的社会群体对于女性创业这个行为事件的认知和评价。而我们试图对女性创业的态度研究进行文献综述时，发现除了国外一些学者提出创业态度的测量模型外，中国知网没有一篇是关于女性创业的态度研究的。因此，从我国本土化研究需要出发，编制一个用于测量女性创业态度的标准化问卷，对于研究女性创业问题将具有重要的意义。

1. 研究方法

（1）半结构式访谈

深度访谈是搜集第一手资料的重要方法，与调查问卷方式不同，不是让被访者阅读问卷并填答，而是有访谈员进行口头提问并进行手记或录音访谈回答的一种调查手段。根据与人交流的方式不同可分为面对面访谈和电话访谈；根据对访谈过程的标准化程度不同可分为结构式访谈和半结构式访谈；根据受访人数不同可分为个体访谈和团体访谈。

本研究访谈范畴属于半结构式、面对面、个体访谈法，具有以下优点。第一，半结构式访谈具有更大的灵活性和适应性，可以根据实际访谈过程和访谈对象做一定程度的改变，可以激发出一些偶然的思路，这样可以使访谈获取更多潜在的内容。第二，面对面访谈能够与被访者互动交流，可以随时观察被访者的心理、表情和肢体语言，调整访谈过程及方式，有助于访谈的顺利进行。第三，个体访谈可以消除团队访谈的群体从众压力，更加关注一个被访者，自由地传达信息,也会使被访者提供的内容更加真实。

当然,半结构式、面对面、个体访谈也存在一些不足之处。第一,个体访谈的劳力和时间成本较高,而且本次访谈对象基本上是非常成功的女企业家,对于这些高素质、高层次的女企业家难以预约。第二,由于是半结构式访谈,结果资料的标准统一性依赖于访谈员的访谈技巧和后期的资料整理。第三,因为是个体实地访谈,花费的时间较长、经费较多,所以深度访谈的数量有限。

参与本次半结构式访谈的被试为来自杭州市女企业家协会的20名成功创业女企业家。访谈的目的是全面了解社会对于女性参与创业的看法和评价,提取有关女性创业态度的关键词,并为下一步的焦点小组讨论提供内容依据。

(2)焦点小组讨论

焦点小组讨论是由一个经过训练的主持人以一种无结构的自然形式就特定的主题与人们进行交谈,其主要目的是通过倾听被试针对主题的头脑风暴式想法获取对问题的深入了解。

被试。本次焦点小组讨论的被试由随机邀请的来自各个行业的人员组成,共12人,其中男性6人,女性6人。

研究方法。先确定主题提纲、主持人、参会人员以及座谈会时间、地点,准备好座谈会记录工具。焦点小组讨论结束后,根据获得的资料,整理并剔除不足和欠缺的内容及关键词,进行完善表述。表1为女性创业态度评价量表的最终关键词,初步根据关键词的态度倾向进行归类。

表1 女性创业态度评价量表关键词

项目	关键词
创业行业	传统行业、高新技术产业
创业过程(政治、经济)	社会环境支持与否、不公正、歧视经历、社会地位
家庭环境	家人支持、相夫教子、家庭冲突、丈夫面子、家庭地位
文化环境	主流观念、性别文化、创业能力、创业成功性
自身条件	生理条件、心理特点、受教育水平

(3) 问卷编制

被试。参与"女性创业态度问卷"调查研究的被试共641人，调查样本与"女性创业动机问卷"一样，主要采取在校大学生随机抽取、QQ滚雪球和网上问卷抽样相结合的方式。

被试性别情况：女性共有345人，占53.82%；男性共有296人，占46.18%。被试年龄情况：18~22岁共有269人，占41.97%；23~27岁共有256人，占39.94%；28岁及以上共有116人，占18.10%。被试文化程度情况：大专及以下共有65人，占10.14%；本科共有375人，占58.50%；硕士及以上共有201人，占31.36%。被试职业情况：企业雇员共有142人，占22.15%；公务员/事业单位人员共有73人，占11.39%；在校学生共有426人，占66.46%（见表2）。

表2 样本人口学基本情况

项目	类别	人数（人）	百分比（%）
性别	女	345	53.82
	男	296	46.18
年龄	18~22岁	269	41.97
	23~27岁	256	39.94
	28岁及以上	116	18.10
文化程度	大专及以下	65	10.14
	本科	375	58.50
	硕士及以上	201	31.36
职业	企业雇员	142	22.15
	公务员/事业单位人员	73	11.39
	在校学生	426	66.46

问卷的研究方法。调查采用书面问卷和电子问卷相结合的方式进行，分两个阶段发放问卷。第一阶段为探索性研究，共发放300份问卷，回收300份，回收率为100%。其中有效问卷为248份，有效率为82.67%，用于探索性因素分析。第二阶段为验证性研究，使用第一阶段修订后的问卷，共发放450份

问卷，回收436份，回收率为96.89%。剔除无效问卷，最后得到有效问卷393份，有效率为87.33%。

女性创业态度具体项目按Likert五级计分法，具体评价水平及分值为：5=符合，4=基本符合，3=中间，2=不太符合，1=不符合。

（4）探索性和验证性因素分析

首先，通过探索性因素分析，剔除那些无显著性意义的指标，重新确定各维度下的具体评价指标并命名。其次，在探索性分析的基础上，对问卷进行验证性研究。问卷的项目分析、信度分析、效度分析使构建的"女性创业态度问卷"指标体系更加规范和科学。

（5）校标关联效度分析

根据以往的文献研究结果，采用Robinson构建的创业态度倾向（Entrepreneurial Attitude Orientation，EAO）量表作为校标。因EAO量表考察认知态度、情感、行为三个方面的问题，因此，在本文中，我们抽取与女性创业态度有关的"认知态度"指标作为校标，对"女性创业态度问卷"的指标内容进行校标关联效度检验。

2. 研究结果

（1）项目分析

"女性创业态度问卷"中设置了反向题，所以先对这些反向题重新计分。为了提高整个问卷的信度和效度，依然采用两种方式来检验：项目分与总分相关法；高低组平均数差异检验法。在第一种方法中，如果每个题目与总分的相关系数不显著，表示该题目鉴别力低，应剔除；如果相关系数达到显著，应保留，可认为量表的效度较高。在第二种方法中，将样本量表的得分总和按高低排列，对高分组前27%和低分组后27%的题目得分做平均数显著性检验（CR，决断值），如果达到显著性水平，即表示该项目能鉴别不同被试的反应程度。表3、表4是对预试样本（N=248）的女性创业态度项目分与总分相关显著性检验表和项目分析结果表。17道题的CR值显著性结果判断皆保留，无须剔除。各题与总分相关显著性检验的结果与CR值检验结果一致。

表3 "女性创业态度问卷"各指标与总分相关显著性检验

指 标	总分相关系数
我认为女性的生理条件不适合自主创业	0.737**
我认为女性的心理特点不适合自主创业	0.737**
我认为女性教育背景的改善提高了她们的创业能力	0.310**
我认为女性创业主要适合服装零售业、服务业、餐饮业等传统型行业	0.380**
我认为女性创业有能力从事高新技术产业等新型知识型产业	0.414**
我认为今天的社会环境不适合女性创业	0.649**
我认为女性在创业过程中会遭遇不公正待遇	0.356**
我认为女性在创业过程中会受人欺负	0.503**
我认为女性创业得不到家人的支持	0.676**
我认为女性创业有能力平衡好事业和家庭之间的矛盾	0.407**
我认为女性应该在家里相夫教子	0.633**
我认为女性创业会让丈夫感到没有面子	0.624**
我认为女性可以与男性一样创业当老板	0.512**
我认为女性创业有利于提高自己的家庭和社会地位	0.234**
我认为女性创业成功的可能性比男性小	0.610**
我认为女性一般只有在实在没有办法的情况下才会去创业	0.524**
我认为社会的主流观念还是不主张女性创业的	0.611**

注：** $p<0.01$。

表4 "女性创业态度问卷"项目分析

指 标	决断值
我认为女性的生理条件不适合自主创业	13.029**
我认为女性的心理特点不适合自主创业	14.374**
我认为女性教育背景的改善提高了她们的创业能力	4.639**
我认为女性创业主要适合服装零售业、服务业、餐饮业等传统型行业	4.556**
我认为女性创业有能力从事高新技术产业等新型知识型产业	5.631**
我认为今天的社会环境不适合女性创业	11.444**
我认为女性在创业过程中会遭遇不公正待遇	3.975**
我认为女性在创业过程中会受人欺负	6.834**
我认为女性创业得不到家人的支持	12.086**
我认为女性创业有能力平衡好事业和家庭之间的矛盾	5.935**
我认为女性应该在家里相夫教子	11.634**
我认为女性创业会让丈夫感到没有面子	11.397**
我认为女性可以与男性一样创业当老板	9.885**
我认为女性创业有利于提高自己的家庭和社会地位	3.579**
我认为女性创业成功的可能性比男性小	9.239**
我认为女性一般只有在实在没有办法的情况下才会去创业	9.279**
我认为社会的主流观念还是不主张女性创业的	9.200**

注：*** $p<0.001$。

(2) 探索性因素分析

对 248 个样本进行探索性因素分析,根据 KMO 测度和 Bartlett 球形检验来考察指标间是否适合进行因素分析,同时得到碎石图(见图 2)。

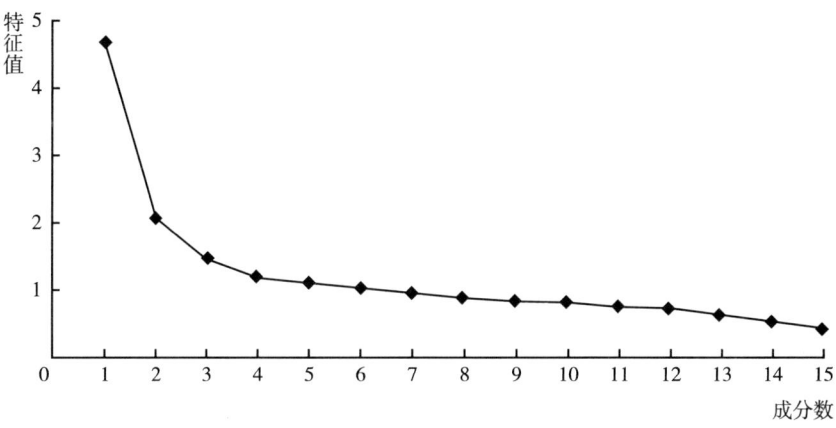

图 2 "女性创业态度问卷"探索性因素分析碎石图

分析结果显示,KMO = 0.788,表示适合做因子分析;Bartlett 球形检验结果显示,Bartlett 的显著性概率是 0.000,说明数据间具有相关性,适宜做因子分析(见表 5)。

表 5 "女性创业态度问卷"的 KMO 和 Bartlett 检验

取样足够度的 Kaiser-Meyer-Olkin 度量		0.788
Bartlett 的球形度检验	近似卡方	829.087
	df	105
	Sig.	0.000

本次探索性因素分析以特征值大于 1 为抽取原则,在没有限定因素个数的条件下共提取了 4 个因子,累计解释的总方差贡献率达到 54.502%。根据主成分分析法对因子进行正交旋转后,删除因子负荷量小于 0.50 的指标和一些模糊指标,其中指标"我认为女性创业成功的可能性比男性小"在各因子上的因子负荷量都没有超过 0.5 而被剔除。根据旋转成分矩阵表显示的 4 个因子对应的具体指标,我们将"女性创业态度问卷"分为 4 个维度并命

名。其中，将第1个维度命名为女性创业社会认可度；将第2个维度命名为女性创业社会公正度；将第3个维度命名为女性创业能力；将第4个维度命名为女性创业适合度。4个因子的命名和维度下具体指标内容基本上涵盖了深度访谈阶段提取的项目内容，包括女性创业的行业、创业的过程、家庭环境、文化环境和自身条件（见表6）。

表6 "女性创业态度问卷"旋转成分矩阵

指 标	成 分			
	成分1 女性创业 社会认可度	成分2 女性创业 社会公正度	成分3 女性创业 能力	成分4 女性创业 适合度
我认为女性创业会让丈夫感到没有面子	**0.718**	0.132	0.052	0.038
我认为女性一般只有在实在没有办法的情况下才会去创业	**0.687**	0.087	0.084	0.167
我认为女性应该在家里相夫教子	**0.666**	-0.105	0.249	0.120
我认为社会的主流观念还是不主张女性创业的	**0.530**	0.362	0.187	-0.142
我认为女性创业成功的可能性比男性小	0.461	0.316	0.218	0.174
我认为女性在创业过程中会受人欺负	0.058	**0.846**	-0.030	0.032
我认为女性在创业过程中会遭遇不公正待遇	0.000	**0.814**	0.035	-0.162
我认为女性创业得不到家人的支持	0.279	**0.610**	0.161	0.199
我认为女性教育背景的改善提高了她们的创业能力	0.032	-0.051	**0.790**	-0.025
我认为女性创业有能力从事高新技术产业等新型知识型产业	0.053	0.147	**0.587**	0.326
我认为女性可以与男性一样创业当老板	0.400	-0.075	**0.579**	0.094
我认为女性的生理条件不适合自主创业	0.263	0.099	-0.023	**0.767**
我认为女性的心理特点不适合自主创业	0.371	0.109	-0.060	**0.755**
我认为女性创业有能力平衡好事业和家庭之间的矛盾	-0.202	0.017	0.252	**0.559**
我认为女性创业主要适合服装零售业、服务业、餐饮业等传统型行业	0.240	-0.005	0.178	**0.545**

注：标粗体的为因子负荷>0.5的项目，作为被保留的项目。

（3）验证性因素分析

根据探索性因子分析确定的各因子的基本结构，进一步进行验证性因素分析。验证性研究采用结构方程建模的方法，对393位被试进行研究，以评价问卷的结构效度。数据分析采用AMOS 7.0软件，结构方程模型选用卡方自由度（χ^2/df）、近似误差均方根（RMSEA）、比较拟合指数（CFI）、良好拟合指数（GFI）和修正拟合指数（IFI）为拟合指标。

卡方自由度受样本数量（N = 393）影响较大，因此显著性意义不强。初始模型 M′1 的 RMSEA = 0.079，GFI = 0.912，说明初始假设模型已较好拟合（见表7），不过仍可通过观察 AMOS 7.0 输出的模型结构修正指数（Modify Index，MI）和期望改变值进行进一步的修正。

表7　初始模型 M′1 拟合指数

模型	χ^2	df	χ^2/df	RMSEA	CFI	GFI	IFI
M′1	206.985	71	2.915	0.079	0.873	0.912	0.869

通过分析发现，C8"我认为女性创业得不到家人的支持"和第1个因子"女性创业社会认可度"之间的修正指数为81.003，考虑到家人对女性创业行为的支持实质上属于女性创业的社会环境问题，我们尝试继续进行修正，在 M′1 的基础上增加路径 F2 和 C8，各适配度指标都相应提高。RMSEA 降至 0.060，CFI、GFI、IFI 分别增至 0.916、0.944、0.918（见表8）。所以，最终选择该模型作为女性创业态度现状的评价依据，其模型结构依然是探索性因子分析结果的四因子模型（见图3）。

表8　模型 M′1、M′2 拟合指数

模型	修正	χ^2	df	χ^2/df	RMSEA	CFI	GFI	IFI
M′1		206.985	71	2.915	0.079	0.873	0.912	0.869
M′2	M2 + 路径 F2→C8	168.136	70	2.402	0.060	0.916	0.944	0.918

（4）校标关联效度分析

由于缺乏合适的"金校标"，所以在研究中，我们尝试将 Robinson 构建的 EOA 量表作为效标来验证女性创业态度的效度。EOA 量表英文原版共

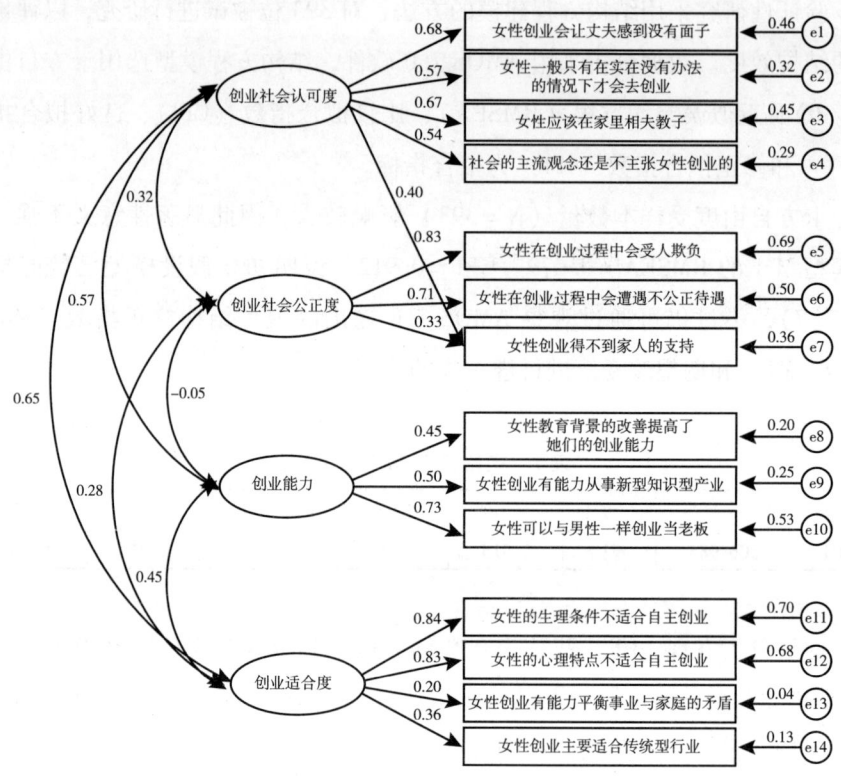

图 3　最终结构模型 M′2 相关参数

75 道题目，从认知、情感、行为角度编制了成就态度、个人控制、自尊知觉、创新态度 4 个维度的内容。本文从认知角度的 24 道题中抽取了 16 道题，先请英语专业的教师将其翻译成中文，然后将已成为中文的问卷内容交由另外一位英语专业的教师翻译成为英语，翻译结果显示内容没有重大差别。

校标效度研究结果显示，"女性创业态度问卷"与校标问卷之间的总分相关系数为 0.268，在 0.05 水平（双侧）上显著。结果表明，"女性创业态度问卷"的校标关联效度较高。

（5）信度分析

"女性创业态度问卷"信度分析采用 SPSS 13.0 统计软件，对数据进行内部一致性和折半信度分析，结果显示 Alpha 系数为 0.779，折半信度两组相关系数分别为 0.594、0.711，等长相关系数为 0.734，说明该指标体系有较高的信度。

3. 研究讨论

采用 SPSS 13.0 对所有"女性创业态度问卷"内容进行内部一致性检验，结果显示 Alpha 系数为 0.779，表明指标体系的信度较高。项目分析的结果显示 17 道题的 CR（决断值）结果显著，说明题目具有较好的区分度和鉴别力。KMO 测度和 Bartlett 球形检验显示 KMO = 0.788，表示适合做因子分析。为了提高内容效度，我们剔除了"我认为今天的社会环境不适合女性创业"和"我认为女性创业有利于提高自己的家庭和社会地位"，对剩下的 15 道题进行探索性因子分析，按照特征值大于 1 的原则，对 15 项具体指标提取了 4 个公因子，累计方差贡献率达到了 54.502%。采用主成分分析法对因子进行正交旋转，得出因子载荷矩阵和因子得分矩阵，结果显示指标"女性创业成功的可能性比男性小"在各因子上的因子负荷量都没有超过 0.5 而剔除。根据每个因子下的指标内容重新命名因子为女性创业社会认可度、女性创业社会公正度、女性创业能力、女性创业适合度。参照 Robinson 编制的 EOA 量表，抽取 16 项指标考察本问卷的效标效度，总分显著相关。表明本研究编制的"女性创业态度问卷"的校标关联效度较高，最终得到了评价当代女性创业态度指标体系的 4 个维度和 14 项具体指标。

第一，在"女性创业社会认可度"维度下共有"女性创业会让丈夫感到没有面子""女性创业出于万般无奈""女性应该在家里相夫教子""社会的主流观念不主张女性创业"4 项指标内容。因素分析结果显示，4 项指标在该因子上均具有显著性意义。社会认可度是大众对某一特定事物的接受程度，在本问卷中，该维度主要考察人们对女性创业的接受度和认可情况。社会的主流观念是否主张女性创业反映出女性参与创业是否得到人们的认可，而"女性创业会让丈夫感到没有面子""女性创业出于万般无奈""女性应该在家里相夫教子"3 项指标内容其实折射出传统的性别文化和落后的女性角色含义，如"男主外、女主内""男尊女卑"。以上 3 级指标为反向计分题，反向计分后该维度平均得分较高，就表明社会在对待女性创业问题上已偏离传统的女性角色观念。

第二,在"女性创业社会公正度"维度下共有"女性创业会受人欺负""女性创业会遭遇不公正待遇""女性创业得不到家人支持"3项指标内容。因素分析在该因子上均具有显著性意义。指标内容的核心特征强调了人们如何看待女性创业过程中的公正性问题。"女性创业会受人欺负"和"女性创业会遭遇不公正待遇"针对的是女性在创业过程中会遭遇"性别歧视""性骚扰"方面的问题,这些困扰同样来源于根深蒂固的女性性别角色观念。在创业过程中,向银行申请贷款、向工商局注册备案,以及在与商业合作伙伴的人际关系中女性都比男性易遭遇不公正待遇。而至于"女性创业得不到家人支持",主要反映了社会刻板印象中的"女性干得好不如嫁得好""女孩适合找一份稳定轻松的工作"等落后观念。以上3级指标同样是反向计分题,反向计分后在该维度上平均得分高,可理解为人们认为女性创业不会遭遇不公正待遇,女性创业不会因为性别而被他人区分对待,同时也表明人们所持有的公正进步的女性创业性别态度。

第三,在"女性创业能力"维度下共有"教育可提高女性创业能力""女性有能力从事高新产业""女性可以与男性一样创业当老板"3项指标内容。因素分析结果显示,3项指标在该因子上均具有显著性意义,指标内容的核心特征主要考察被调查对象对女性创业能力的评价。"教育可提高女性创业能力",主要反映了教育对女性创业能力的提高作用。这里的教育主要是指学校教育,是培养个体准备从事社会活动的过程,以增进个体的知识和技能。"女性有能力从事高新产业"则打破职业隔离的局限,从创业行业的角度来解释女性的创业能力。"女性可以与男性一样创业当老板",从性别比较的角度来评价女性的创业能力。以上3级指标为正向计分题,维度平均得分越高,表明人们对女性创业水平能力的认可度也越高。

第四,在"女性创业适合度"维度下共有"女性的生理条件不适合自主创业""女性的心理特点不适合自主创业""女性创业有能力平衡事业与家庭的矛盾""女性创业主要适合从事传统型行业"4项指标内容。因素分析结果显示,4项指标在该因子上均具有显著性意义,指标内容的核心特征主要考察人们如何看待女性的自身条件是否适合创业。

"女性的生理条件不适合自主创业"和"女性的心理特点不适合自主创

业"，从女性生理、心理角度来探讨女性是否适合创业的问题。由于女性受到生理期和生育的影响，必然会给女性参与创业活动带来困难。基于女性与男性相比更富于家庭归属感的特点，传统观念认为男性更适合创业，而"女性创业主要适合从事传统型行业"亦是从传统观念考察女性创业从事的行业问题，以上3项指标为反向记分题。另外，"女性创业有能力平衡事业与家庭的矛盾"主要考虑了女性平衡事业和家庭之间矛盾的能力，该指标为正向计分题。该维度平均得分越高，表明人们认为女性的自身条件会影响女性创业的认识水平越低，并在一定程度上反映了人们认为创业行为不受性别限制的态度。

"女性创业态度问卷"反映了被调查对象在对待女性创业这个行为事件中所持有的态度，也是人们对女性创业的社会认可度、社会公正度、适合度和女性创业能力的认识。在一定程度上，女性自身和社会大众对女性创业的态度，对于女性能否获得平等、公正的创业环境具有重要的意义。

三 不同年龄与不同性别群体对女性创业态度的比较研究

为了进一步研究当代女性的创业态度，我们应用编制完成的问卷对1980年以后出生和1990年以后出生的女性被试的创业态度进行了评价，并就女性对自身的创业态度与相同年龄段的男性进行了比较研究。

1. 被试

接受"女性创业态度问卷"调查的被试共有430人，具有不同年龄、文化程度和职业背景，主要为在校大学生。

被试年龄基本情况为：18~22岁共有184人，占42.79%；23岁及以上共有246人，占57.21%。在本研究中，18~22岁的被试出生于1991~1995年，界定为90年代出生被试群体；23岁及以上的被试出生于1990年之前，界定为80年代出生被试群体。90年代出生的女性被试有105人，80年代出生的女性被试有135人，分别比较这两组不同年龄的女性样本在创业态度上的差别。

所有被试中女性有240人，占55.81%；男性有190人，占44.19%。分别比较男女两性在创业态度上的差别（见表9）。

表9 被试人口学基本情况

项目	类别	人数(人)	百分比(%)
性别	女	240	55.81
	男	190	44.19
年龄	18~22岁	184	42.79
	23岁及以上	246	57.21
文化程度	大专及以下	43	10.00
	本科	265	61.63
	硕士及以上	122	28.37
职业	企业雇员	91	21.16
	公务员/事业单位人员	61	14.19
	在校学生	278	64.65

2. 方法

问卷发放采用书面问卷和电子问卷相结合的方法,共发放问卷450份,回收450份,回收率为100%。其中有效问卷430份,有效率为95.56%。

首先运用SPSS 13.0对女性创业态度（N=430）进行描述性统计分析,其次采用独立样本t检验考察不同年龄和性别的被试在女性创业态度上的差异。

3. 结果

(1) 女性创业态度描述性统计结果

比较女性创业态度4个维度上的平均得分,发现女性创业社会认可度维度平均得分最高（M=14.78）,其余依次是女性创业适合度（M=13.74）、女性创业能力（M=11.70）、女性创业社会公正度（M=8.69）（见表10、表11）。

表10 女性创业态度四维度平均得分

维度	女性创业社会认可度	女性创业社会公正度	女性创业能力	女性创业适合度
均值	14.78±3.26	8.69±2.57	11.70±2.18	13.74±2.94

(2) 不同年龄群体对女性创业的态度比较

本文首先对年龄组做以下处理:将1990年以后出生和1980年以后出生的被试组分别赋值为1、2。重新编码归类年龄组,归类结果为1990年以后出生

当代社会对女性创业态度评价体系与应用研究

表11　女性创业态度各维度下三级指标评分结果

一级指标	二级指标	三级指标	评分（均值）
女性创业态度指标体系	女性创业社会认可度	●女性创业会让丈夫感到没有面子	3.98
		●女性一般只有在实在没有办法的情况下才会去创业	3.73
		●女性应该在家里相夫教子	3.92
		●社会的主流观念还是不主张女性创业的	3.16
	女性创业社会公正度	●女性在创业过程中会受人欺负	2.85
		●女性在创业过程中会遭遇不公正待遇	2.63
		●女性创业得不到家人的支持	3.21
	女性创业能力	女性教育背景的改善提高了她们的创业能力	3.95
		女性创业有能力从事高新技术产业等新型知识型产业	3.56
		女性可以与男性一样创业当老板	4.19
	女性创业适合度	●女性的生理条件不适合自主创业	3.82
		●女性的心理特点不适合自主创业	3.75
		女性创业有能力平衡好事业和家庭之间的矛盾	3.28
		●女性创业主要适合服装零售业、服务业、餐饮业等传统型行业	2.89

注：加●三级指标为反向计分题。

的女性被试合计有105人，1980年以后出生的女性被试合计有135人，样本量达到代表性要求。

对年龄组进行重新编码处理后，采用独立样本t检验考察样本（N=240）两年龄组在女性创业态度上的差异。结果显示，1990年以后出生的女性被试对女性创业社会认可度的评价平均得分（M=15.13）与对女性创业适合度的评价平均得分（M=14.06）均在0.01水平上显著大于1980年以后出生的女性被试平均得分，P值分别等于0.008和0.007（见表12）。

表12　女性创业态度年龄差异t检验

分类	90年代出生（N=105）	80年代出生（N=135）	t	P
	M±SD	M±SD		
女性创业社会认可度	15.13±3.03	14.52±3.40	2.648	0.008**
女性创业社会公正度	8.73±2.54	8.65±2.60	0.459	0.646
女性创业能力	11.78±2.21	11.64±2.16	0.898	0.370
女性创业适合度	14.06±2.94	13.50±2.92	2.687	0.007**

注：** $p<0.01$。

(3) 不同性别群体对女性创业的态度比较

比较男性和女性对女性创业的态度总体得分，结果显示，男性在对待女性创业态度上的认知评价平均得分明显低于女性，统计结果显示有显著性意义（$p<0.001$）。比较男性与女性对"女性创业态度问卷"4个维度的评价结果发现，在女性创业社会认可度、女性创业社会公正度、女性创业能力和女性创业适合度4个维度上，女性被试的得分均高于男性被试，统计结果均显示有显著性意义（见表13）。

表13 女性创业的态度性别差异 t 检验

分 类	男（N=190）M±SD	女（N=240）M±SD	t	P
女性创业社会认可度	13.72±3.27	14.82±2.03	-3.81	0.000***
女性创业社会公正度	7.84±3.33	8.69±2.51	-3.01	0.004**
女性创业能力	10.57±2.55	11.71±2.16	-5.02	0.000***
女性创业适合度	12.35±3.38	13.78±2.53	-5.00	0.000***

注：*** $p<0.001$，** $p<0.01$。

4. 讨论

(1) 社会对待女性创业的态度现状评价

根据研究所得的结果可以发现，所有被试对女性创业的态度正在发生变化，均认可女性创业行为。从在女性创业社会认可度下的三级指标得分结果中可以发现，"女性创业会让丈夫感到没有面子""女性一般只有在实在没有办法的情况下才会去创业""女性应该在家里相夫教子""社会的主流观念还是不主张女性创业的"4个指标反向计分后的平均得分均大于3分，说明年轻一代无论是男性还是女性的传统性别角色发生了变化，年轻一代对于社会对女性走出家庭和男性一样参与社会经济活动现象的接受度大大提高。

女性创业适合度维度下的"女性创业主要适合服装零售业、服务业、餐饮业等传统型行业"指标平均得分只有2.89分，"女性创业有能力从事高新技术产业等新型知识型产业"平均得分高达3.56分。从这一结果来看，年轻一代无论是男性还是女性，对于女性从事行业仅局限于传统行业的观念也正在发生改变，人们更认同女性从事什么行业受知识水平的影响。由于女性受教育水平的不断提高，男女受教育水平的不均等造成的性别职业隔离的状况正在被慢慢打破。

在女性创业社会公正度维度下"女性在创业过程中会受人欺负""女性在创业过程中会遭遇不公正待遇"2个反向计分的三级指标的评价中，包括男性和女性的所有被试平均得分只有2分多，表明年轻一代认可了女性的创业选择行为以及创业能力，认为女性在创业过程中会受到歧视的现象正在减少。但是由于传统性别文化的影响，在创业过程中女性受到的公正程度仍然需要给予关注。不过总的来说，社会对女性创业的态度已经在社会大力推行创造平等和谐的性别文化背景下趋于平等、公正、包容和开放。

（2）不同年龄群体对女性创业的态度差异分析

比较1990年以后出生和1980年以后出生的女性被试对女性创业态度的总体评价结果可以发现，"90后"比"80后"的女性群体在创业态度上更开放。尤其是在对女性创业社会认可度和女性创业适合度2个维度上，1990年以后出生的女性被试得分更高，且显著高于1980年以后出生的女性被试，表现为更加自信。与1980年以后出生的女性相比，1990年以后出生的女性更不易受中国传统性别意识的困扰，没有因为女性性别而产生自卑感，在创业方面也不接受传统职业角色的定位，明显表现为主张独立的性格特征。

同时，1990年以后出生和1980年以后出生的女性被试对女性创业能力和女性创业公正度2个维度的评价得分基本相同，统计结果显示没有显著性差别。尽管1990年以后出生和1980年以后出生的女性被试因为出生时间可能带有年代性特征，但是由于她们中的大部分均为独生子女，通常受教育水平较高，接受的家庭教育方式也更加民主。上述客观条件使女性更加具有独立的性格特征。分析女性创业态度的研究结果表明，随着时代的变迁和社会的进步，女性的创业态度也会更加趋向于主动和积极的心理和行为特征。

（3）不同性别群体对女性创业的态度差异分析

通过比较男性和女性对女性创业态度的评价得分发现，女性得分明显高于男性，统计结果显示有显著性意义。这个结果表明，女性对于自身参与创业的态度要比男性更加开放，当代女性通过接受高等教育，在心理上完善了自由独立的意识，这些都使得她们的自我认识和定位不再服从于男权社会标准。尽管传统的男权社会形成的一系列制度政策、文化价值观、角色期望造成了针对女性的性别歧视和对于女性角色的社会刻板印象，然而接受了高等教育的女性是不会认同这些传统的性别观念的，所以在对待女性创业问题上，她们表现出比男性更强的主动和积极的态度。

与此同时，比较"女性创业态度问卷"下4个维度上的得分显示，在女性创业社会认可度、女性创业社会公正度、女性创业能力和女性创业适合度上，女性被试群体的得分均高于男性，统计结果显示有显著性差异。女性创业社会认可度包含的内容实质上是社会性别文化的内涵，传统的社会性别文化在很大程度上是基于生物性别决定论的，从对女性创业态度的评价结果来看，即使是同一个年龄段的男性和女性之间依然存在着差异，表明我国在克服传统文化对女性创业态度的影响方面仍将有很长的路要走。

在女性创业能力维度方面，主要评价了人们对女性在教育水平提高后的创业能力影响问题。以往在以男性为常模的社会标准下，男性会比女性更加容易获取社会资源和人力资源，男性处于社会优势地位，因此高新技术产业等在人们的心理上成为专属男性的职业和创业领域。然而，通过比较以上男性和女性对女性创业能力的得分时发现，女性的得分明显高于男性，表明女性并不认为自身在创业领域方面应该受到限制，她们不认同传统的男性职业领域的观念，事实上，女性的创业能力在一定程度上是被同时代的男性普遍低估了的。

女性创业适合度维度主要用于评价人们对女性的生理条件和心理特点是否适合创业的认识问题。因为，我国的传统性别观念是无差别地将女性的生理、心理能力归入弱势地位的。分析研究结果表明，同一年龄段的女性在对女性是否适合创业的认识得分上明显高于男性，说明接受高等教育后的女性不会因为自己的女性特质而犹豫是否选择创业。在访谈过程中也有部分女企业家认为，女性创业并不一定存在弱势，女性仔细和敏感的心理特质在一定程度上反而会给自己的创业管理带来优势。

五 研究结论

根据以上研究结果,主要得出三个方面的结论。第一,"女性创业态度问卷"可以从"女性创业社会认可度""女性创业社会公正度""女性创业能力""女性创业适合度"4个维度对当代社会群体对女性创业的态度进行评价。第二,1980年以后出生和1990年以后出生的女性在针对女性创业态度方面表现出更为自信、更为主动和积极的心理特征。而且越年轻的女性,受到的传统性别观念束缚就越少。第三,与女性对于她们自身创业态度的评价相比,同一年龄段的男性则表现出更为保守的特点。原因可能与中国传统的社会性别观念对男性的影响有关。

相对于活跃的女性创业动机研究来说,对女性创业态度的研究显得尤为重要。特别是在中国传统性别文化尚处于父权制社会氛围下,对于女性能否获得平等、公正的创业环境具有重要的意义。将来人们可以结合社会学、心理学、管理学等多个学科的知识,从女性主义、社会性别角度出发,批判性地探讨女性创业问题。这不仅可以为女性创业问题提供更加多元化的理论视角,而且对于我国女性解放事业也有一定的促进意义。

参考文献

[1] 史清琪:《2009中国女企业家发展报告——走出危机 踏上可持续发展之路》,地质出版社,2009。

[2] Ajzen, I., "Nature and Operation of Attitudes", *Annual Review of Psychology*, 2001, 52.

[3] Ajzen, I., "Perceived Behavioral Control, Self-efficacy, Locus of Control, and the Theory of Planned Behavior", *Journal of Applied Social Psychology*, 2002, 32.

[4] Ajzen, I., "The Theory of Planned Behavior", *Organizational Behaviour and Human Decision Processes*, 1991, 50.

[5] Allport, G. W., "Attitudes", In Murchison, C. (eds.), *Handbook of Social Psychology*, Clark University, Worcester, MA, 1935.

［6］Athayde, R., "Measuring Enterprise Potential in Young People", *Entrepreneurship Theory and Practice*, 2009, 31 (3).

［7］De Noble, A., Jung, D. & Ehlrich, S., "Entrepreneurial Self-effcacy: The Development of A Measure and Its Relationship to Entrepreneurial Action", *Frontiers of Entrepreneurship Research*, Wellesey, MA: Babson College, 1999.

［8］Fishbein, M. and Ajzen, I., *Belief, Attitude, Intention and Behaviour: An Introduction to Theory and Research*, Addison-Wesley, Reading, MA, 1975.

［9］Fitzsimmons, J. R., Douglas, E. J., "Entrepreneurial Attitudes and Entrepreneurial Intentions: A Cross-cultural Study of Potential Entrepreneurs in India, China, Thailand and Australia", *Babson-Kauffman Entrepreneurial Research Conference*, Wellesley, MA, June 2005.

［10］Greene, P. G., Hart, M. M., Gatewood, E. J., Brush, G. C. & Carter, N. M., "Women Entrepreneurs: Moving Front and Center: An Overview of Research and Theory", Coleman White Paper Series, 2003.

［11］McCline, R. L., Bhat, S. and Baj, P., "Opportunity Recognition: An Exploratory Investigation of a Component of the Entrepreneurial Process in the Context of the Health Care Industry", *Entrepreneurship Theory & Practice*, 2000, 25 (2).

［12］Phillip, P. H., Wong, P. K., Wang, C., "Antecedents to Entrepreneurship among University Students in Singapore: Beliefs, Attitudes and Background", *Journal of Enterprising Culture*, 2002, 10 (2).

［13］Reza Mohammad kazemi, SiroosMadandar, "Dentifying the Factors Affecting Entrepreneurial Attitude of Athlete & Non-athlete University Students", *Information Management and Business Review*, 2012, 4 (6).

［14］Robinson, P. B., Stimpson, D. V., Huefner, J. C. & Hunt, H. K., "An Attitude Approach to the Prediction of Entrepreneurship", *Entrepreneurship Theory and Practice*, 1991, 15 (4).

［15］Shanea, S., Edwin, A. L. and Collins, C. J., "Entrepreneurial Motivation", *Human Resource Management Review*, 2003, 13.

［16］Shaver, K. G., *Principles of Social Psychology*, Winthorp, Cambridge, MA, 1987.

［17］Zaidatol Akmaliah, Lope Pihie and AfsanehBagheri, "Malay Students' Entrepreneurial Attitude and Entrepreneurial Effcacy in Vocational and Technical Secondary Schools of Malaysia", *Pertanika J. Soc. Sci. & Hum*, 2011, 19 (2).

B.9 后记

妇女平等就业权利的有效保障，是妇女社会权利保障的核心内容，也是衡量社会文明水平的重要尺度。作为沿海发达城市，杭州市的妇女就业状况，无论是城乡妇女的就业率、就业质量，还是对就业过程中存在的性别排斥、性别歧视现象的校正，总体上都走在全国前列，但妇女就业依然面临许多现实的挑战，妇女平等就业权利的保障机制还亟待健全和完善。为了充分了解杭州市妇女就业的实际情况，特别是妇女就业面临的突出问题，杭州市妇联组织杭州市多位长期从事妇女问题研究的学者，从不同的视角，就杭州市不同妇女群体的就业及创业状况、就业及创业过程中存在的突出问题，以及健全和完善妇女平等就业权利的保障机制进行了较为系统的调查研究，将成果汇编成了这本《杭州妇女发展报告（2014）》。

妇女解放是一个漫长的历史过程，妇女就业权利保障既是社会权利保障体系的不断完善过程，也是社会性别文化与社会文明水平的长期演进历程，更是女性自身素质的长期提升过程。我们期望能够就此展开持续的跟踪性研究，使蓝皮书成为展示杭州社会体制创新和文明进步的一个重要窗口。

在蓝皮书的撰写过程中，我们得到了来自社会各界的支持和帮助，各区、县（市）妇联的工作人员及其他相关人员为本书的写作提供了大量的个案资料，他们是郦雨霞、郭昱辰、程诚、周意、倪芸、王丽芬、张敏、程婷、程翀、陈海霞、姚玉平、叶艳、王志轩、王诗晗、付乔、王慈等。同时也要感谢昌盛家政、美通集团、吴越人家、万事利、嘉德威钢琴等公司和机构为我们的研究人员和作者提供的无障碍研究便利，使我们得以通过深入的访谈获得最真实的一手资料。感谢所有接受访谈的姐妹，愿你们的声音和诉求能够借由这本蓝皮书传递出去。

最后，要特别感谢社会科学文献出版社的冯咏梅女士。作为责任编辑，她对本书的篇章结构提出了很好的建议，对各章节的格式统一也做了很细致的工作。正是她一丝不苟的编辑校对和简明但却非常易于执行的修改建议，使得本书在数次修改之后终于得以出版。

Abstract

Hangzhou, a developed and civilized coastal city, leads in right protection of women's employment in China. In recent years, great success has been made through series of supporting policy. However, Problems such as sex exclusion, sex segregation and gender role conflict, still occurs in women's employment and hinder the achievement of women's equal employment right. In our research, with questionnaire and case interview, we have investigated two parts: the status of different group of women's employment and entrepreneurship, and the performance of women's employment support policy in Hangzhou. Furthermore, we have summarized the achievement and problems of equal right protection in women's employment and entrepreneurship in Hangzhou. On the basis of our work, we have tried to make policy suggestions to advance gender mainstream, and optimize the social environment and supporting policy system of women's employment.

Contents

B I General Report

B.1 The Status, Problems and Policy Intervention of Women's
    Employment in Hangzhou / 001
    1. General Situation of Women's Employment in Hangzhou / 002
    2. Several Problems of Women's Employment in Hangzhou / 008
    3. Theoretical Explanation of Problems of Women's Employment / 020
    4. Solutions to Optimize the Social Environment of Women's
       Employment in Hangzhou / 026

Abstract: As a coastal city of developed economy and high level of social civilization, women's employment and their social security rights in Hangzhou have been in the national forefront. In the recent years, a series of support policies have come out and achieved obvious results, but lots of problems such as gender exclusion, gender isolation and the gender role conflicts still exist in the process of women's employment, which affects the realization of women's equal employment opportunities directly. Facing the realities of the intertwining of competition forces of market economy with reviving of traditional gender cultures, and the failure of national political intervention mechanism, Hangzhou should, on the basis of fully implementing the relevant national laws and policies in guaranteeing women's right to equal employment, promote the mainstreaming gender actively, take the first in system innovations such as perfecting socialization maternity insurance system and establishing women's enterprise financial subsidies or tax incentives, go a step further to optimize the social environment and policy support systems of women's employment.

Keywords: Women's Employment; Social Environment; Policy Regulation

Contents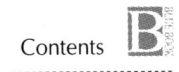

B II Reports on Employment

B. 2 Research on Employment of Different Women Groups

in Hangzhou / 034

Abstract: Based on the survey of the employment status of different women groups in the eleven districts and counties in Hangzhou, this paper uses statistical methods to conduct empirical analysis, which describes basic characteristics of the different groups of women, such as employment opportunities, employment income, labor protection, stable employment, benefits, employment capacity, and rights protection. The study analyses the status and main issues in the trends of women's employment, and offers suggestions on the implementation of the *Hangzhou Twelfth Five-year Development Plan* on women's employment rights, the further extension and refinement of the legal provides, the innovation of institutional mechanisms to promote employment of women, and the protection of women's equal right to employment.

Keywords: Different Groups; Women's Employment; Empirical Analysis

B. 3 Research on the Relationship between Women's Employment

and Alteration of Social Status in Hangzhou / 095

Abstract: Employment of women not only affects their roles and contribution in the production of society, but also affects their position in the social hierarchy distribution through their economic income. The empirical research on the status of women's employment in Hangzhou reveals that the social status of women is directly related to their situation of employment. Compared with the 1990's and 2000's data, the employed women in Hangzhou have a significantly improved in the economic status, political status, educational status, marital status of the family and health status in the past ten years. However, having been affected by the economic transformation and the ongoing market system construction, the employment rate of women in

299

Hangzhou is not high, and the re-employment is still in difficulties. Social status of women within the group has differentiated because of the changes in the employment; the gap among them has been expanding. Contrasted with men who have enjoyed more priority to resources and opportunities, the proportion of men and women in all ranks is in a different tendency. In order to improve the social status of women in the field of occupational structure, it is needed to take measures from policy level and individual level and to resist and eliminate the discrimination and prejudice in the field of employment. When there is friendly social cultural environment for the employment and re-employment of women, it is possible for Hangzhou City to realize the harmonious development among women, economic and society.

Keywords: Women Employment; Social Status; Empirical Research

B.4 Factor Analysis of Women's Employment in Hangzhou / 137

Abstract: This paper investigates the influences of some factors on the employment of females, using the methods of interview, literatures and questionnaire and so on. The results showed that education, technical ability, support from others, health, employment years were the most important factors that affect the employment of females. Education, technical ability, relationships, knowledge are important factors that affect the employment of female undergraduate. Based on these results, some policy suggestions were given.

Keywords: Hangzhou; Females; Employment; Influence Factors

B.5 How to Understand the Employment Problem of Female
     Undergraduate Student in Hangzhou / 174

Abstract: The phenomenon in difficult employment of female college students is a complex social problem with multiple social factors interweaved. Analysis of the structure of supply and demand in economics can be used to explain this appearance, but it is lack of convincing in understanding the gender discrimination against women.

Contents

The gender discrimination during the employment of female college students can be divided into two parts, one is caused by the market economy and the system itself and the other is by the social norms of gender roles. The first one can be relieved by a sound market system of rules, but the existence of the latter shows that the traditional gender order has still restricted the female behavior, conversely, the reactions on restrictions of the female individual have reproduced the gender order of the society.

Keywords: Female College Students; Employment; Analysis; Gender

Ⅲ Reports on Entrepreneurship

B.6 Entrepreneurship Characteristics and Promotion Strategy
about Different Groups of Hangzhou Women / 203

Abstract: With the increasing of the knowledge and capacity for entrepreneurship, more and more women begin to establish a business. Their behaviors have had a major impact on the development of social economy and culture. Different group of women has its own characteristics and the pioneering demand ability is not exactly the same. Taking Hangzhou as sample, this research aims to study women entrepreneurs through case interview and questionnaire. This study summarizes the differences of the different groups of entrepreneurs, such as the entrepreneurial motivation, industry selection, financing, work and family balance technique, business requirements and so on. Then, we put forward some support policy to help different group of women entrepreneurship.

Keywords: Entrepreneurship; Female Entrepreneurship; Women Entrepreneurs

B.7 Evaluation System and Applied Research on Motivation
of Women's Entrepreneurship in Hangzhou / 249

Abstract: In this study, we firstly analyse characteristics of successful female entrepreneurs' entrepreneurial motivation on the basis of semi-structured interviews,

and further through the questionnaire empirical research, we conduct a local study about female entrepreneurial motivation. Questionnaire results show that the female potential entrepreneurship motivation can be formed by free motivation, survival motivation, ideal motivation, and opportunity motivation in four dimensions. The questionnaire has good reliability and validity, so it can be used in the evaluation about the motive of the female. The empirical research found that, unlike the past, female entrepreneurial motivation showing a trend of diversity and to be younger women, they are more initiative and enthusiasm in the entrepreneurial motivation because they suffer less traditional gender constraints.

Keywords: Female; Entrepreneurial Motivation; Evaluation System; Comparative Study

B.8   Evaluation System and Applied Research on Women's Entrepreneurial Attitude in Modern Society / 272

Abstract: In this study, we firstly make a qualitative research about the characteristics of successful female entrepreneurs' entrepreneurial attitude by semi-structured interviews, and further discuss the current social attitudes towards female's participation in entrepreneurial activities through the questionnaire empirical research. Questionnaire results show that the female entrepreneurial attitudes can be recognized by female entrepreneurial social acceptance, female entrepreneurial ability, female entrepreneurial justice and female entrepreneurial fitness in four dimensions. It also has good reliability and validity, and can be used for the evaluation of female entrepreneurial attitude. The comparative study of age found that the younger women showing more inclusive and open attitude towards female's entrepreneurial activities. Gender comparative study shows that the male exhibit more conservative attitude than the female at the same age.

Keywords: Female; Entrepreneurial Attitude; Evaluation System; Comparative Study

B.9   Postscript / 295

权威报告　热点资讯　海量资源

当代中国与世界发展的高端智库平台

皮书数据库　www.pishu.com.cn

　　皮书数据库是专业的人文社会科学综合学术资源总库,以大型连续性图书——皮书系列为基础,整合国内外相关资讯构建而成。该数据库包含七大子库,涵盖两百多个主题,囊括了近十几年间中国与世界经济社会发展报告,覆盖经济、社会、政治、文化、教育、国际问题等多个领域。

　　皮书数据库以篇章为基本单位,方便用户对皮书内容的阅读需求。用户可进行全文检索,也可对文献题目、内容提要、作者名称、作者单位、关键字等基本信息进行检索,还可对检索到的篇章再作二次筛选,进行在线阅读或下载阅读。智能多维度导航,可使用户根据自己熟知的分类标准进行分类导航筛选,使查找和检索更高效、便捷。

　　权威的研究报告、独特的调研数据、前沿的热点资讯,皮书数据库已发展成为国内最具影响力的关于中国与世界现实问题研究的成果库和资讯库。

皮书俱乐部会员服务指南

1. 谁能成为皮书俱乐部成员?
- 皮书作者自动成为俱乐部会员
- 购买了皮书产品(纸质皮书、电子书)的个人用户

2. 会员可以享受的增值服务
- 加入皮书俱乐部,免费获赠该纸质图书的电子书
- 免费获赠皮书数据库100元充值卡
- 免费定期获赠皮书电子期刊
- 优先参与各类皮书学术活动
- 优先享受皮书产品的最新优惠

3. 如何享受增值服务?

(1) 加入皮书俱乐部,获赠该书的电子书

　　第1步　登录我社官网(www.ssap.com.cn),注册账号;

　　第2步　登录并进入"会员中心"—"皮书俱乐部",提交加入皮书俱乐部申请;

　　第3步　审核通过后,自动进入俱乐部服务环节,填写相关购书信息即可自动兑换相应电子书。

(2) 免费获赠皮书数据库100元充值卡

　　100元充值卡只能在皮书数据库中充值和使用

　　第1步　刮开附赠充值的涂层(左下);

　　第2步　登录皮书数据库网站(www.pishu.com.cn),注册账号;

　　第3步　登录并进入"会员中心"—"在线充值"—"充值卡充值",充值成功后即可使用。

4. 声明

　　解释权归社会科学文献出版社所有

皮书俱乐部会员可享受社会科学文献出版社其他相关免费增值服务,有任何疑问,均可与我们联系
联系电话：010-59367227　企业QQ：800045692　邮箱：pishuclub@ssap.cn
欢迎登录社会科学文献出版社官网(www.ssap.com.cn)和中国皮书网(www.pishu.cn)了解更多信息

法律声明

"皮书系列"(含蓝皮书、绿皮书、黄皮书)由社会科学文献出版社最早使用并对外推广,现已成为中国图书市场上流行的品牌,是社会科学文献出版社的品牌图书。社会科学文献出版社拥有该系列图书的专有出版权和网络传播权,其LOGO( )与"经济蓝皮书"、"社会蓝皮书"等皮书名称已在中华人民共和国工商行政管理总局商标局登记注册,社会科学文献出版社合法拥有其商标专用权。

未经社会科学文献出版社的授权和许可,任何复制、模仿或以其他方式侵害"皮书系列"和LOGO( )、"经济蓝皮书"、"社会蓝皮书"等皮书名称商标专用权的行为均属于侵权行为,社会科学文献出版社将采取法律手段追究其法律责任,维护合法权益。

欢迎社会各界人士对侵犯社会科学文献出版社上述权利的违法行为进行举报。电话:010-59367121,电子邮箱:fawubu@ssap.cn。

社会科学文献出版社